"十四五"普通高等教育本科部委级规划教材

普通高等学校生物制药产教融合系列教材

U0722440

项目管理与经济决策

Xiangmu Guanli Yu Jingji Juece

郑茂强 邢广良◎主编

范博森◎副主编

中国纺织出版社有限公司

图书在版编目（CIP）数据

项目管理与经济决策 / 郑茂强，邢广良主编 . --北京：中国纺织出版社有限公司，2023.11

"十四五"普通高等教育本科部委级规划教材

ISBN 978-7-5229-0656-0

Ⅰ. ①项… Ⅱ. ①郑… ②邢… Ⅲ. ①工程项目管理—高等学校—教材 Ⅳ. ①F284

中国国家版本馆 CIP 数据核字（2023）第 099871 号

责任编辑：毕仕林　国　帅　　责任校对：王花妮
责任印制：王艳丽

中国纺织出版社有限公司出版发行
地址：北京市朝阳区百子湾东里 A407 号楼　邮政编码：100124
销售电话：010—67004422　传真：010—87155801
http：//www.c-textilep.com
中国纺织出版社天猫旗舰店
官方微博 http：//weibo.com/2119887771
三河市宏盛印务有限公司印刷　各地新华书店经销
2023 年 11 月第 1 版第 1 次印刷
开本：787×1092　1/16　印张：12.75
字数：295 千字　定价：49.80 元

普通高等学校生物制药产教融合系列教材
编委会成员

主　任　冀　宏　常熟理工学院

　　　　李　智　智享生物（苏州）有限公司

副主任　滕小锴　苏州沃美生物有限公司

　　　　张　扬　常熟理工学院

　　　　陈梦玲　常熟理工学院

成　员（按姓氏笔画排序）

　　　　王德朋　苏州百因诺生物科技有限公司

　　　　邢广良　常熟理工学院

　　　　许静远　常熟理工学院

　　　　孙先宇　常熟理工学院

　　　　孙海燕　常熟理工学院

　　　　李　杰　常熟理工学院

　　　　李　智　智享生物（苏州）有限公司

　　　　杨志刚　常熟理工学院

　　　　吴凌天　常熟理工学院

　　　　何卫刚　常熟理工学院

　　　　张　扬　常熟理工学院

　　　　陈梦玲　常熟理工学院

　　　　郁建峰　常熟理工学院

　　　　罗　兵　常熟理工学院

　　　　季万兰　江苏梁丰食品集团有限公司

　　　　周元元　常熟理工学院

　　　　郑茂强　常熟理工学院

　　　　赵晓剑　苏州百因诺生物科技有限公司

　　　　俞丽莎　常熟理工学院

　　　　顾志良　常熟理工学院

　　　　徐　璐　常熟理工学院

　　　　郭凌媛　常熟理工学院

　　　　诸葛鑫　智享生物（苏州）有限公司

　　　　黄　娟　常熟理工学院

　　　　黄维民　苏州市华测检测技术有限公司

　　　　滕小锴　苏州沃美生物有限公司

　　　　薛依婷　常熟理工学院

　　　　冀　宏　常熟理工学院

前　言

　　工作中人们经常会遇到各种类型的项目，如生物制药企业中的新型药物研发项目、研发平台建设项目以及新药生产线建设项目等，如何有效开展项目的组织管理、提升项目综合效益是项目管理团队及参与人员需要学习掌握的一项重要管理技能。工程项目管理在建筑工程领域经过上百年的发展，已经形成一套完整的理论体系和管理方法。如何借鉴成功的工程建筑项目管理经验，并同生物制药企业实际工作需求进行有机结合，对于提升生物制药领域的项目管理工作效率会有极大裨益。

　　教材以党的二十大精神为指引，结合项目管理课程特点，将项目管理方法理念向人文社科领域延展，适时融入社会主义核心价值观相关内容，帮助学生树立正确的人生观、价值观、世界观。本书根据生物制药企业所涉及的科技研发项目和工程建设项目管理需求进行设置，两类项目都具有特定的预期目标、策划、准备、实施、收尾生命周期，因而在管理实践过程中对两类项目的管理理论和方法具有相通性。本书以项目管理的概念、内容及方法为主线，结合生物制药企业实际需求，增强学生对项目管理知识的理解和掌握，有效处理工作中的项目组织管理相关问题，达到培养应用型、交叉型、复合型人才目的。

　　本书具有以下特点：

　　1. 理论为主线，案例为支撑

　　项目管理知识具有系统强、涉及面广、学习难度大的特点，为保持理论知识的系统性和连贯性，课程以理论知识为主线十分必要，避免知识过于"碎片化"。同时结合生物制药企业需求合理安排相关基本概念、内容、方法等内容，以应用案例作为支撑，有利于知识点理解和掌握。

　　2. 案例突出专业性、实用性

　　结合项目生命周期和生物制药企业工作特点，每章都设置了生物制药专业相关案例，贴近工作实际，突出实用性，便于激发学生的学习兴趣，有助于增强学生对知识点的理解。

　　3. 编写依据前沿性

　　编写过程中以国家新政策、新法规为依据，并结合生物制药领域的典型案例，有利于加强学生对相关项目管理规定的理解。

　　4. 思政元素融入

　　结合项目管理课程特点，将项目管理方法理念向人文社科领域延展，适时融入社会主义核心价值观相关内容，帮助学生树立正确的人生观、价值观、世界观。

　　本书由郑茂强高级工程师（常熟理工学院）、邢广良讲师（常熟理工学院）担任主编，范博森高级工程师（苏州市鼎建智能科技有限公司）担任副主编。其中，郑茂强负责编写第一、二、六、七、八章，邢广良负责编写第三、四、五章，范博森负责案例分析编写，最后由郑茂强统稿。

　　在本书的编写过程中，编者参考了大量的相关教材和资料，在此向这些教材和资料的

作者表示衷心的感谢。由于编者水平有限，书中难免存在疏漏和不当之处，敬请广大读者
批评指正。

编者

2023 年 5 月

目　　录

第一章
项目管理概述

作为现代管理学的一个重要分支，项目管理已经在工程建设领域发展得日趋完善，其对生物制药领域的项目管理实践也具有良好的借鉴和指导作用。虽然工作中科技研发类项目与工程建设类项目运作形式不同，但都具有项目组织管理的共性，因而项目管理知识技能也是通用的。学生通过了解项目的分类和特点、项目周期及主要任务，掌握项目管理的基本原理和内容，培养项目管理意识。

本章主要介绍项目的特点、分类，项目的实施程序，项目管理的主要内容及目标，以及不同利益相关方对项目的管理。

第一节　项目的特点及分类

一、项目的概念

人类社会有组织的活动多种多样，如社会生产、医疗保健、生活消费等。人类活动可划分为两大类型：一类是连续不断、重复性的活动，如睡觉、吃饭等；另一类是临时性的、非重复性的活动，如旅游、房屋装修等。通常，这种临时性的、非重复性的人类活动就可视为一个项目。

项目是指为了达到特定目标，在一定约束条件（如时间、费用、资源等）下开展的为创造独特的产品、服务或成果的临时性工作。项目所创造的生产成果包括：一个完整的最终商品，某个产品的升级替代品，其他产品的组成部件；一种社会技术服务；一种研究成果等。例如，某生物制药企业生产了一种新型药物、某科研机构开发了一种新型冠状病毒疫苗等。

根据所处环境的差异，项目具有不同内涵，不同管理部门和管理阶段对项目也有不同的称谓。在我国投资建设领域中，项目的常用称谓有投资项目、建设项目、工程项目等，它们之间既有相同的含义，又有一定区别。投资项目即固定资产投资项目的简称，是指建设单位为实现某种特定目的，投入资金和资源，在规定的期限内建造或购置固定资产的一整套活动。投资项目包括两类：一类是兴工动土的建造工程，如工厂、铁路等；另一类是单纯购置设备，如购买车船、质检仪器等。建设项目是指按照建设单位的构思设计进行建设，并使之独立发挥作用的一个工程实体。建设项目可划分为单项工程、单位工程、分部工程、分项工程等。工程项目是指为了形成特定生产能力或使用效能而进行的投资和建设，并形成固定资产的各类活动，包括建筑安装工程和设备购置等。在科研领域中，科技项目是国家、地方政府或企业等组织以科学研究和技术开发为内容而单独立项的活动，其目的在于解决经济和社会发展中出现的科学技术问题。如生物医药企业为提升市场竞争力开展的新药研发项目。

根据生产运营特点，生物制药企业主要涉及两类项目：一类是开展新型药物研发验证、或药物仿制开发等的科技研发项目；另一类是开展研发平台建设、生产线设施建设并形成固定资产的工程建设项目。两类项目都是为达到特定预期目标所开展的临时性的、非重复性的活动，在组织管理过程中具有一定相似性。本书中项目主要指上述两类项目。

二、项目的特征

（1）独特性。同类型的工程建设项目所提供的生产设施成果具有高度的相似性，但每个项目都具有特定的建设时间、地点和条件，所以它总是独特的。例如，青霉素制剂工厂的加工生产设备类型基本相似，但每个工厂的周围环境、工艺参数、自动化控制程度、产品质量保障体系等方面存在千差万别。科技研发项目本身就是为解决特定科技问题而设定的，其独特性更是不言而喻。

（2）一次性。每个项目是临时性的，都有确定的起点和终点，所有项目的实施都将达到其终点，而不是持续不断地工作。因此，无论是工程建设项目，还是科技研发项目，都是一次性的。当一个项目的目标已经实现，或者已经明确终止时，该项目即达到了它的终点。一次性并不意味着时间短，实际上许多项目要经历若干年。

（3）固定性。工程建设项目中都含有建筑工程、设备购置、安装工程等内容，并固定在一定的地点，是不可移动的。工程建设项目都受所在地点资源、气候、地质等条件的制约。这是工程建设项目区别于科技研发项目的一个重要特征。

（4）整体性。一个项目的产品或成果往往由多个单项工程或子课题组成，彼此之间紧密相关，结合到一起才能发挥项目的整体功能和效益。

（5）不确定性。大型项目从策划、准备、实施到收尾往往需要若干年时间，实施过程中涉及面广，各种情况复杂多变，不确定性大。不确定性因素会给项目预期目标的实现带来较高风险。如生物药物研发过程中，实验结果与预期目标常常存在偏离，需要对影响因素进行研究分析，及时修正研发方案。

（6）不可逆转性。工程建设项目实施完成后，在其周期内一般不会推倒重来，那将造成很大的损失。因此，工程建设项目具有不可逆转性。科技研发项目是反复摸索研究的过程，一个项目的实施过程中存在因技术、资源、条件等因素终止现象，意味着本次项目结束，不再延续。待时机成熟后同类项目的再次研究，意味着一个全新项目的开始，而不是原项目的重复。

三、项目的分类

无论是工程建设项目，还是科技研发项目，都可以从不同角度进行细化分类，从而有利于项目的管理工作开展。

（一）工程建设项目

在国际上，工程建设项目的分类依据包括项目的产出物性质、服务对象、主要效益特点、对社会的贡献、资金来源等方面。通常分为三大类。

（1）生产类项目。该类包括工业项目和农业项目。其特点有：项目可以直接为社会提供特定产品，同时为社会提供财政税收和财富积累。工业项目通常采用市场化运作，项目财务效益明显，资金来源一般由社会组织机构筹集，依靠资本市场融资。诸如新建生物制药工厂属于工业项目。但农业项目比较特殊，农业产品对社会发展稳定十分重要，但财务效益较差，并且农业的从业人员多，社会影响大，许多国家都对本国农业项目采取补贴资助政策。

（2）基础设施类项目。本类项目包括交通、通讯、邮电、供排水设施等项目。其特点是：项目为生产类行业和人民生活提供服务，一般没有直接的产品产出。本类项目垄断性较强，只能在特定条件下参照市场模式运作。本类项目财务效益不明显，但社会效益显著，项目的资金主要来源财政预算和其他资金。

（3）社会发展和人力资源开发类项目。本类项目包括社会公共设施、环境保护、文化体育、教育培训、医疗卫生、社会福利等行业项目。本类项目的主要特点是：项目属于直接改善和提高人民生活质量的公共事业服务，一般无财务效益，属于非营利性行业，不能提供财政税收和社会财富积累。本类项目通常在政府直接监管下运营，不能完全市场化，项目的产出主要是社会效益，项目资金一般全部来自财政预算资金和公共资金。本类项目是政府关注、投入和监管的重中之重。

在我国，工程建设项目通常从投资来源、建设性质、项目用途、产业领域、经济特征、建设规模等不同角度进行分类，如图1-1所示。

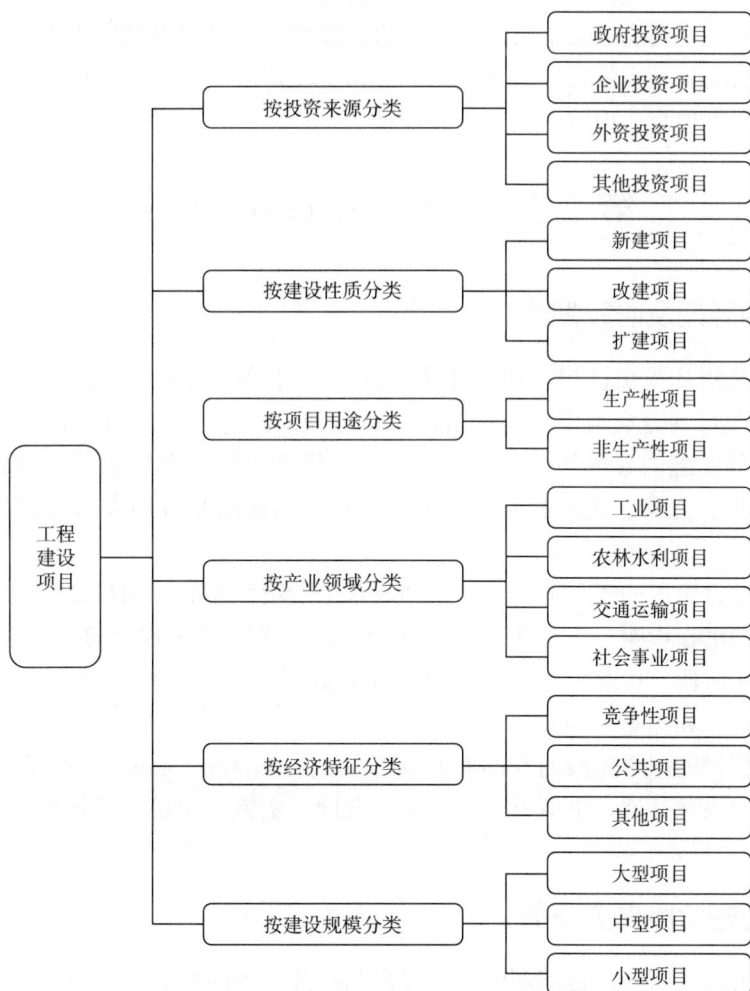

图 1-1　我国工程建设项目的分类

（二）科技研发项目

科技研发项目也可从不同角度进行细化分类，常见分类方式如下。

按照科技研发项目立项渠道，分为国家科技项目、地方科技项目以及企业科技项目。由国家或地方政府出资的科技研发项目主要解决国家或地方社会经济中存在的关键性、共性科技问题。企业出资的科技项目主要满足企业长期发展需要、提升产品市场竞争力而开展的科技研发活动。随着我国对自主核心技术的重视，企业科技项目逐渐成为我国科技研发项目的主阵地。

按照科技研发项目的性质，分为基础性研究、应用性研究和开发研究。基础性研究指为获得关于现象和可观察事实的基本原理及新知识而进行的实验性和理论性工作，它不以任何专门或特定的应用或使用为目的。应用性研究指为获得新知识而进行的创造性的研究，它主要是针对某一特定的实际目的或目标。开发研究是利用应用研究的成果和现在的知识与技术，创造新技术、新方法和新产品，是一种以生产新产品或完成工程技术任务为内容而进行的研究活动。

按照项目经费来源，分为纵向科研项目和横向科研项目。纵向科研项目是指由各级政府及其职能部门、各基金委公开发布项目申报指南，并由科研机构统一组织科研人员申报得以立项的，有一定资金资助的科学研究项目。纵向科研项目的经费来源于项目主管部门拨款。横向科研项目是指依据企事业单位、公司、团体或个人委托开展进行研究或协作研究的各类科技研发项目，项目经费来源于委托人。

第二节　项目周期及阶段任务

一、项目周期及阶段划分

项目周期是指从提出设想、前期策划、决策、准备、实施、验收、收尾的全过程，通常要把一个项目划分成若干个工作阶段，以便更好地进行组织管理。科技研发项目和工程建设项目的实施内容虽然存在一定差异，但管理思路存在相通性。项目周期可以划分为前期、申报、立项、实施和验收等阶段。项目阶段的划分通常与特定的可交付成果的形成相关。

工程建设项目阶段的划分数量和必要性及每个阶段所需的控制程度，取决于项目的规模、复杂程度和潜在影响。工程建设项目周期的四个阶段通常称为前期阶段、准备阶段、实施阶段和收尾阶段，可交付成果包括可行性研究报告、施工设计文件、施工承包合同、竣工验收报告等，如图1-2所示。

科技研发项目的四个阶段通常称为申报阶段、立项阶段、实施阶段、验收阶段。每个阶段的可交付成果包括项目申请书、立项批复合同、实施工作报告和技术报告、结题验收批复等。

二、项目各阶段主要任务

项目组织管理是跟随项目周期的全过程次第展开，不同的周期阶段，由于工作内容和要求不同，管理工作的重点也不同。

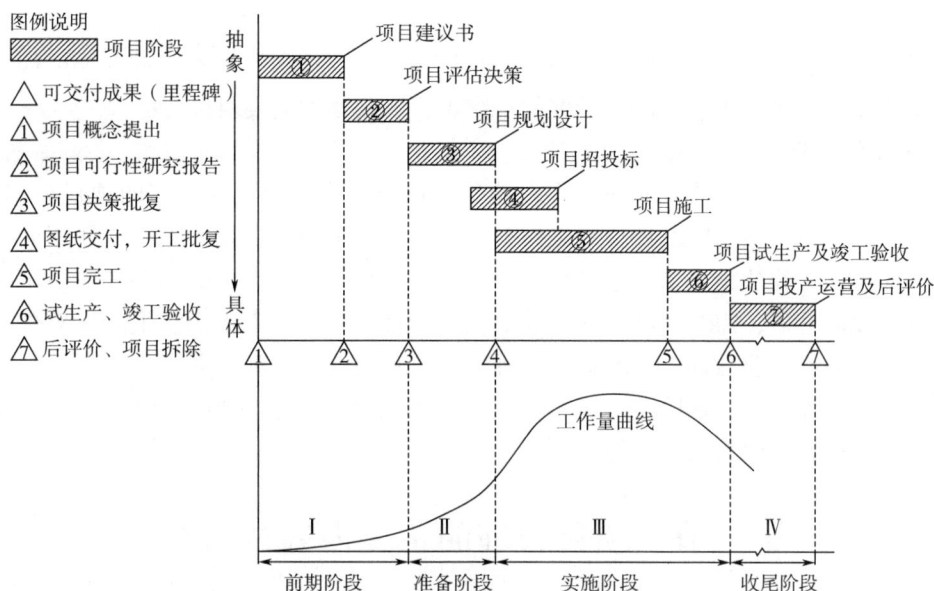

图 1-2　工程建设项目周期及阶段

1. 项目前期阶段

对于工程建设项目，该阶段的工作内容有投资机会研究、初步可行性研究、可行性研究、项目评估及决策等。该阶段主要对项目投资的必要性、可行性，以及投资规模、建设地点、实施方案等重大问题进行科学论证和多方案比较。本阶段具有投入少、对项目效益影响大的特点，前期决策的失误往往会导致重大的损失。该阶段的工作重点是对项目投资建设的必要性和可行性进行分析论证，并做出科学决策。

对于科技研发项目，该阶段的主要工作有：项目申报书编制、项目申请答辩等。该阶段主要根据上级主管部门发布的项目申报指南，或社会企业中存在的科学技术问题，进行研究方案设计比较，开展项目申报材料编制及答辩准备工作。

2. 项目准备阶段

对于工程建设项目，该阶段的工作内容有项目的初步设计、施工图设计，项目征地及建设条件的准备，货物招投标采购，工程承包商招标，签订采购承包合同等。本阶段是前期决策的具体化，在很大程度上决定了项目实施的成败及能否高效率地达到预期目标。该阶段的工作重点是准备和安排项目所需的建设条件。

对于科技研发项目，该阶段的主要工作包括：项目管理机构组织专家评审、项目立项批复、科技研发项目合同签订、研发费用拨付、承担单位对实施方案细化、落实配套条件、项目启动等。该阶段的工作重点是为项目实施准备资金、物质、人力等所需条件。

3. 项目实施阶段

对于工程建设项目，该阶段的主要工作包括：项目设备采购、工程施工、联动试车、试生产、工程交付等。该阶段的主要任务是将生产要素投入建设进行组合，形成工程实物形态，实现投资决策目标。通过采购、施工等活动，在规定的范围、工期、费用、质量等条件下按设计要求高效率地整合。项目试生产正常并交付后，项目实施阶段即告结束。本阶段在项目建设周期中工作量最大，投入的人力、物力和财力最多，项目管理的难度也最大。

对于科技研发项目，该阶段的主要任务是根据方案要求购置仪器耗材等开展探索性实验验证工作，在多种技术、方法、措施的探究下，实现预期研发目标。

4. 项目收尾阶段

对于工程建设项目，收尾阶段工作由项目建设单位自行或成立专门的项目公司承担，开展竣工验收、保修回访、后评价等工作。竣工验收是工程设施投入生产或使用的重要标志，是全面考核工程建设成果，检验是否符合设计要求和工程质量的必要环节。工程项目投产运行一段时间后，需要对项目的立项决策、设计施工、竣工投产、生产运营全过程进行系统评价，总结经验教训，不断提升工程建设项目决策和管理水平。

对于科技研发项目，该阶段的主要工作是按照科技研发合同指标进行项目结题验收、结余经费安排以及验收材料的归档。

第三节　项目管理的主要内容及目标

一、项目管理的概念

项目管理是指项目的管理者或管理团队在有限资源的约束条件下，综合运用系统的理论、方法、措施等技术手段，对项目全过程中所涉及的工作任务进行有效的组织管理，从而实现项目预期目标的活动。

项目管理在工程建设项目中已经得到普遍应用，其重要性被越来越多的企业及组织所认可。科技研发项目作为一类非重复的、临时的、具有特定目的的活动，同样可以应用项目管理的理念来提高组织管理效率，从而提升项目的综合效益。

二、项目管理的基本原理

项目管理所运用的知识、技能、手段和方法的种类很多，并处于不断发展过程中，但项目管理的基本原理依然是系统管理和过程管理。

(一) 项目的系统管理原理

项目的系统管理原理是系统论在项目管理实践中的应用。系统是由若干个相互作用和相互依赖的要素组合而成，并且具有特定功能的整体。无论是工程建设项目，还是科技研发项目，通常由技术、资源、组织、行为和信息等要素组成，具有鲜明的系统特征，都可视为一个系统。系统管理是以项目整体为对象，应用现代的先进数学方法和工具，通过一个临时性的专门的柔性组织，对项目进行高效率的计划、组织、指导和控制，以实现项目全过程的动态管理和项目目标的优化。

项目管理是一种综合性系统性工作，要求项目中的每项工作都同其他工作恰当地配合与联系，以便彼此协调。在一个工作中采取的行动通常会对这一工作和其他相关工作产生影响。例如，项目范围变更通常会影响项目费用，但不一定会影响组织计划或产品质量。项目系统中各工作间的相互作用往往要求在项目目标之间进行权衡。因而项目管理过程必须确立系统观念，系统观念体现于范围管理、集成管理、全寿命周期管理等活动之中。

一个完整的项目系统主要包括目标系统、行为系统、组织系统和管理系统等，各系统之间存在着错综复杂的内在联系。

1. 项目目标系统

项目目标系统是对项目所要达到的预期状态的最终阐述。由于项目管理通常采用目标管理方法，在前期策划过程中就应建立目标系统，并将其贯穿于项目的全生命周期。

（1）项目目标系统的建立过程，包括项目构思、识别需求、提出项目目标和建立目标系统等工作，如图 1-3 所示。

①项目构思。任何一个项目都是从构思开始的，企业为实现其发展战略、提升市场占有率需要建造哪些项目，政府部门为解决行业技术难题进行的编制项目申报指南，都属于项目提出目标的构思过程。工程建设项目构思常常考虑诸如市场需求、经营成本、客户要求、法律要求、社会问题等因素的影响。科技研发项目主要考虑国家基础理论水平、关键核心技术、重大装备等科学技术问题。

②识别需求。在项目构思的基础上，需要对项目提出方的具体需求进行识别和评价，形成理性的目标，促使提出方的需求更加合理化。

③提出项目目标。通过对项目本身和所处环境条件的分析，确定符合实际情况的需求目标。分析的条件内容包括：

——项目拟提供的产品或服务的市场供需分析和前景预测。

——项目提出方的战略规划、经营现状和能力分析等。

——项目环境包括政治、法律、经济、技术、知识产权、社会文化、自然环境等的分析。

因而，项目目标就是发现需求问题，并准备解决这些问题所达到的效果。

④建立目标系统。项目目标系统是一种层次结构，通过把项目的总目标分解成若干子目标，子目标再分解成可执行的第三级目标，如此一直分解下去，形成层次性的目标结构。一般而言，目标系统至少由系统目标、子目标和可执行目标三个层次构成，如图 1-4 所示。

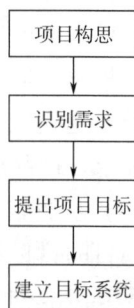

图 1-3　目标系统建立过程

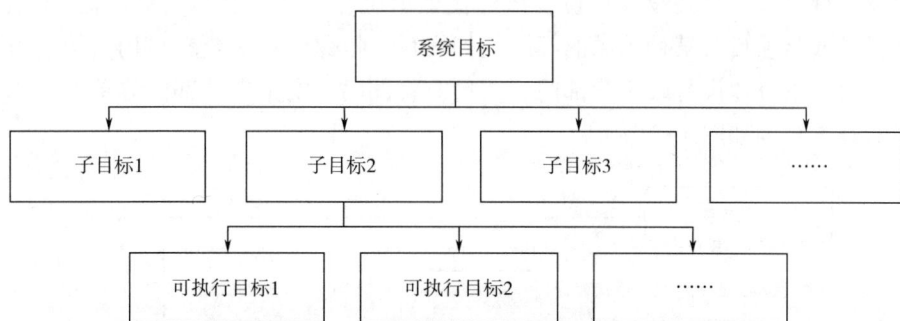

图 1-4　项目目标系统示意图

——系统目标，即一个项目的总目标，根据不同实施场景可以分为项目功能目标、技术目标、经济目标、社会目标和生态目标等。如 30 万管/日检测能力可以作为一个新冠病毒检测实验室项目的技术目标。

——子目标，由系统目标分解得到，适用于项目的某一方面，相当于目标系统中的子系统目标。

——可执行目标，也称作操作目标，该级目标应该具有可操作性，用于确定项目的详细构成。

（2）项目目标系统建立的依据。

①国家、地方政府颁布的法律、法规、规章等。

②国家和行业颁布的强制性标准、规范、规程，知识产权、行业咨询等资料。如与本项目性质类似的历史数据，与本项目相关的最新技术发展资料等。

③提出方需求说明。提出方对项目整体预期目标的要求，如工程项目的建设目的、拟建规模、建设地点、产品方案、技术要求、资源情况、建设条件等。科技研发项目的工艺技术需求、产品质量指标等。

（3）项目目标系统的建立方法。

项目的目标系统通常采用工作分解结构（Work Breakdown Structure，WBS）方法建立。WBS 是一种层次化的树状结构，是将项目划分为可以管理的子项单元，通过控制这些单元的费用、进度和质量目标，达到控制整个项目的目的。

2. 项目行为系统

项目行为系统是由实现项目目标、完成项目任务所有必需的活动构成的系统。工程建设项目的行为系统包括各项设计、采购、施工和管理等工作。科技研发项目的行为系统包括各项小试、中试、产业化、质检、管理等工作。这些工作之间存在各种各样的逻辑关系，构成一个有序的动态的行为过程。

3. 项目组织系统

项目组织系统是由项目工作分解结构中负责承担各项工作任务的项目单位、部门、成员所构成。科技研发项目的组织系统包括项目主管部门、主持单位、承担单位、研发团队及成员、咨询专家、审计机构等。工程建设项目的组织系统包括建设单位（业主）、承包商（包括施工单位、材料和设备的供货商、分包商等）和咨询单位（包括项目前期咨询单位、项目管理单位、勘察设计单位、招标代理单位、监理单位等），有时还包括为项目提供某种服务或与项目有某种关系的部门，如银行、担保公司等金融机构、第三方评价机构、规划部门、投资建设行政主管部门、质量监督部门、安全生产部门等单位。工程建设项目组织的基本结构如图1-5所示。

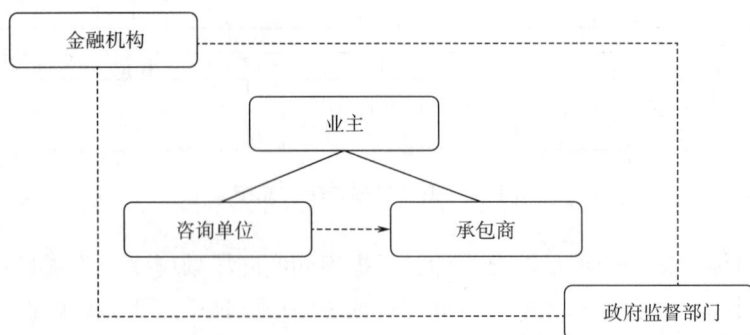

图 1-5　工程项目组织系统的基本结构

4. 项目管理系统

项目管理系统是由项目管理的组织、方法、措施、信息和工作过程形成的系统。项目管理系统的工作内容主要有：

（1）对项目的目标系统进行策划、论证和控制，通过监控项目实施和项目管理过程来保证项目实现预期目标。

（2）对项目的目标系统和行为系统进行计划和控制。

（3）对项目组织系统进行沟通、协调和指挥。

（二）项目的过程管理原理

过程是现代项目管理中的最基本、最重要的概念之一，《质量管理体系基础和术语》（ISO 9000：2015）中将过程定义为："一组将输入转化为输出的相互关联或相互作用的活动"。过程的主要任务在于将输入转化为输出，转化的对象是资源，通常包括人力、设备、设施、物料和环境等，过程的结果是项目效益的增值。为了获得稳定和最大化的效益增值，项目管理应当对过程进行策划，建立过程绩效测量指标和过程控制方法，并持续改进和创新，通过过程中的监督、检查、评价、纠正，把不协调、不合格项及时处理。

1. 项目过程的分类

项目过程可划分为两大类，一是创造项目产品过程，二是项目管理过程。创造项目产品过程的典型案例为前期筹划—设计—采购—施工—验收—评价，这些工程建设项目过程关注实现项目产品的特性、功能和质量。项目管理过程的典型是启动—计划—执行—控制—收尾，这些项目管理过程所产生的结果相互关联，一个过程的结果通常是另一个过程的输入和依据。上述两类项目过程在项目管理中相互依存、不可分离的。创造项目产品过程关注的是如何保证项目产品的功能特性，而项目管理过程关注的是如何利用项目管理的先进技术和工具保证项目实施的效率和效益。

2. 项目过程的管理

过程管理是指通过运用一系列的实践方法、技术和工具来策划、控制和改进项目过程的效果、效率和适应性。过程管理是控制论在项目管理中的应用实例，在项目管理之中通常描述为：控制＝计划＋监督＋纠正措施。国际标准化组织（ISO）和国际咨询工程师联合会（FIDC）推荐采用 PDCA（Plan—Do—Check—Act）循环方法进行过程管理。

（1）计划（Plan）。计划是指为实现项目目标而编制一套具有可操作性的作业流程。主要内容包括7点：

①明确工作目标，并利用工作分解结构（WBS）方法将工作层层分解，确立每项作业的具体目标。

②明确实现目标的每个具体操作过程。

③确定所有过程的作业顺序和相互作用。

④为运行和控制过程制订标准和方法。

⑤确保必需的资源和信息，从而高效地支持过程运行。

⑥在上述工作的基础上制订详细工作计划。

⑦对项目计划进行评审、批准。

（2）实施（Do）。实施是将各种资源投入项目中并实现预期目标的过程，主要就是协调人力和其他资源来高效执行项目计划。在实施过程中，项目管理团队必须对项目中的各种技术和组织界面进行管理，并做好记录，包括人力和各类资源的投入、活动过程、成果评审、确认等记录。

（3）检查（Check）。检查是对项目进展情况进行不断的监测和分析，以预防质量不合格、工期延误、费用超支等问题，确保项目目标的整体实现。

（4）处理（Act）。处理措施包括两个层次。

①客观情况变化，特别是当该变化可能会影响到费用、进度、质量、风险等方面，必须采取必要的措施调整计划。

②通过分析发现管理工作的问题或缺陷，提出改进管理的方法措施，确保工作持续开展。

实际上，PDCA 循环是有效开展任何一项工作的合乎逻辑的工作程序，PDCA 四个过程不是运行一次就完结，而是要周而复始地进行。项目管理中的每个阶段的 PDCA 循环通常呈现阶梯式上升的形式，如图 1-6 所示。

在上述的 PDCA 循环规则中着重说明项目管理工作中的持续改进的过程，没有包括项目的启动和收尾两个子过程，实际项目全过程的管理可用图 1-7 表示。

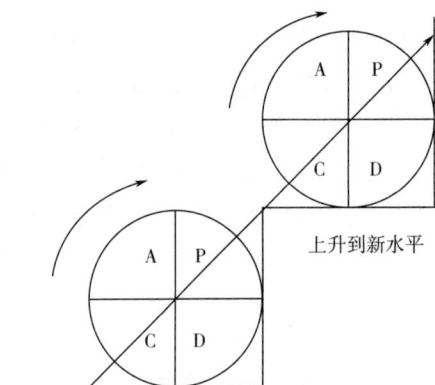

图 1-6　项目 PDCA 循环阶梯式上升的过程　　图 1-7　项目阶段内各个过程的相互关系

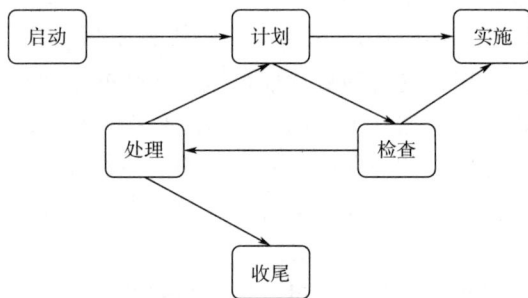

项目实施不是单一的过程，而是许多分过程和子过程的集合体。有些过程具有顺序性，前一过程的结束是后一过程的开始。而相当多的过程是可以并行交叉的，有不少过程还是相互渗透、相互结合的。因此，项目的过程控制实际上是对结合在一起的相互过程进行网络化管理，但每个独立过程的控制都可以采用 PDCA 循环的动态管理模式。

3. 项目过程的动态控制

项目通常具有一次性、不确定性等特点，决定了其过程控制的动态特征，在项目实施过程中必须根据变化情况进行项目目标的动态控制。动态控制广泛应用于项目的进度管理、费用管理和质量管理等管理过程中，其基本原理如图 1-8 所示。计划过程确定具体的目标和细节，作为控制的基准。控制过程则保证项目按计划实施或进行必要调整。项目动态控制的纠偏措施主要包括组织措施、管理措施、经济措施、技术措施等。

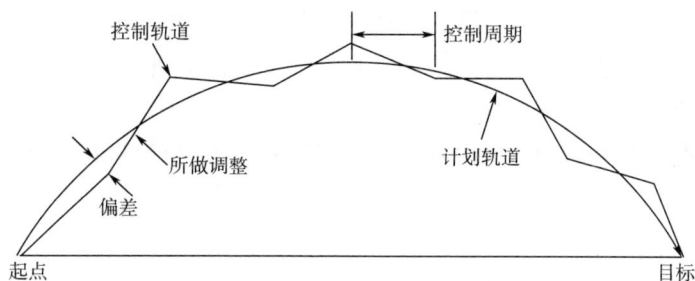

图 1-8　项目动态控制基本原理图

三、项目管理的主要内容

项目管理的主要内容包括管理职能和管理过程两个方面，全面践行"绿色、循环、低碳"发展理念。

（一）管理职能

（1）项目组织管理。项目实施的各个阶段在相关层次、相关单位之间存在大量的交叉作业，产生了复杂的关系和矛盾，必须科学有效地进行协调处理，包括项目组织的规划设计、组织机构模式及选择、项目管理团队和项目经理的获取确定等。

（2）项目范围管理。项目范围管理是指对项目承担单位所要完成的工作范围进行界定和控制，内容包括项目的立项批准、工作范围界定、范围确认、范围变更控制等方面。

（3）项目招投标管理。项目招投标管理是对项目实施所开展的一系列管理活动，内容包括咨询、勘察、设计、监理、施工、设备、货物等招投标过程的管理工作。

（4）项目合同管理。合同管理包括合同签订和合同管理两项任务。合同签订包括合同准备、谈判、修改和签订等工作；合同管理包括合同的执行、合同变更、合同纠纷的处理和索赔事宜等工作。在合同管理过程中，要高度重视合同签订的合法性和合同执行的严肃性，确保项目预期目标的实现。

（5）项目进度管理。项目进度管理指为项目按期完成所开展的一系列管理活动。内容包括项目工作定义、工作顺序安排、工期估算、进度计划的编制和优化、进度的监测与控制等。

（6）项目费用管理。项目费用管理是指为确保项目的实际总费用不超过立项批准的资金额度而开展的一系列管理活动，内容包括项目费用构成的确定、项目费用估算、费用使用计划编制、费用使用监督与控制等。

（7）项目质量管理。项目质量管理是指根据国家有关法律标准和技术规定，在项目实施过程中对不同阶段的成果质量进行监督和检验，内容包括质量计划、质量管理方法和保证措施等。

（8）项目 EHS（环境、健康、安全）管理。项目的实施过程和结果通常会对生态环境、职业健康、生产安全造成一定影响。正确识别 EHS 风险因素，并采取适当避免或减少危害影响，加强 EHS 管理是项目管理的重要任务之一。

（9）项目风险管理。项目风险管理是指对项目实施过程中存在的风险进行科学地识别、估计、评价、应对和监控，并选择最佳风险管理措施，保证以较低的成本投入，最大限度地减少风险损失，获得较高安全保障的过程。

（10）项目信息管理。项目信息管理指对项目实施过程中各类信息快速有效地收集、储存、加工、整理、传递与使用等开展的一系列工作。信息管理的任务是建立信息管理体系，并及时准确地向项目管理各级领导、各参加单位及人员提供所需的综合信息，反映实施过程中暴露出来的各类问题，动态地进行项目规划，为项目总目标控制服务。

（二）管理过程

（1）决策过程。决策过程包括决定一个项目是否立项批复、项目实施方案是否可行、项目阶段的起始终止等所开展的管理过程。

（2）计划过程。计划过程包括确定项目总目标和各阶段目标，确定各子项的具体工作的顺序和工作过程，编制项目总计划和各阶段、各专业的工作计划，制订工作准则制度，对项目计划进行评审和批准。围绕项目实施的全过程和总目标，将实施过程的全部活动都纳入计划轨道，用动态的计划系统来组织协调与控制，保证项目实施活动协调有序地开展。

（3）实施与控制过程。实施过程就是将各种资源投入项目中进行组合，从而实现项目目标的过程。其工作任务主要是协调各项工作及各种资源，按照项目计划执行，并对项目计划的执行情况加以控制。

（4）结束过程。结束过程包括根据项目的移交与接受条件，进行项目可交付成果的移交工作，开展项目的竣工验收工作，并完成项目材料的归档。这标志着该项目的顺利结束。

四、项目管理目标

工程建设项目管理的核心目标是实现项目的经济社会效益的增值，主要体现为项目建设增值和项目运行增值，如图1-9所示。

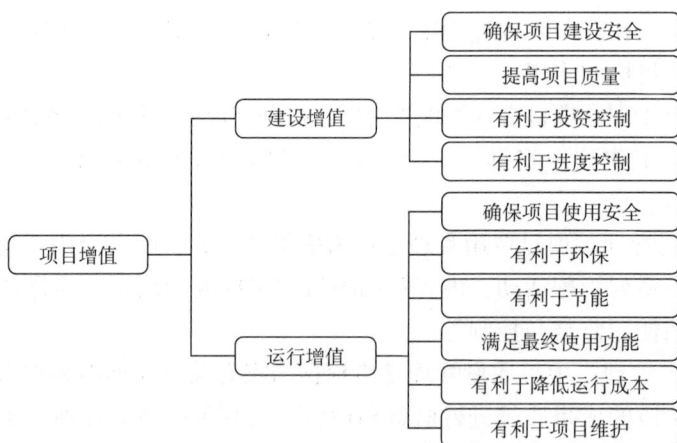

图1-9 项目管理的增值

对于工程建设项目而言，项目管理的进度、费用和质量三大目标是相互制约的，它们的内在关系如图1-10所示。一般情况下，如果对项目的质量要求越高，那么就需要较高的费用和较长的工期；如果需要追赶进度，则会增加费用或降低工程质量；如果需要降低费用，则会考虑降低项目的功能要求和质量标准。

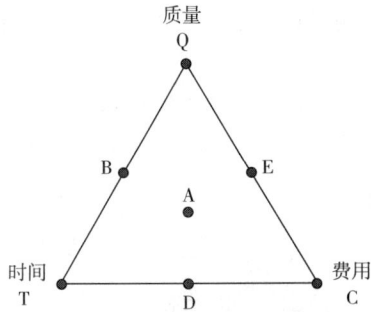

图 1-10　三大目标之间的内在关系

A—3 个目标的重要程度相同；B—重点考虑时间和质量，较少考虑费用；
E—重点考虑费用和质量，较少考虑时间；D—重点考虑时间和费用，较少考虑质量

科学、合理的项目计划有助于保证项目进展的连续性和均衡性，并且在缩短建设工期、降低费用、保证质量三个目标间取得良好平衡，避免盲目追求单一目标忽略或冲击其他目标，保证项目总目标的顺利实现。

对于科技研发项目而言，项目的进度、费用和质量也是项目管理的重点任务，其中项目质量，通常体现为技术考核指标，是项目管理的重中之重。管理过程中也需要通过科学合理的组织管理，在预定的项目实施期限内降低费用投入，确保项目综合效益的提升。

第四节　各参与方对项目的管理

一、项目的利益相关方

项目管理的目的是综合运用各种管理知识、技能、手段和方法来去满足或超出项目参与方对项目的合理要求及期望。因此，首先要正确识别和理解项目各参与方的不同要求和期望，包括项目范围、进度、费用、质量以及其他目标等。虽然项目相关参与方的总体目标是一致的，由于各自关注的焦点不同，造成对某些问题认知上、利益方面的冲突，需要加以协调解决。项目的利益相关方通常从以下 5 个层面来理解。

（1）项目有哪些利益相关方。

（2）利益相关方有哪些方面的要求和期望。

（3）每一个方面的具体要求和期望是什么。

（4）这些具体要求和期望有什么样的冲突。

（5）运用何种管理知识、技能、手段和方法去协调这些冲突，并满足或超出利益相关方的合理要求及期望。

不同项目的利益相关方会有所不同，但相关利益方都具有相似性，如图 1-11 所示。

（1）项目决策者。对于工程建设项目，项目决策者通常是公司董事会、战略投资部、总经理或者政府投资部门等。对于科技研发项目，项目决策者通常为公司董事会、战略投资部、总经理或政府科技主管部门等。

（2）项目承担单位。对于工程建设项目，项目承担单位即为建设单位，可以为原有公

司或新设公司。对于科技研发项目，项目承担单位一般指项目主持单位，即第一承担单位。

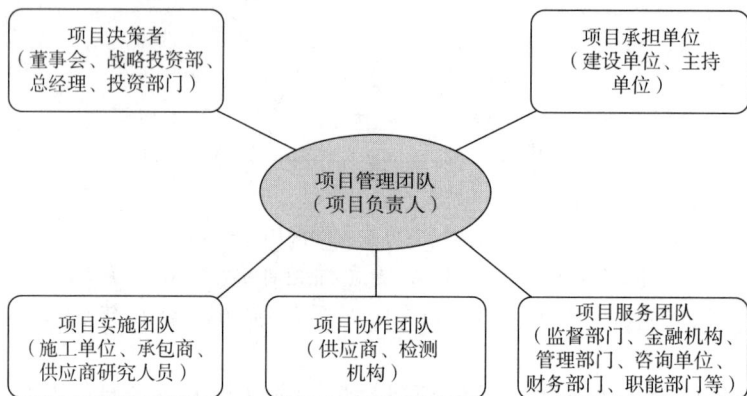

图 1-11　项目的主要利益相关方

（3）项目管理团队。对于工程建设项目，管理团队通常是建设单位临时组织的管理团队，也可以是交钥匙工程承包单位的管理团队。对于科技研发项目，管理团队主要指项目负责人以及下设课题或任务负责人。

（4）项目实施团队。对于工程建设项目，项目实施团队主要指直接与建设单位签订施工合同的承包商、供应商、施工单位。对于科技研发项目，项目实施团队主要为承担项目或下设课题研发任务的研究单位或成员。

（5）项目协作团队。对工程建设项目，项目协作团队包括设备供应商、材料供应商等。对科技研发项目，项目协作团队包括仪器试剂供应商、检测机构等。

（6）项目服务团队。对于工程建设项目，项目服务团队包括政府职能监督部门、金融机构、公共设施管理部门、咨询单位等。对于科技研发项目，项目服务团队包括研究团队所在单位的财务部门、职能部门等。

项目需要在多个利益相关方的密切协调、有机配合下才能确保项目获得成功。

二、项目主要利益方的要求和期望

（1）项目决策者——投资少，时间短，质量合格，技术指标实现，经济社会效益显著。

（2）项目承担单位——项目实施顺利，竣工验收合格，尽早投入使用，经济社会效益显著。

（3）项目管理团队——松弛的工作进度，富裕的项目资金，信息沟通畅通，相关参与方积极配合，不利影响因素少。

（4）项目实施团队——实施方案完善合理，最小的变动，相关参与方积极配合，宽松的工作环境，优渥的收益。

（5）项目协作团队——规格明确，从订货到发货的时间充裕，较高的利润率，质量要求合理。

（6）项目服务团队——符合国家的政策法规，资金使用合规合理，有合理的回报。

项目管理是一项专业性、集成性、系统性的工程，需要对不同专业人员、资金筹集使用、物资供应保障等多方面协调管理，其管理理念可以应用于社会的方方面面。无论是高铁的建设、国产大飞机的研制，还是文物保护、城市环境治理，积极采取项目管理理念的指引，才能更快更好地发挥出社会经济效益。

案例分析

"火神山""雷神山"医院的项目管理

2020年，为了快速集中收治新冠病毒感染患者，缓解当地医疗资源紧张状况，武汉市防疫指挥部、武汉市政府决定建设"火神山"和"雷神山"医院。时间紧、任务重、责任大，中建三局等单位临危受命，承担了两家专门医院的建设任务。医院项目建设受到全国网民的高度关注，在一亿"云监工"的见证下，经过十余个昼夜的紧张施工，"火神山""雷神山"两家全功能呼吸系统传染病专科医院按时先后交付使用。这离不开3万多项目管理和作业人员的辛勤付出。两家医院项目建设过程中高效的项目组织、灵活的资源调度、神奇的建设速度惊艳了世界。"火神山""雷神山"两家医院能在短时间内建成交付使用，既是我国新冠病毒感染疫情抗击战役的阶段性胜利，也是我国工程建设项目组织管理的一个经典案例。

工程项目建设受政策、资金、资源、人力、管理等多因素影响，只有系统性强化项目组织管理，才能保证项目顺利完工交付投产。

1. 充分发挥人员积极主动性

新冠病毒感染疫情暴发牵动亿万群众神经，疫情就是命令，时间就是生命。在党中央、武汉政府的坚决领导下，人民生命安全置于第一位，上下一条心。"火神山""雷神山"医院项目建设任务由中建三局牵头承担，中建三局基建投公司、绿投公司等参与，以北京小汤山医院为蓝本组织施工建设。同时，项目调集全社会建筑、医疗专家团队，夜以继日完善建设方案，思想上高度统一，行动上高度协调，同疫魔竞速、为生命续航。在新冠疫情暴发初期人心恐慌在所难免，但参与成员舍弃小我、主动请战、勇于逆行，毅然挑起建设重担。

2. 项目组织管理高效运行

项目管理是工程建设的基本保障，良好的项目管理水平有利于推动项目建设顺利实施。中建三局在50多年的发展进程中承建了众多的急难险重任务，积累了丰富的管理经验。"火神山""雷神山"两家医院建设过程中，中建三局建立了以局党委主要负责人挂帅的两家医院建设总指挥部和局副总坐阵的现场指挥部两级指挥体系，各参建单位分片组织、指挥部统筹推进，动员局属9家单位广泛参与，调集管理人员4000余人，作业人员35000人。医院建设期间，项目组织团队克服了疫情、春节假期、工人返乡、工厂停工、武汉封城等不利影响，保证了项目人员组织、物资采购、设施设备调配等工作开展。项目大兵团作业，有上百家专业分包交叉施工。受场地道路及周边交通限制影响，进出车辆调度困难，极大考验了项目组织团队的协调组织智慧。

3. 资源供应有序及时

资源供应是工程项目建设的重要物质保障，"火神山""雷神山"医院的顺利施工离不开项目建设资源的有序及时供给。中建三局作为总牵头单位，充分发挥强大的资源供应协调能力，确保上下游项目建设资源调度到位。即便是受春节和疫情双重影响，仍在短时间内，及时高效调集了大型设备及运输车辆 2500 余台套、集装箱 4900 余个、HDPE 防渗膜 20 万平方米、通风管道 8.4 万米、电缆电线 400 多万米、配电箱柜 1500 余台、卫生洁具 1600 余套，为两所医院项目的平稳推进提供了坚实的资源保障。同时，项目实施期间，国家电网、中国电信、中国移动、中国宝武等央企在专业领域提供了大力支持和帮助，众多供应商、分包商在资源保障方面做出了重要贡献。

4. 先进技术有力支撑

每个工程项目都有独特性，项目的顺利交付投用离不开先进技术的有利支撑。"火神山""雷神山"两家医院都是高等级、高标准的传染病医院，内部配备有十几个复杂的子系统，功能区划分多，防溢出环保要求高，所有病房均为负压病房且单独设置新风系统。尽管有北京小汤山医院技术蓝本，两家医院从确定开建，到最终建成，十多天的时间里，仍然经历多次重大变更。规模不断扩大，标准不断提高，给工程建设增添了很大难度。同时，项目建设团队充分利用建筑信息模型技术、装配式建造等先进建造方式，极大提升建设效率。项目建设实施期间，管理人员制订了"小时制"作战地图，并实施进行工期优化调整，确保了不同工种工序有序高效穿插作业的顺利开展，有力保障了医院建成即交付、交付即使用。

5. 后勤保障措施得力到位

"火神山""雷神山"医院项目建设时间紧、任务重，具有大范围广场作业、长时间疲劳作业等集团作业特点，项目顺利开展离不开得力到位的后勤保障措施。项目施工高峰期间，25000 名建设者 24 小时两班倒，不停歇施工，项目参与人员的吃喝拉撒睡、衣食住行方方面面都必须考虑到，并有合理的解决供应措施。同时，项目实施正值疫情暴发初期，项目施工现场存在着大规模人员聚集、防疫物资紧缺等防控风险。项目管理团队采取了严格的防疫措施，开展防疫知识培训，规范流动喊话、测温布控、消毒杀菌、信息报送等措施，建立"零报告、两预防、三监测"的工作机制，为务工人员提供必要的口罩、消毒液等防疫物资，确保施工现场作业人员的人身安全。

"火神山""雷神山"医院工程项目的顺利实施交付为我国快速遏制新冠疫情蔓延、挽救新冠病毒感染患者生命发挥了重要作用，践行党的初心使命，坚持人民至上，生命至上。同时，本项目再次展现了我国工程基建项目管理的综合实力。

❓ 思考与拓展

①如何正确理解项目周期和各阶段的主要任务？
②项目管理的基本原理是什么，如何实现项目目标？
③项目管理团队如何平衡各参与人员的相关利益？
④项目管理对事业、人生规划有何借鉴意义？

拓展阅读

思政案例

第二章
项目的策划与决策

项目前期策划和决策对项目实施的成败具有举足轻重的作用，也是学生必须了解的项目管理知识。熟悉项目前期策划的概况、项目决策程序，深刻认识"谁决策、谁负责"的原则，掌握项目前期决策文件的重要特征和区别，有助于提升对项目前期策划和决策的责任感观念。

本章主要介绍项目的前期策划的主要任务和基本要求，项目决策程序和责任，主要策划文件的特点等内容。

第一节　项目前期策划

在项目的整个生命周期中，项目的前期策划与决策的地位和作用十分重要，关系到项目实施成败和预期目标能否实现。通过投资机会研究、初步可行性研究、可行性研究、资金申请报告等文件的编制和项目评估分析，可以提高项目决策的科学性、正确性，避免和减少项目决策失误造成的损失。

一、项目前期策划概述

项目前期策划是指在前期阶段对项目实施方案进行构思、分析和评估，将项目实施意图转换为具有目标明确、系统清晰、操作可行的实施方案的全过程，从而为项目决策提供科学可靠的依据。具体来说，在项目前期阶段，通过调查研究和收集资料，在充分占有信息的基础上，针对项目的决策和实施，进行市场、技术、经济、组织、管理等方面的科学分析和论证，提升项目的决策科学性和实施的综合效益。项目前期策划一般采取由粗到细、由浅入深的方式有序开展。项目前期策划的作用主要体现在以下三个方面。

(一) 构思项目系统框架

项目前期策划的首要任务是根据项目的实施意图进行项目的界定和定位，全面构思整个项目系统。项目界定是指对项目的用途、性质做出明确阐述，具体描述项目的用途和目的，如生物制药企业中的研发平台建设项目、新药生产线建设项目等，其建设目的和用途完全不同。项目定位是根据市场需求，综合考虑投资能力和最优的投资方案，决定项目的建设规模和产品方案。在明确项目界定和定位的基础上，通过项目系统的功能分析，确定项目系统的结构组成，提出项目系统的框架，使项目的最初设想变为有明确的内容和要求的行动方案。

(二) 奠定项目决策基础

根据项目的实施程序，项目决策是建立在项目的可行性研究分析及评价的基础上，项目实施方案的可行性和必要性分析、财务评价、经济效益分析和社会评价的结论是项目投资决策的重要依据。无论是科技研发项目，还是工程建设项目，构思的实施方案都是与社会经济环境、市场需求和行业技术水平相适应的，并不是项目提出方的主观意愿和某些简单的意图就能完成的。专业人员必须认真构思和详细策划项目实施方案，并对实施方案的可能性和可操作性开展分析评价，才能使实施方案建立在可操作的基础上。因此，只有经过科学的、周密的项目策划，才能为项目的决策提供客观的、科学的基础。

（三）指导项目管理工作

项目前期策划需要密切结合项目的整体特征，对项目的发展和实施管理的全过程进行阐述。它不仅把握项目系统总体发展的条件和规律，而且还深入项目系统构成的各个层面，针对项目的各个阶段的发展变化对项目管理方案提出系统的、具有可操作性的设想。因此，项目前期策划可直接成为指导项目实施和项目管理的基本依据。

项目前期策划的根本目的是提升项目的决策和实施价值，避免决策失误造成的重大损失。项目策划和决策的价值通常体现在项目的使用功能和质量的提高、建设周期缩短、建设费用和经营成本的降低、社会效益和经济效益的提高、建设过程的组织和协调强化以及周边生态环境的保护等方面。

二、项目前期策划的内容和程序

（一）项目策划内容

项目前期策划是对项目整个生命周期的统一规划，工作内容包括项目实施阶段策划、项目开发策划、项目运营策划等，如图 2-1 所示。

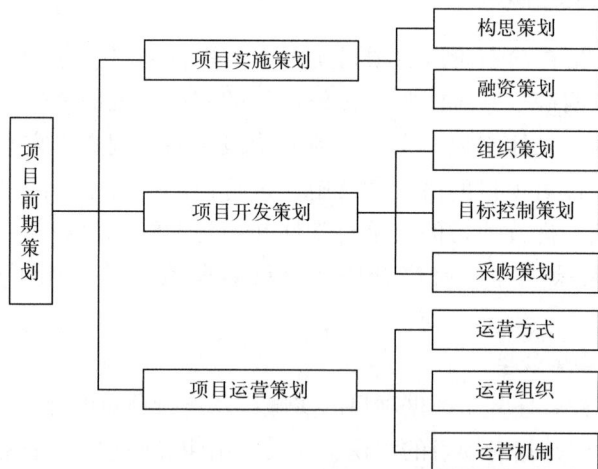

图 2-1　项目前期策划

1. 项目前期的发展策划

项目前期的发展策划是在项目前期制订总体实施策略的过程，主要包括项目的构思策划和项目的融资策划。

（1）项目构思策划。项目构思策划是从项目最初设想的产生到完整构思方案形成的过程，考虑因素主要包括项目提出的必要性、项目定位、项目实施内容、项目预期目标等，编制项目建议书，并逐步细化形成可行性研究报告的过程。

（2）项目融资策划。一般工程项目具有投入资金大、不确定因素多、投资回收期长的特点，项目资金的来源和筹措是项目顺利实施的基本保证。在项目的前期策划阶段必须进行项目的融资策划。项目的融资渠道有很多种，可根据项目的特点和项目的运作方式加以选用。如工程建设项目可以采用企业自筹资金、发行债券股票、银行贷款相结合方式，并考虑申请政府政策补贴。科技研发项目一般以企业自筹资金为主，并考虑申请政府科技专项资金、财政税收补助等资金。在确定项目的融资方案时，还应进行项目融资的风险分析，尽量降低项目的融资风险，确定合理的融资方案。

2. 项目实施阶段的策划

项目实施阶段策划是将项目实施方案进行具体化，形成具有可操作性的行动方案。它主要包括项目的组织策划、目标控制策划和招标采购策划。

（1）项目的组织策划。科学的项目组织有利于保证项目的顺利实施。项目组织策划包括项目管理组织机构和项目实施方式的策划，项目组织策划是按照现代企业组织模式建立项目管理团队，根据合理的实施方式确定项目的设计方、施工方、货物供应方，并对项目参与各方进行有机组织与相互协调，从而实现项目实施的预期目标。

（2）项目的目标控制策划。项目的目标控制策划是制订科学的质量、进度、费用等目标控制计划，实施有效的目标控制策略，对项目参与各方实施过程进行调整控制，从而实现项目预期整体目标的过程和活动。项目目标控制策划的工作内容包括目标控制过程的分析、目标控制环境的调查、目标控制方案的确立和目标控制措施的制订等。

（3）项目的招标采购策划。项目的招标采购策划是指从项目外部环境获得材料、设备等物资资源和服务的整个过程，主要包括项目管理咨询服务、项目勘察设计服务、项目施工企业、项目供货单位、项目所需材料和设备等的招标和采购。根据项目的自身特点，项目采购策划通过详细的调查分析来制订合理的招标采购策略，如公开招标或邀请招标等。项目招标采购策划直接关系到项目的实施成本高低和实施质量优劣，是项目实施策划的重要环节。必须在招标采购策划的基础上制订详细而周密的采购计划，从而保证项目的顺利建设和实施。

3. 项目运营策划

项目运营策划是指项目建设完成后，在运营期内对项目的运营方式、运营组织和运营机制的策划。项目的运营策划有利于提高项目的运营质量，为项目投资方带来丰厚的利润回报，提升项目实施的经济社会效益。

（二）项目策划的程序

无论是科技研发项目，还是工程建设项目，其项目策划都是一个科学、周密而复杂的过程。虽然两种类型项目的策划对象、性质、依据、内容和深度要求各不相同，但策划程序上具有相似性，如图 2-2 所示。

三、项目前期策划的组织

项目前期策划从项目提出、明确工作任务，到提交前期策划成果，是一个由粗略到详细、由浅入深的过程，通常由项目承担单位、项目管理团队、策划咨询单位等相关参与方及时沟通协调，精心地组织与管理。

```
                    ┌──────────┐
          ┌────────→│ 项目构思  │←────────┐
          │         └─────┬────┘          │
          │         ┌─────┴────┐          │
          │    ┌───→│ 构思选择  │          │
          │    │    └─────┬────┘          │
          │    │    ┌─────┴──────────┐    │
          │    ├───→│ 背景分析及问题意义 │    │
          │    │    └─────┬──────────┘    │
      ┌───┴─┐  │    ┌─────┴────┐      ┌───┴──┐
      │     │  ├───→│ 项目总目标 │←─────│      │
      │     │  │    └─────┬────┘      │      │
      │     │  │    ┌─────┴──────┐    │ 环   │
      │     │  │    │ 项目总方案策划 │    │ 境   │
      │ 反  │  │    └─────┬──────┘    │ 调   │
      │ 馈  │  │    ┌─────┴────┐      │ 查   │
      │     │  └───→│ 项目审查  │      │      │
      │     │       └─────┬────┘      │      │
      │     │       ┌─────┴────┐      │      │
      │     │       │ 项目建议书 │      │      │
      │     │       └─────┬────┘      └───┬──┘
      │     │       ┌─────┴──────┐        │
      │     │       │ 项目可行性研究 │←───────┘
      │     │       └─────┬──────┘
      │     │       ┌─────┴──────┐
      │     │       │ 项目评估与决策 │
      └─────┤       └─────┬──────┘
            │       ┌─────┴────┐
            └──────→│ 项目立项批复 │
                    └──────────┘
```

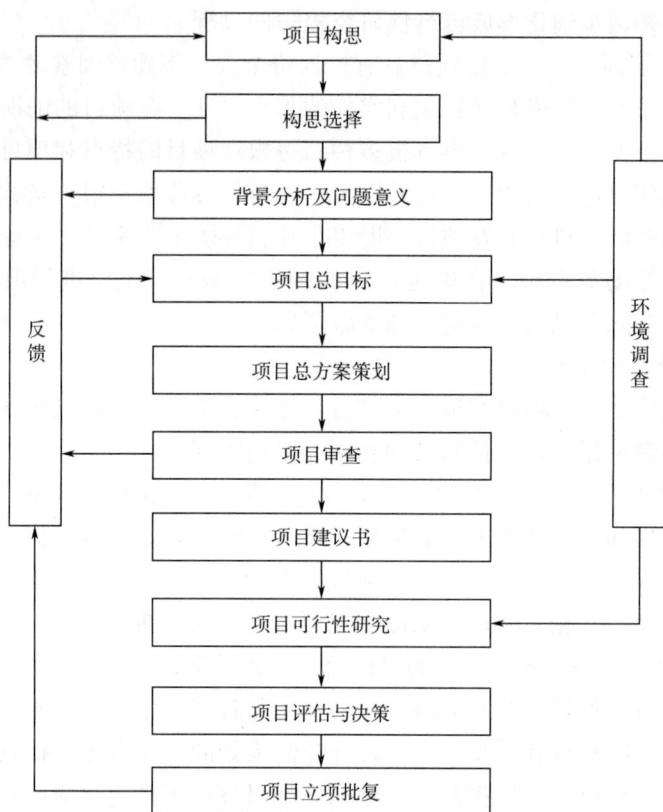

图 2-2　项目策划的一般程序

（一）确定工作任务

项目策划咨询单位与项目管理团队及时沟通，了解项目立项要求，明确策划工作范围，并针对项目策划工作的重点内容、质量要求、完成时间、费用等交换意见。

（二）组建工作小组

根据项目的性质、工作量、时间进度等，组建工作小组，项目管理团队提出所需参与人员及专家，组成工作团队。如编制可行性研究报告，工作团队需要配置市场研究、工程技术、资源环境、经济社会等领域的专业人员。如编制项目资金申请书，工作团队可配置行业技术、仪器设备、经济财务等领域的专业人员。

（三）制订工作计划

拟定项目工作方案，编写论证报告大纲，确定调研方案。细化工作进度安排、项目费用预算、人员配置、资料清单、调研单位和调研提纲等。

（四）调查收集资料

工作团队根据工作计划及论证报告大纲，编写调研提纲、组织实地调查，收集整理与项目相关的政策法规、产业、技术、资源、环境、社会、市场等信息资料。在整个策划过程中，必须不断地对政策环境、宏观经济环境、市场环境、行业技术现状、自然环境及实施条件等进行调查分析，并对项目发展趋势进行合理的预测。

（五）方案策划比选

根据项目论证报告编写大纲，在调查研究收集资料信息的基础上，构造项目实施方案，开展技术经济比选论证工作。

（六）方案分析评价

对项目的市场、技术、工程、环境、节能、经济、社会和风险等方面进行分析评价。当有关评价指标结论不足以支持项目方案成立时，应对原策划方案进行调整或重新策划。在整个策划过程中，需要不断地调整、修改、优化原定的设想、目标或方案，以期达到预定目标。

（七）编写论证报告

在考察调研、方案策划及分析评价的基础上，起草完成项目论证报告。对于重大或复杂问题，需要开展专题研究，必要时进行补充调研。项目论证报告初稿完成后，项目管理团队需要与项目承担单位反复沟通、集思广益，不断修改完善，最终形成正式报告。

四、项目前期策划的质量保证

项目前期策划工作的质量是关系整个项目成败的关键因素之一。在项目前期策划阶段，应重点关注策划工作的质量管理，不宜盲目追求进度和节约费用。在项目前期策划过程中应实行严格的质量管理责任制，特别是建立完善项目经理责任制和成果质量评审制，从而保证前期策划的各个参与人员在各个环节的工作处于有序和受控状态，确保策划工作的质量。

（一）项目经理责任制

项目经理责任制是保证项目前期策划工作质量的重要保障。首先，项目经理必须从思想上充分认识到项目前期策划工作的重要性，提高策划工作质量的责任感和使命感。其次，项目经理在策划过程中应积极主动加强对法律法规、宏观政策、新技术、新知识的学习，按照科学规律提出解决问题的有效措施。最后，项目经理要认真分析项目特点，研究项目资料，加强考察调研，针对每个任务的质量管理点及时与有关部门和业内专家进行沟通，做到分析方法科学，引用数据可靠，测算结果准确，做到策划报告满足项目立项的相关质量要求。

（二）成果质量评审制

加强项目前期策划阶段性成果的质量评审是确保策划最终成果质量的重要手段。项目前期策划成果是一种无形产品，通过评审，可以吸取更多专家的知识和智慧，及时发现不足，补充、优化策划成果，提高策划成果的质量。质量评审包括内部评审和外部评审。

1. 内部评审

①项目工作团队组织的内部评审。依据项目质量要求，逐项自我检查，进行必要的修正。

②公司组织的内部评审。由企业行政、技术、业务主管领导参加，项目经理汇报。根据需要，也可邀请有关部门或行业内的专家参加。对评审中发现的问题，应进行修改完善，以达到质量要求标准。

2. 外部评审

①项目策划委托单位组织的评审。委托单位邀请社会上的专家、学者、行政领导，对项目策划团队提供的策划成果进行评审。评审的主要内容是根据国家法律法规和立项要求，审查策划成果是否满足国家和委托单位的要求。

②委托另外一家有权威的咨询单位进行评审，对策划报告进行优化。

（三）成果质量评价标准

由于项目前期策划成果，绝大多数很难用定量标准来衡量和评价，一般需要制订一套定性和定量相结合的评价标准来进行评价。无论是科技研发项目，还是工程建设项目，虽然其项目目标和评价标准有所不同，但一般应考虑以下三个方面：

①策划成果与国家有关法律法规政策的符合性。策划成果首先要符合国家的宏观经济调控政策、产业发展政策、可持续发展政策等要求，符合国家、地区及相关部门颁布的法律、法规、规范、标准等要求。

②策划成果与社会经济效益的一致性。策划成果质量将影响项目实施后的作用和社会经济效益的发挥。许多项目关系到国民经济、社会事业发展和人民群众的根本利益。从履行社会责任，促进和谐、共享发展的角度看，项目策划成果应有利于社会人民群众的利益。

③策划成果与各方利益权衡的协调性。每个项目往往存在多个参与方，存在多个利益相关者。项目策划成果必须具有可操作性，充分发挥和调动各参与方的积极性和创造性，使各参与方都能获得利益，从而保证项目预期目标的实现。

第二节 项目主要策划文件

在项目前期策划过程中，所采用的决策文件主要有项目建议书、预可行性研究报告、可行性研究报告、项目申请书、商业计划书、资金申请报告等。同一项目根据不同阶段、申报程序不同，每份报告的编制深度、阐述侧重点有所不同。现对项目建议书、可行性研究报告、资金申请报告三种典型的策划文件的主要特征进行介绍。

一、项目建议书

项目建议书是对项目的整体性、轮廓性构思的初步描述，是项目前期策划的开篇文件。项目建议书亦可用预可行性研究报告来代替。

（一）项目建议书内容

项目建议书的主要内容包括：项目实施的目的和意义，即项目提出的背景和依据，投资的必要性及经济意义；项目技术方案；资源利用与节约；环境职业健康、生产安全保护；项目组织与管理；投资估算和资金筹措；财务和经济影响分析；社会影响与风险分析；结论和建议。

（二）项目建议书的编制重点

项目建议书的重点是分析项目实施的必要性和可能性，解决项目为什么做的问题。

项目实施必要性主要从国家宏观战略规划、企业发展战略、行业技术需求、市场需求、公众利益的角度，在调查研究的基础上来论证项目实施的迫切性。

项目实施可能性主要从良好的技术支持、外部建设条件、环境承载力以及较为理想的投资效果等角度进行分析论证，探讨项目能否进行下一步研究，即开展项目可行性研究工作。

二、可行性研究报告

可行性研究是对一个项目从宏观经济、政策背景、市场供需、技术先进性、实施条件、生态环境、财务经济效益等角度全面进行分析论证，在前期策划和决策阶段决定项目是否实施的必不可少的过程。对于工程建设项目，可行性研究报告也是企业、政府、金融机构等进行决策的关键性文件。对于政府投资或审批的工程建设项目，可行性研究可采用项目申请书报告格式。

（一）可行性研究报告的特点

1. 先行性

可行性研究既不是分析在建项目的技术经济效果，也不是当项目方案确定后为寻找论证依据而进行的调查，而是在项目决策之前进行的研究。可行性研究是项目前期策划的工作重点。只有在可行性报告被批复后，项目投资才正式开始。

2. 不确定性

可行性研究的工作重点是研究项目的可行性，其结果有可行与不可行两种可能。通过可行性研究为项目的实施提供充分的科学依据，是一种成功的可行性研究；通过研究否定了不可行方案，制止了不合理项目实施，避免了重大经济损失和资源浪费，也是成功的可行性研究。这对于重大工程项目的决策尤为重要。

3. 科学性

可行性研究需要坚持科学发展观，通过对项目的政策背景、市场分析预测、技术方案、财务经济效益评价等多方位对比论证，形成一套系统的理论、科学的方法和完善的指标体系，从而得出科学合理的研究结论。

4. 法定性

在西方发达国家，工程项目进行可行性研究早已成为前期策划的必要程序。我国也明确规定了可行性研究"是建设前期的重要内容，是基本建设程序中的重要组成部分"。同时规定"对所有建设项目必须严格按照基本程序办事，事前没有进行可行性研究和技术论证，没有做好勘察设计等建设前期工作的，一律不能列入年度建设计划，更不准仓促开工。违反这个规定的必须追究责任"。因此，我国可行性研究具有不可动摇法定地位。

（二）可行性研究的作用

在项目实施全生命周期中，可行性研究的作用主要体现如下。

（1）作为项目投资决策依据。项目的可行性研究结论决定一个项目是否应该进行建设实施。它对项目的目的、建设规模、产品方案、生产工艺、原料来源、建设地点、工期和经济效益等重大问题都进行了详细研究，是项目决策的根基。

（2）作为项目开展初步设计的基础。在可行性研究中，对产品的方案、建设规模、厂址选择、工艺流程、主要设备选型、总平面布置等方面都需进行方案比较和论证，确定了实施原则，推荐建设方案。在可行性研究经批准后，设计任务书才能下达，初步设计后续工作必须以可行性研究为基础开展。

（3）作为向银行申请贷款的依据。20世纪70年代后，世界各国银行等金融机构都把可行性研究作为建设项目申请贷款的先决条件。金融机构对贷款项目进行全面、细致的分析评价后，认为这个项目经济效益好，具有偿还能力，不会承担很大风险时，才同意贷款。

（4）作为政府职能部门审查依据。根据我国工程项目建设相关管理制度，在编制可行性研究时，必须对资源节约、环境影响、安全消防、职业卫生做出评价，并采取合理措施进行保护。这是相关职能部门进行审查时关注的重要内容。

（5）作为拟采用新技术、新设备研制计划的依据。工程项目采用新技术、新设备必须慎重，只有在经过可行性研究，证明这些新技术、新设备是可行的，才能制订研制计划，进行研制工作。

（6）作为与项目有关部门商谈合同和协议的依据。一个项目所需的原料、辅助材料、协作条件、燃料及供电、供水、运输、通信等都要与有关单位部门进行商谈协作，供应协议和合同的签订依据就是可行性报告。对于采用技术引进和进口设备的项目，必须经过政府主管部门对可行性研究报告的审查和批准后，才能同国外厂商正式签订。

（7）作为安排基本实施计划和开展各项前期准备工作的依据。

（三）可行性研究的主要依据

在进行可行性研究过程中，需要遵循的主要依据有：

（1）国家经济建设的方针、政策和长远规划。可行性研究需要在国家的宏观方针政策指导下开展，从长远规划的角度对产品的要求、协作配合、综合平衡等问题进行全面论证，科学合理地评价工程项目的实际经济效益。

（2）企业发展战略。企业承担的工程建设项目或科技研发项目，是为企业发展服务的，可行性研究应在企业规划战略的指导下开展。

（3）经有关部门批准后的项目建议书，是开展可行性研究的前提。

（4）以国家有关部门正式批准的资源报告及各种相关规划为依据。

（5）可靠的自然、地理、气象、地质、经济、社会等基础资料。这些资料是可行性研究中进行厂址选择、项目设计和经济技术评价必不可少的条件。

（6）有关工程技术方面的标准、规范、指标等。可行性报告研究中对技术方案进行分析论证时，都要以它们作为基本依据。

（7）国家公布的项目评价的有关参数、指标等。可行性研究在进行财务、经济分析时，需要有一套参数、数据和指标，如基准收益率、折现率、税率、折旧率、外汇汇率等。所采用的这些参数应是国家最新公布实行的数据。

（四）可行性研究报告的内容

根据不同行业特点，可行性研究报告的实施方案会有差异，但其编写大纲基本相同，一般要求具备以下主要内容。

1. 总论

（1）项目概述。

①项目名称，承办单位名称、性质及法人；投资项目性质及类型；经营机制及管理体制。

②主办单位基本情况。改扩建项目要说明现有企业概况，包括企业各生产装置、生产能力、原辅料供应、产品销售、员工状况、资本结构、财务状况等。

③项目提出的背景，投资的必要性和经济意义。

④可行性报告研究工作的依据、指导思想和原则。

⑤研究范围。指研究对象、工程项目的范围，列出整个项目的工程主项。

（2）研究结论。

①简要的综合结论。从项目建设的必要性、生产规模、产品方案、市场供需、原辅料供应、工艺技术、厂址选择、公用工程、辅助设施、节能节水、环境保护、投资及经济评价等方面给出简要明确的结论性意见。简要说明是否符合国家产业政策要求，是否符合行业准入条件，是否与所在地的发展规划或城镇规划相适应。

②存在问题和建议。提出项目在工程、技术及经济等方面存在的主要问题和主要风险，并提出解决建议。

2. 市场预测分析

市场预测分析尤其是产品竞争力分析，是可行性研究的核心内容。通过对项目的产出产品、投入品或服务的市场容量、供需、价格、竞争格局等进行调查、分析、预测，为项目的目标市场和产品方案提供依据。主要内容包括：项目产品的主要用途；国内外市场供需现状、供需平衡分析及产品需求预测；产品竞争力分析，主要目标客户分析，同类竞争企业分析；产品销售预测、价格预测、营销策略、市场风险分析。

3. 建设条件和厂址方案

①项目建设地点的地理位置、气象、水文、地质、地形条件和社会经济现状。

②交通运输及水、电、汽、燃气等公用设施的数量、供应方式和供应条件。

③项目所需原料、辅料以及燃料的种类、数量、来源和供应情况。

④厂址比较与选择结论。

4. 工程技术方案

（1）产品方案。

①提出产品方案，即项目的主导产品、副产品或生产能力的组合方案，包括产品品种、产量、规格、质量标准、工艺技术、材质、性能、用途、价格、国内外销售比例等。

②拟定建设规模，即设定正常运营年份项目计划达到的生产能力。

（2）生产工艺技术及设备方案。

①项目生产工艺的技术方案，通过调查研究、专家论证、方案比较、初步技术交流和询价等，确定拟建项目的生产技术、工艺流程、生产配方、生产过程控制、操作规程等，确保生产过程安全、环保、节能、合理、通畅、有序。

②技术设备方案研究，包括技术来源和设备来源方案，从其先进性、适用性、安全性及可靠性等方面进行研究；改扩建项目要说明对原有固定资产的利用情况。

（3）总图运输。

总图运输方案主要依据确定的项目建设规模，根据场地、物流、环境、安全、美学对工程总体空间和设施进行合理布置。

①平面布置，说明产区规划、总用地面积、各生产车间、设施占地，简述总平面布置原则。

②竖向布置，简述布置原则、推荐竖向布置方案、防洪标准及措施、土石方工程量等。

③总图主要工程量。

④全厂运输，根据全厂各种输入输出物料的属性、形态和物理性质等确定运输方案，说明主要储运方式、运量，做到人流、物流相对独立，确保生产安全。

（4）工程方案及配套工程方案。

工程和配套工程方案是在技术方案和设备方案确定的基础上，围绕工艺生产装置在建设、结构、给排水、供电、供热、维修等进行系统配套与完善，形成完整的运行体系。

①工程地质概况，简述工程地质地貌，说明特殊地质问题。

②建筑设计，应遵守国家现行标准、规范和规程，确保工程安全可靠、经济合理、技术先进、美观适用。在平面布置、空间处理、构造措施、材料选用等方面，满足防火、防爆、防腐蚀、防震、防噪声等要求。描述装修装饰标准，如屋面、楼面、地面、天棚吊顶、内墙装修、外墙装修等。

③结构设计，根据当地地质条件，结合上部结构要求确定安全、合理的处理方案。对于地震区域，根据抗震设防要求，确定合理的抗震结构和措施。

④系统配套工程，包括给排水工程、供电与通信工程、供热工程、空调系统、采暖通风系统、压缩风和氮气等系统、分析化验、维修设施、仓储设施、铁路码头、防洪设施等，结合配套工程特点分别提出供应方式、供应量、处理标准、处理能力、处理措施等方面的配套方案。

（5）节能节水方案。

列出项目节能应遵循的主要法律、法规及设计标准，并描述项目节能要素分析与节能措施。

①全厂综合节能技术和措施。

②装置节能技术和措施，包括工艺技术节能、公用工程、辅助设施节能、设备及材料节能、自控方案节能、电气方案节能、总图布置节能、采暖通风节能、建筑方案节能等。

5. EHS 保护措施

（1）项目环境保护方案。

①项目环境保护方案研究应明确所在地区执行的环境质量标准，注明环境功能分类、标准类别、参数和标准值，污染物排放标准应注明采用的标准名称、标准号、标准分级、参数及标准。

②分析项目的主要污染物的种类、来源、排放量、排放特征、处理方法和排放去向等。

③说明环境保护治理措施和方案。

（2）职业健康方案。

①列出项目所遵循的职业卫生相关法律、法规。

②分析项目的职业健康的影响危害因素、危害来源、危害程度、可能产生职业病分析。

③项目所采取的职业健康保护措施、职业健康规则制度和督查机制。

（3）安全消防方案。

①列出项目所遵循的安全消防相关法律法规。

②分析项目的危险因素和危险程度，特别对重点监管的危险生产工艺、重大危险源进行分析。

③项目采取的安全生产应对措施。

④项目的火灾危险性分析及消防设施和措施。

6. 实施组织建议

①项目建设工期安排建议。

②项目采购、施工、招投标安排。

7. 企业组织、劳动定员和人员培训

①企业组织应结合项目运营模式合理设置，确保生产流程组织顺畅。

②劳动定员应体现生产工艺先进性，提升生产效率。

③生产人员经培训合格后上岗，并定期组织培训学习，提升专业技能。

8. 投资估算和资金筹措

（1）投资估算。

①投资估算是确定融资方案、筹措资金数额的重要依据，也是进行财务分析和经济分析的基础。投资估算需说明项目的性质、估算的范围和依据。主体工程和配套设施工程所需的建设投资估算。

②生产流动资金估算。

③建设利息估算。

④总投资估算分析。

（2）资金筹措。

可靠并落实的资金来源是项目成功的关键。资金筹措包括以下几点。

①资金来源。通常，项目由投资者认缴的自有资金不低于30%。

②筹措方式。债务资金可从金融机构、证券市场、商业银行、政策性银行、外国政府机构等途径筹集，其融资成本、贷款偿还方式及融资分析存在差异，需根据项目特点和需求合理选择。

9. 财务经济和社会效益评价

财务分析又称财务评价，在现行会计规定、税收法规和价格体系下，通过财务效益（收入）与费用（支出）的预测，编制财务报表，计算评价指标，考察和分析项目的财务盈利能力、偿债能力和财务生存能力，判断项目的财务可行性，明确项目投资者的价值贡献，是建设项目投融资决策的重要依据。财务分析内容包括以下内容。

①产品成本和费用估算。

②销售收入和税金估算。

③财务分析，财务分析的依据和说明、财务分析报表、财务分析指标计算。

④不确定性分析。项目对当地的社会影响和经济效益评价。

10. 项目风险分析

①分析项目在市场、技术、管理、政策、社会等方面的全部风险，并进行分析因素识别、程度评估。

②提出项目分析对策。

11. 可行性研究主要结论和建议

（1）研究报告的结论，对可行性研究中涉及的主要内容和研究结果，提出明确的结论性意见，指出项目是否可行。

（2）存在问题和建议，对项目研究过程中提出的问题进行汇总，并分析问题的严重性和对项目各方面的影响，对下一步需要协调和解决的主要问题提出合理建议。

（五）可行性研究应注意的事项

在开展可行性研究时，应当注意以下事项。

1. 可行性研究应具有科学性和独立性

可行性研究必须坚持实事求是的原则，在调查的基础上，进行多方案的比较，按客观实际情况进行论证和评价。可行性研究不是为了"可行"而"研究"，不能以它作为争投资、上项目、列计划的"通行证"。

2. 可行性研究的深度要符合要求

可行性研究的内容和深度基本要求是：内容必须完整，文件必须齐全，其深度能满足确定投资决策和相关要求。内容和深度是否达到国家规定标准，是衡量可行性研究的质量的重要尺度。要坚决杜绝那种内容简单、材料不充分、缺乏分析和论证的"注水报告"。

3. 可行性研究的承担单位资质

工程项目的可行性研究报告的承担单位，应该是国家有关部门正式颁发证书的工程咨询机构，可以通过委托或招标方式来确定。双方签订合同，明确可行性研究的工作范围、资源条件、进度安排、费用支付以及协作方式等内容，如果发生问题和纠纷，可按合同约定追究责任。

4. 可行性研究报告的评审

在可行性研究报告编制完成后，由委托单位组织有关部门和专家进行评估，通过可行性研究的说明和答疑，提出意见，修改完善，项目通过评审；或者否定报告，项目评审未通过。

三、资金申请报告

资金申请报告是项目前期策划工作的文件形式之一，是企业向政府申请财政专项资金，或向金融机构申请投资资金所提交的申请文件。资金申请报告根据资金来源和性质不同，报告内容和要求会有所区别偏重，但其主要内容、编制思路是相似的，都是从项目的技术方案可行性、资金使用合理性，对经济、社会、资源、环境等方面的影响等角度进行分析论证，获得相关机构的认可。商业计划书、科研项目申报书也是申请资金支持的一种报告形式。资金申请报告的主要内容包括：

1. 项目基本情况与项目前期进展简介

项目申报单位情况、项目基本情况、项目前期进展情况，为项目资金审查机构分析判断项目申请单位是否具备承担项目的资格、是否符合资金发放条件等提供背景和依据。

（1）项目申报单位情况。包括申报单位名称、性质、法人和注册地点，主营业务、经营年限、注册资本股东构成，以及经营收入、利润、资产负债、银行信用等级等内容。

（2）项目基本情况。包括项目名称、项目负责人、实施地点、项目背景、项目目标、建设内容和规模、产品和技术方案、主要设备选型和配套工程、投资规模和资金筹措方案等内容。

（3）项目建设前期准备和进展情况。包括政府审批、各项前期和开工准备、工程进展、项目建设期和实际执行情况、项目市场与竞争力研究情况等内容。

2. 项目政策符合性分析

项目的政策符合性分析，应当说明项目是否符合国家产业政策和产业准入条件，项目实施是否符合土地利用政策和规划，项目技术方案是否具有先进性，项目的清洁生产和环境保护水平是否符合环保标准要求，项目的安全、卫生、消防等落实情况是否符合有关要求，项目资金的使用是否合规，是否符合拟申请的资金来源的条件。

（1）项目的产业政策和行业准入符合性分析。

简要说明项目应遵守的产业政策和行业准入情况，说明项目是否符合有关产业结构调整、产业空间布局、产业发展方向、产业创新等政策要求，是否符合相关行业准入标准等。

（2）项目的土地利用情况和规划符合性分析。

简要说明项目的土地利用情况，说明项目选址是否符合地区或城市规划，是否属于开发区、工业园区、工业用地等。

（3）项目的清洁生产和环保符合性分析。

简要说明项目采用的清洁生产技术和执行的清洁生产标准。说明项目污染物排放情况、主要环境保护措施和治理效果；说明项目对生态环境、水土流失、地质灾害以及历史文化遗产、自然遗产、风景名胜、自然景观和重要水源保护地等特殊环境的影响和保护措施。

（4）项目技术方案的先进性分析。

简要说明项目所采用技术、设备的先进性，并与同类行业技术水平相比较，提出明确的项目考核验收指标。

（5）项目的安全、卫生、消防符合性分析。

简要说明项目生产过程职业安全与有害因素，采取的主要危害因素防范措施和应急措施、安全卫生的监督与管理措施及效果。

（6）项目的资金符合性分析。

简要说明项目拟申请的资金来源和资金使用条件，将项目情况进行对比，说明项目资金使用的合理性，是否符合资金申请条件。

3. 项目技术来源以及设备和材料采购分析

进行项目的技术来源以及设备和材料采购分析，说明项目采用的技术是否成熟、可靠，是否存在专利纠纷或者垄断等；说明项目设备和材料采购方案是否合理、可行，是否满足国产化要求，价格是否合理等。

（1）项目技术来源。

说明项目采取的技术名称、技术背景、主要技术内容、技术拥有方、技术使用条件、专利费等。

（2）项目设备和材料采购清单及采购方式分析。

简要说明项目主要设备和材料规格、数量、单价、引进理由、采购方式等；说明引进设备和材料与国家政策是否相符，是否享受减免税政策。

4. 项目融资分析

项目的融资分析，要说明项目总投资及构成、融资构成、融资成本，分析项目融资方案合理性；说明申请政府或金融机构资金的必要性，说明拟申请资金额度的合理性。

（1）项目总投资及构成。

简要说明项目总投资，包括建设投资、建设期利息、流动资金。

（2）项目融资构成、融资成本和融资方案合理性分析。

简要说明项目申请资金数额、来源及使用条件，自有资金来源，分析资金来源可靠性，分析项目融资成本，分析融资方案合理性。

（3）拟申请资金额度和理由。

提出拟申请资金额度，结合项目政策符合性、技术水平、资金筹措方案等；说明政府或者金融机构资金介入的必要性。

（4）项目资金使用计划分析。

说明包括申请资金、自有资金的逐年用款计划；说明资金的使用范围，包括用于土建、设备、材料、检测、咨询和培训等。

5. 项目财务分析和经济分析

进行项目的财务分析和经济分析，说明项目在评价期内和评价条件下的财务效益情况和经济效益情况，反映项目对社会经济发展的贡献。

（1）项目财务分析。

简要说明项目采取的财务分析依据和基础条件，分析项目的成本费用、销售收入、税收、优惠政策、财务指标、主要结论。

（2）项目经济分析。

简要说明项目的经济分析依据和基础条件，分析项目的经济效益、主要结论。

6. 项目清偿能力分析

进行项目的清偿能力分析，说明项目的还款能力和还款计划，说明投资者的财务状况和资产实力。

（1）项目清偿能力分析。

简要说明项目的还款期、利息备付率、偿债备付率等；说明项目是否具有清偿能力，分析项目的财务可持续性。

（2）项目还款计划。

简要说明项目贷款偿还及担保责任、还款资金来源及还款计划。

（3）企业财务状况分析。

简要分析企业近一年的资产负债、损益和现金流量情况，分析企业投资者的清偿能力、银行信誉等级等。

7. 项目社会影响分析

通过拟建项目的社会影响分析，说明项目将引起的社会影响效果、项目的社会适应性、可能引发的社会风险和采取的对策。

（1）社会影响效果分析。

分析项目的建设及运营活动对项目所在地可能产生的社会影响和社会效益。

（2）社会适应性分析。

分析项目能否为当地的社会环境、人文条件所接纳，评价项目与当地社会环境的相互适应性。

（3）社会风险及对策分析。

针对项目实施所涉及的各种社会因素进行社会风险分析，提出协调项目与当地社会关系、规避社会风险、促进项目顺利实施的措施方案。

8. 项目风险及防范措施分析

通过项目风险及防范措施分析，对项目可能面临的风险因素、风险级别、风险影响程度进行评估，并提出风险防范和降低风险相应措施。

（1）资源风险和防范措施。

说明各种原材料、动力的来源与供应风险，分析风险程度，提出防范和降低风险的对策。

（2）市场风险和防范措施。

说明产品市场变化、竞争力态势变化、主要投入品和产出品价格变化的可能性以及由此带来的风险，判断对项目效益和持续经营的影响程度，提出防范和降低风险的对策。

（3）技术装备风险和防范措施。

说明技术装备来源、技术进步、工程方案变化的可能性以及带来的风险，分析各种风险对项目造成的影响，提出防范和降低风险的对策。

（4）投资与融资的风险和防范措施。

说明投资估算额发生变化的可能性，分析资金来源与供应风险、利率风险、汇率风险，分析各种风险对项目的影响程度，提出防范和降低风险的对策。

（5）其他风险和防范措施。

分析包括施工组织、产品规模与方案等技术因素和政治、军事、经济、自然灾害等非技术因素对项目的影响和发生可能性，提出防范和降低风险的措施。

9. 结论与建议

明确提出对项目投资的结论性意见，说明项目存在的主要问题，提供对项目实施有益的主要建议。

第三节　项目决策程序与责任

一、项目决策概念和原则

（一）项目决策的概念

项目决策指为了特定目标，在掌握大量有关信息的基础上，运用科学的理论和方法，系统地分析主客观条件，对两个或多个备选方案进行分析，比较各种方案的优缺点，从中选定较优方案的过程。项目决策过程主要包括信息收集、方案设计、方案评价、方案抉择四个相互联系的阶段，这四个阶段相互交织、往复循环，贯穿整个决策过程。

（二）项目决策的原则

在项目决策过程中，应当遵循以下五个主要原则。

1. 科学原则

（1）方法科学。项目决策需要秉持科学的精神，运用经验判断、数学分析和试验等方法，利用先进的技术经济手段和多种专业知识，通过定性与定量分析相结合，实事求是地研究主观客观情况，采用多种可验证的方法得出科学合理的结论。

（2）依据充分。项目决策必须全面准确地掌握有关资料信息，以国家和项目所在地的经济和社会发展规划和产业、土地、环保、资源利用、能源节约、税收投资等政策，以及有关技术、经济、工程方面的规范、标准、定额等为依据进行全面判断。

（3）数据可靠。项目决策需要秉持实事求是精神，从实际出发，在调查研究的基础上，分析数据合理性，保证数据来源可靠、计算口径一致和评价指标可比性，确保分析结论真实可靠。

2. 民主原则

（1）专家论证。为了提高决策的水平和质量，无论是科技研发项目还是工程建设项目，在决策过程中需聘请项目相关领域的专家进行分析论证，以优化和完善实施方案。

（2）独立咨询。决策机构在大型项目决策过程中，一般委托第三方咨询机构对项目进行独立的调查、分析、研究和评价，提出咨询意见和建议，以帮助决策者正确决策。

（3）公众参与。在项目决策过程中。对于关系社会公共利益的重大项目要采取多种公众参与形式，如项目环境影响评价、社会影响评价等，须广泛征求各个方面的意见和建议，使策划和决策符合社会公众的利益诉求。

3. 效益原则

对于企业投资实施的项目，必须遵循市场经济规律，提高企业市场经济竞争能力，经济效益，并创造社会效益，这是企业进行项目决策的基本原则。对于政府资助的科技研发项目，行业关键技术突破、经济社会效益、生态环境效益等公众利益通常是决策优先考虑的目标，有利于提升国家整体科技竞争实力。

4. 风险责任原则

我国项目投资责任追究制度的基本原则是"谁投资、谁决策、谁受益、谁承担风险"，对于政府投资的科技研发项目，政府依据委托有相关行业领域的专业机构或专家组进行决策。对于企业工程建设项目，企业可自行决策，也可委托有资质的咨询单位策划，由企业自主决策。

5. 可持续发展原则

在项目决策过程中，必须牢固树立创新、协调、绿色、开放、共享的发展理念，贯彻落实建设资源节约型、环境友好型社会的基本国策。项目实施不能超越当地的资源和环境的承载力，才能保证项目实施和经营的持续增长发展。在项目申报审批过程中，可持续发展原则已成为投资主管部门项目审批、核准、备案的前置条件，遵循行业准入制度要求，办理项目选址、土地预审、环境保护等方面的行政许可手续。

二、项目决策程序

（一）工程建设项目决策程序

对于企业投资的工程建设项目的决策需要严格按照工程建设审批流程来执行。特别是大型项目的投资决策，因为投资规模较大，关系到企业的长远发展。按照现代化公司治理结构的经理层、董事会和股东会的权责划分，一般由企业的战略投资部门研究提出，经管理层讨论后，需要董事会进行审批，特别重大的投资决策还要报股东大会讨论通过。工程建设项目的基本决策程序如图 2-3 所示。

政府主管部门　　　　决策主流程　　　　咨询单位

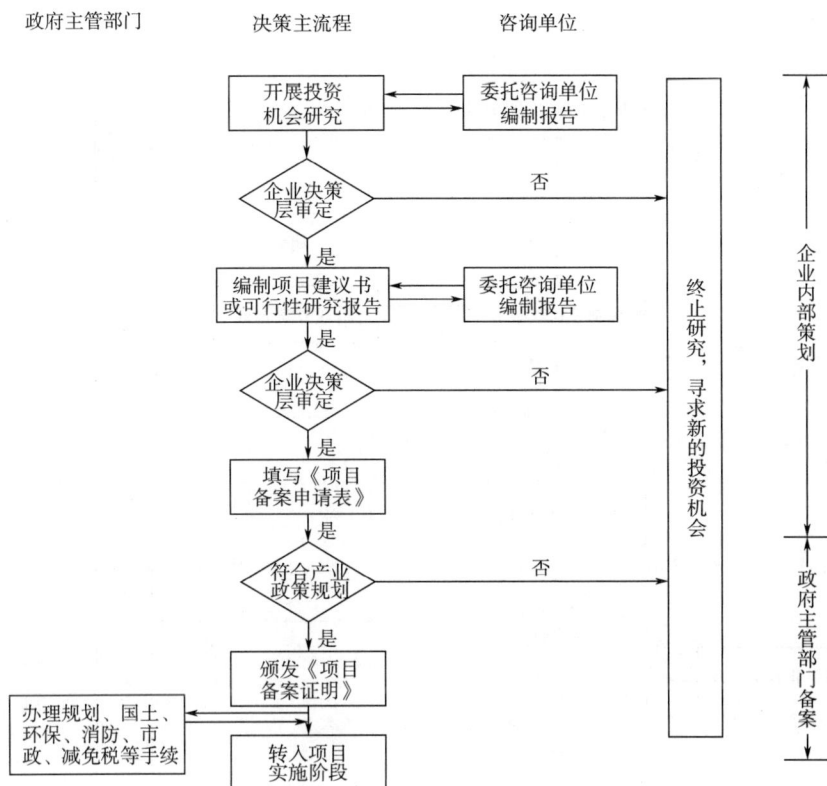

图 2-3　工程建设项目决策程序

（二）科技研发项目决策程序

科技研发项目的决策同样需要严格按照审批流程来执行。企业发起的科技研发项目的决策层为企业经理层、董事会、投资战略部等。政府发起的科技研发项目由政府主管部门组织行业专家对申报项目进行评审，经批示后通过。科技研发项目的基本决策程序如图 2-4 所示。

三、项目决策责任

项目决策涉及的参与方包括政府主管部门、项目承担单位、咨询单位和相关政府职能部门、金融机构等。根据投资体制改革和现代企业制度的要求，各项目决策单位应建立投资决策责任追究制度，明确相关单位的职责和责任。

（一）项目主管部门

根据工程建设项目或科技研发项目的资金来源，项目主管部门可以为企业决策层，也可以是政府主管部门。在项目决策过程中，项目主管部门根据审批流程承担相应责任，着重审查项目是否符合国家宏观调控政策、发展建设规划、产业政策或企业发展战略，是否具有良好经济安全和公众利益，技术水平、能耗指标是否先进，是否有效防止出现垄断，是否有利于防范和化解社会稳定风险等。同时，建立项目监管平台，加强事中、事后监管，严格责任追究。

对于以不正当手段取得审批的项目，主管部门应当根据情节轻重依法给予警告、

科技主管部门　　　　决策主流程　　　　咨询专家

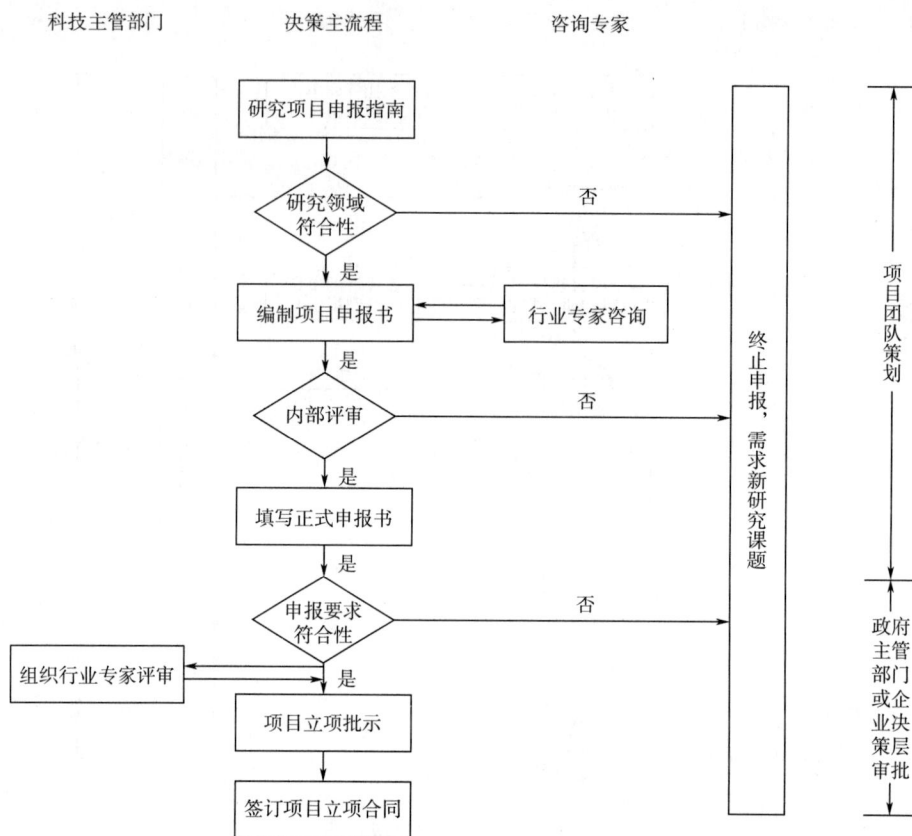

图 2-4　科技研发项目决策程序

罚款、责令限期改正、终止等处罚。相关责任人员涉嫌犯罪的，依法移送司法机关处理。

（二）项目承担单位

项目承担单位在申报过程中应严格遵循申报程序有关规定，保证申报材料真实性，对项目方案内容的可行性负责，并承担项目的市场前景、技术方案、资金来源、经济效益等方面的风险。

（三）咨询单位

咨询单位对项目策划过程中前期准备、现场调研、撰写报告等的阶段性成果质量严格把关，细致研究项目相关材料，并对咨询评价结论负责。

（四）政府职能部门

①环境保护部门。环境保护部门应根据项目对环境影响程度实行分级分类管理，对环境影响大、环境风险高的项目严格环评审批，并强化事中事后监管。

②国土资源部门。国土资源部门对项目是否符合土地利用总体规划和国家供地政策，项目拟用地规模是否符合有关规定和控制要求，补充耕地方案是否可行，对土地、矿产资源开发利用是否合理负责。

③城市规划部门。城市规划部门对项目是否符合城市规划要求、选址是否合理等负责。

④相关职能部门。相关职能部门对项目是否符合国家法律法规、国务院及行业管理的有关规定负责。

（五）金融机构

对于使用金融机构资金的项目，金融机构按照国家有关规定对申请贷款的项目独立审贷，对贷款风险负责。

案例分析

新冠疫苗研制路线决策

新冠病毒是一种全新病毒，疫苗研发有很多不确定因素。那么，疫苗研发有哪些技术路线？它们各自的优缺点是什么？

1. 灭活疫苗

技术路线：灭活疫苗是传统的经典技术路线，即在体外培养新冠病毒，然后将其灭活，使之没有毒性。但这些病毒"尸体"仍能刺激人体产生抗体，使免疫细胞记住病毒的模样。

优点：制备方法简单快速，安全性比较高，是应对急性疾病传播通常采用的手段。灭活疫苗很常见，我国常用的乙肝疫苗、脊灰灭活疫苗、乙脑灭活疫苗、百白破疫苗等都是灭活疫苗。

缺点：缺点明显，如接种剂量大、免疫期短、免疫途径单一等。有时候会造成抗体依赖增强效应（ADE），使病毒感染加重，这是一种会导致疫苗研发失败的严重不良反应。

2. 腺病毒载体疫苗

技术路线：腺病毒载体疫苗是用经过改造后无害的腺病毒作为载体，装入新冠病毒的S蛋白基因，制成腺病毒载体疫苗，刺激人体产生抗体。S蛋白基因是新冠病毒入侵人体细胞的关键"钥匙"，无害的腺病毒戴上S蛋白基因的帽子，假装自己很凶，让人体产生免疫记忆。

优点：安全、高效、引发的不良反应少。这种疫苗有成功先例，重组埃博拉病毒病疫苗也是用腺病毒作载体。

缺点：重组病毒载体疫苗研发需要考虑如何克服"预存免疫"。以进入临床试验的"重组新冠疫苗"为例，该疫苗以5型腺病毒作载体，但绝大多数人成长过程中曾感染过5型腺病毒，体内可能存在能中和腺病毒载体的抗体，从而可能攻击载体、降低疫苗效果。也就是说，该疫苗的安全性高，但有效性可能不足。

3. 核酸疫苗

技术路线：核酸疫苗包括了mRNA疫苗和DNA疫苗，是将编码S蛋白基因的基因，mRNA或者DNA直接注入人体，利用人体细胞在人体内合成S蛋白基因，刺激人体产生抗体。通俗地说，相当于把一份记录详细的病毒档案交给人体的免疫系统。

优点：研制时不需要合成蛋白质或病毒，流程简单，安全性相对比较高。核酸疫苗是全世界都在积极探索的疫苗研发新技术。

缺点：这种疫苗的技术生产不成熟。从产业角度看，虽然其生产工艺本身并不复杂，但全球多数国家该领域基础比较薄弱，尚未形成稳定可控的大规模生产供应链。所以它的最大短板是多数国家无法大规模生产，可能因价格较贵而难以普及到低收入国家。

4. 重组蛋白疫苗

技术路线：重组蛋白疫苗，也称基因工程重组亚单位疫苗，是通过基因工程方法，大量生产新冠病毒最有可能作为抗原的 S 蛋白基因，把它注射到人体，刺激人体产生抗体。这相当于不生产完整病毒，而是单独生产很多新冠病毒的关键部件"钥匙"，将其交给人体的免疫系统认识。我国已掌握了大规模生产高质量和高纯度疫苗蛋白的技术，这是一条可以大规模快速生产疫苗的技术路线。

优点：安全、高效、可规模化生产。这条路线有成功先例，比较成功的基因工程亚单位疫苗是乙型肝炎表面抗原疫苗。

缺点：需要找到一个好的表达系统，它的抗原性受到所选用表达系统的影响，因此在制备疫苗时就需对表达系统进行谨慎选择。

5. 减毒流感病毒载体疫苗

技术路线：减毒流感病毒载体疫苗是用已批准上市的减毒流感病毒疫苗作为载体，携带新冠病毒的 S 蛋白基因，共同刺激人体产生针对两种病毒的抗体。简单地说，这种疫苗就是低毒性流感病毒戴上新冠病毒 S 蛋白基因"帽子"后形成的融合病毒，既能防流感又能防新冠。在新冠肺炎与流感流行重叠时，其临床意义非常大。由于减毒流感病毒容易感染鼻腔，所以这种疫苗仅通过滴鼻的方式就可以完成疫苗接种。

优点：一疫苗防两病，接种次数少，接种方式简单。

缺点：研发过程漫长。

疫情是疫苗研发开启的"发令枪"。新冠病毒疫苗每条技术路线都有明显的优点和缺点，每条技术路线的选择都意味着巨额资金和巨量资源的投入，有着众多不确定因素，可能成功也可能失败。对于一个具体的科研机构或疫苗生产企业，需要结合自身技术积淀和资金来选择适合自己的技术路线，不可能同时选择多条技术路线。但从国家层次而言，国民生命安全高于一切，能够在最短时间内获取有效新冠疫苗是第一位的。在新冠疫情暴发初期，科技部就对 5 条技术路线进行了同时布局，每条技术路线都有 1~3 个团队进行研发，每个技术路线都由多个单位形成合力，从企业到高校、科研院所再到高等级生物安全实验室，国家顶尖学术机构以及生命科学领域的高新技术企业，彰显了我国抗击新冠疫情的决心和毅力，在国际上也具有非常前瞻性和超前战略眼光。

❓ 思考与拓展

①什么是项目前期策划，其作用是什么？

②作为一名项目研发人员，在科技研发项目决策中需要承担什么责任？

③可行性研究报告和资金申请报告的编制侧重点有何区别？

④项目前期策划和决策对于个人事业发展规划有何借鉴意义？

拓展阅读

思政案例

第三章
项目管理组织

项目管理组织是实现项目目标的基本条件，如何组建高效的项目管理机构是项目管理工作中的一项基本能力。通过本章学习，使学生了解项目组织的作用、项目组织的设置基本原则，掌握管理组织的建立步骤以及结构形式，组织中的人力资源管理，增强项目成员在组织中的团队意识。

本章主要介绍项目组织的概念、作用及设置原则，项目组织机构的确定、基本形式、人力资源管理。

第一节　项目管理组织的概念及作用

项目管理组织通常具有两个方面的含义：一是作为名词概念，指项目的组织机构和组织形式，即按照一定体制、部门设置、层次划分及职责分工而构成的有机体；二是作为动词概念，指组织管理的过程，即对一个过程或作业的策划、安排、协调、控制和检查，如工程建设项目的策划、立项、融资、设计、招标、实施管理、竣工验收、调试、运营等一系列活动。本章所介绍项目管理组织是一个名词概念。

一、项目管理组织的概念

项目管理组织是指为完成特定的项目任务而建立起来的，从事项目具体管理工作的机构。它是在项目周期内临时组建的、暂时的，只是为完成特定的目的而成立的。

二、项目管理组织的作用

从项目管理组织与项目目标关系的角度看，项目管理组织的基本作用是通过组织活动避免组织内个体力量的相互抵消，力争汇聚并放大参与成员力量效应，保证项目目标的实现。其主要体现在以下五个方面。

（1）合理的管理组织可以提高项目团队的工作效率。项目管理组织可以采用不同的形式。对于同一项目来说，在某一特定环境采取不同的管理组织机构形式，项目团队的工作效率会有不同的结果。积极、有效的管理组织机构形式将更有利于调动项目团队成员的积极性，减少不必要的决策层次，缩短决策流程，有利于提高项目团队的工作效率。

（2）合理的管理组织有利于项目目标的分解与完成。任何一个项目的目标都是由不同的子目标构成的。合理的管理组织能使项目目标得到合理的分解，有助于各组织的目标与项目总体目标之间有机协调，保证项目最终目标的实现。

（3）合理的项目组织有助于优化资源配置，避免资源浪费。项目组织需要考虑项目的自身特点、项目承担单位情况、货物材料供应情况等各方面因素后再进行确定。它要保证承担单位总体效益和保证委托方利益之间平衡性。合理的项目管理组织将有利于各种资源的优化配置与利用，保证项目目标的完成。

（4）良好的项目组织工作有利于平衡项目组织的稳定与调整。组织机构形式确定后，项目团队成员可以在项目组织机构图中找到自身的位置与工作责任，使项目团队成员对项目有一种依赖与归属感。项目组织带来相对的稳定性是完成项目目标所必需的。随着项目工作的继续发展，原有的组织机构形式可能不完全适应需要，原有稳定需要打破，因而需要进行组织的调整或再造，使项目的组织机构更加适合项目、资源和工作环境。例如，可行性研究阶段的组织机构形式就不适合设计阶段的组织机构形式。同样，设计阶段的组织机构形式也不适合施工阶段的组织机构形式。

（5）合理的项目组织工作有利于项目内外关系的协调。项目组织工作要求对项目的组织机构形式、权力机构、组织层次等方面进行深入的研究，对相互的责任、权利与义务进行合理的分配与衔接，为项目经理在指挥、协调等各方面工作创造良好的组织条件，使项目保持高效的内外信息交流。

第二节　项目组织机构的确定

一、项目管理组织基本原理

项目中各个工作部门和职位相当于一个个节点，各节点之间有机联系并构成了组织机构。组织机构是系统内各组成部分及其相互关系的框架。根据组织系统的目标和任务，可将组织划分为若干层次并进一步确定各层次中的各个职位及相互关系。

二、项目管理组织的构成因素

项目组织由管理层次、管理跨度、管理部门、管理职能四大因素组成。各因素密切相关、相互制约。在设计组织机构时，必须考虑各因素间的平衡衔接。

（一）管理层次

管理层次是指从管理组织的最高层到最基层的工作人员的等级数量。通常组织按从上到下的顺序分为决策层、协调层、执行层和操作层4个层次，其权责依次递减，人数却依次递增。决策层的职责是确定管理组织的目标和大政方针，它必须精干、高效；协调层主要行使参谋、咨询职能，其人员应有较高的业务工作能力；执行层直接调动和组织人力、财力、物力等具体活动内容，其人员应有实干精神并能坚决贯彻管理指令；操作层是从事操作和完成具体任务的，其人员应有熟练的作业技能图3-1。

（二）管理跨度

管理跨度也称管理幅度，是指一名上级管理人员所直接管理下级的人数。管理幅度划分的合理与否，会直接影响到整个项目的工期和质量。确定管理幅度应考虑以下几个方面：

（1）管理者的工作性质。

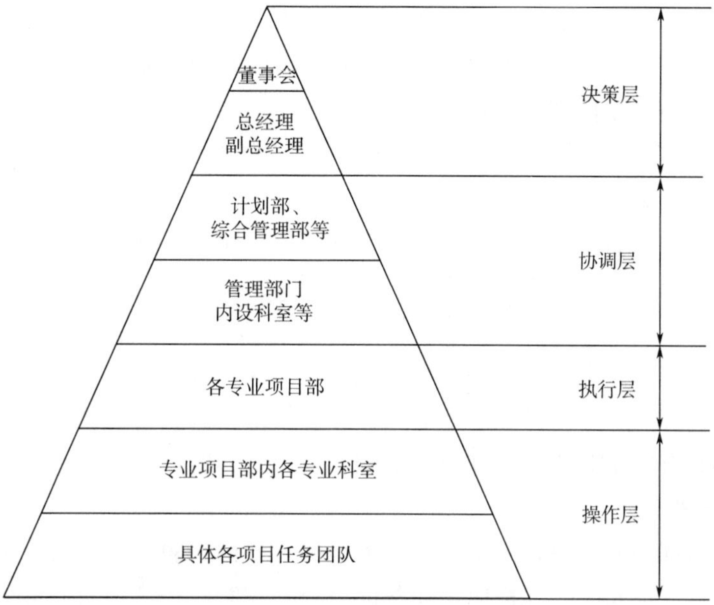

图 3-1　管理阶层与管理层次

管理者的工作性质不同，其对管理幅度的要求也会不同。高层领导面对的往往是事关全局的复杂问题，或未遇到过的新问题，其决策所产生的后果往往会影响到整个项目，其管理幅度应小一些。

基层管理者所进行的工作往往是日常的管理工作，其重复性与类似性较强，因此其管理幅度可以大些。如果项目作业方法与程序的标准化程度较高，则管理幅度也可以大些。一般情况下，高层管理人员的管理幅度以 4~8 人较为适宜，基层管理人员的管理幅度以 8~15 人为宜。

（2）管理者与被管理者的工作能力。

管理者的工作能力很强，如决策能力、领导水平、业务经验等，其管理幅度可以大些。管理者的工作能力与领导能力较弱，其管理幅度就应小些。下属的工作能力较强，知识与工作经验都比较丰富，管理技能与专业技能也较高，其上级主管的管理幅度也可以大些。下属的工作能力较差，事事都需要上级主管指导，则上级主管的管理幅度就应小些。

（3）层次内信息的传递效率。

同一层次内信息传递的方式与渠道适宜，传递速度快，关系容易协调，其管理幅度就可大些。否则管理幅度就应小些。

（4）工作职能的相似性。

管理者直接管理的各下属部门的工作性质有较大相似性，如检测一室、检测二室、检测三室等，管理者所面临的问题也有许多类似性，其管理幅度也可以大些。否则，管理幅度应小些。

（5）经营形势和发展阶段。

管理幅度与组织的经营和发展有很大关联。在组织的初始阶段，管理者需要处理的事务较多，组织内协调性较差，管理幅度可能会小些。但随着业务的发展，组织经营日益成熟，工作效率逐渐提高，各下属组织的独立运行能力有所增强，管理幅度就可适当增大。

除上述因素外，管理幅度的确定还应考虑管理者的领导风格、组织机构在空间上的分散程度、得到协助的可能程度等因素。

（三）管理部门

管理部门的合理划分对发挥组织效能非常重要，应考虑管理职能、产品类型、地区等因素来划分。部门设立的多少，具体应设立哪些部门，应根据具体项目具体分析。设立部门过多，将造成资源浪费和工作效率低下；部门太少，也会出现部门内事务太多，部门管理困难等问题。

部门设置的常用方法有两种：一是把组织的总体任务分解为若干子任务，以子任务完成单元为基础组建部门，即工作部门专业化；二是按组织自身的总体职能与任务要求，把组织分成若干个具有固定职能分工和业务范围的部门，即实行部门职能化。

（四）管理职能

管理职能是指部门所应负责的工作和事务范围。各部门职能设计及确定需要在纵向上使指令传递和信息反馈及时，在横向上使各部门相互联系、协调一致。部门职能过少，负责的工作与事务就少，使人浮于事，影响工作效率和风气；职能过多，部门的人员会疲于忙碌，会给工作调整和事务安排带来困扰，影响工作质量。部门职能应根据部门的人数和专业方向，有针对性地安排。

三、项目管理组织机构的设置原则

设置项目管理组织机构的目的在于提高项目整体的管理效率，从而实现项目管理的最终目标。项目管理组织机构的设置要遵循以下原则。

（一）目的性原则

项目管理组织机构设置的根本目的是实现项目管理的总目标。从这一根本目标出发，应当因目标设事、因事设机构定编制，按编制设岗定员，以职责定制度授权力。

（二）精干高效原则

项目组织机构的人员设置，以实现项目所要求的工作任务为原则，尽量简化机构，做到精干高效。人员配置要从严控制二三线人员，力求一专多能，一人多职。同时加强项目管理班子人员的理论知识学习，以提高人员素质。

（三）业务系统化管理原则

项目通常由众多子系统组成，各子系统之间、子系统内部各单位任务之间，以及不同组织、工种、工序之间，都存在大量的交叉部分。为了防止产生职能分工、权限划分和信息沟通上相互矛盾或重叠，在设计组织机构时，应以业务工作系统化原则作指导，周密考虑层间关系、分层与跨度关系、部门划分、授权范围、人员配备及信息沟通等，使组织机构自身成为一个严密的、封闭的组织系统，实行合理分工及协作，完成项目管理总目标。

（四）项目组织与企业组织一体化原则

项目组织是企业组织的有机组成部分，企业是它的母体。归根结底，项目组织是由企业组建的。从管理方面来看，企业是项目管理的外部环境，项目管理的人员全部来自企业，项目管理组织解体后，其人员仍回企业。项目的组织形式与企业的组织形式密切相关，不能离开企业的组织形式去谈项目的组织形式。

四、项目管理组织的建立步骤

项目管理组织的建立一般按以下步骤进行。

（一）确定合理的项目目标

一个项目的目标可以包括很多方面，比如规模、进度、质量、内容、费用等，这些方面互相影响。项目目标是项目工作开展的基础，也是确定组织机构形式与机构的基础。

（二）确定项目工作内容

项目工作内容的确定将使项目工作更具有针对性，一般围绕项目工作目标与任务分解进行，从而使项目工作内容系统化。项目工作内容确定时，一般按类分成几个模块，模块之间可根据项目进度及人员情况进行调整。

（三）确定组织目标和组织工作内容

不是所有的项目目标和工作内容都是项目组织内部完成实现的，需要明确哪些是项目组织需要完成的目标和工作内容。有些目标和工作内容可以由项目组织以外的部门、公司或单位负责进行的，而本项目组织只需掌握或了解进度情况，并与相关部门、公司或单位相互协调，共同实现项目目标。

（四）组织机构设计

项目组织机构设计是根据项目的特点和项目内外环境因素，选择一种适合项目工作开展的管理组织机构形式。具体工作包括组织机构形式、组织层次、各层次的组织单元、相互关系框架等。

（五）工作岗位与工作职责确定

工作岗位的确定需要以事定岗，能满足项目组织目标的要求。岗位的划分要有相对的独立性，同时还要考虑合理性与完成的可能性等。岗位的工作职责应满足项目工作内容的需要，并做到权责一致。

（六）人员配置

项目人员配备时要做到以事选人、人员精干。项目团队中的人员根据不同层次的事物安排不同层次的人，并不要求全员高学历水平等。

（七）工作流程与信息流程

组织机构形式确定后，大体的工作流程基本明确。具体的工作流程与信息流程要根据工作岗位与工作职责进行明确，并落实到书面文件上，取得团队内部的认可并加以落实。实施时注意各具体职能分工之间、各组织单元之间的界面问题。

管理组织确定的工作流程的动态关系如图3-2所示。

（八）制订考核标准

为保证项目目标的最终实现和工作内容的全部完成，必须对组织内各岗位制订考核标准，包括考核内容、考核时间、考核形式等。

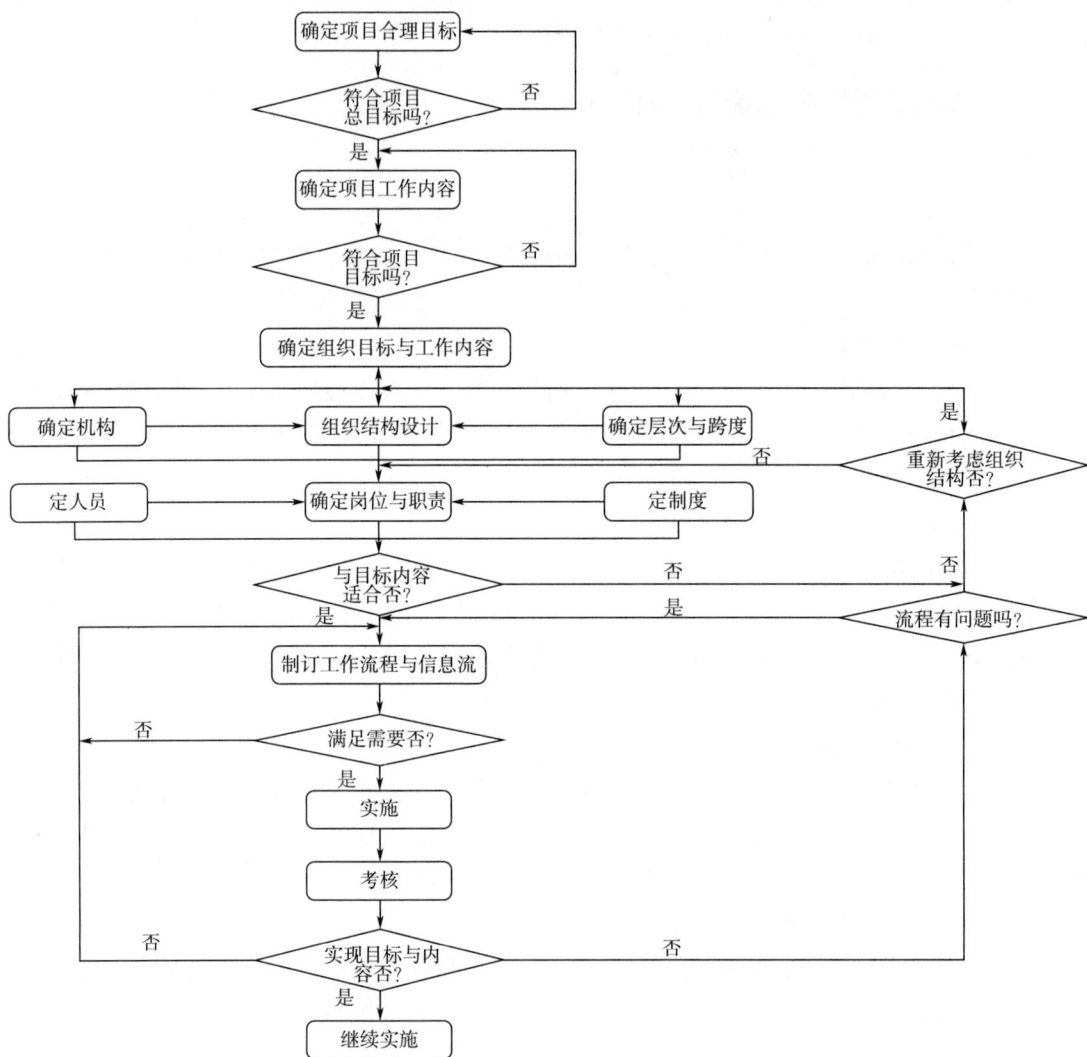

图 3-2　项目组织确定的工作流程

第三节　项目组织机构的基本形式

　　项目管理组织机构的形式有很多种，不同的组织形式具有不同的优缺点，需要根据项目特点选择合适的组织形式。项目执行过程同公司运营管理一样，往往也涉及技术、财务、行政等相关方面的工作，部分项目本身就是以一新公司的模式运作的，即所谓项目公司。项目组织机构与形式在某些方面与公司的组织机构形式有一些类似，但这并不意味着两者可以相互取代。

　　按国际上通行的分类方式，项目组织机构的基本形式可分成职能式、项目式、矩阵式和复合式。

一、职能式

（一）职能式的组织机构

项目职能式组织机构是当前项目管理过程中使用广泛的结构形式，其主要特征是：将一个项目按照公司行政、人力资源、财务、专业技术、营销服务、后勤等职能部门的特点与职责，分解成若干个子项目，并由相应部门完成各方面的工作。这是一个金字塔型的结构，高层管理者位于金字塔的顶部，中层和低层管理者则沿着塔顶向下分布。组织的目标在于内部的效率和技术专门化。在职能式组织中，纵向控制大于横向协调，正式的权力和影响来自职能部门的管理者。图3-3是一个典型的职能式组织机构图。

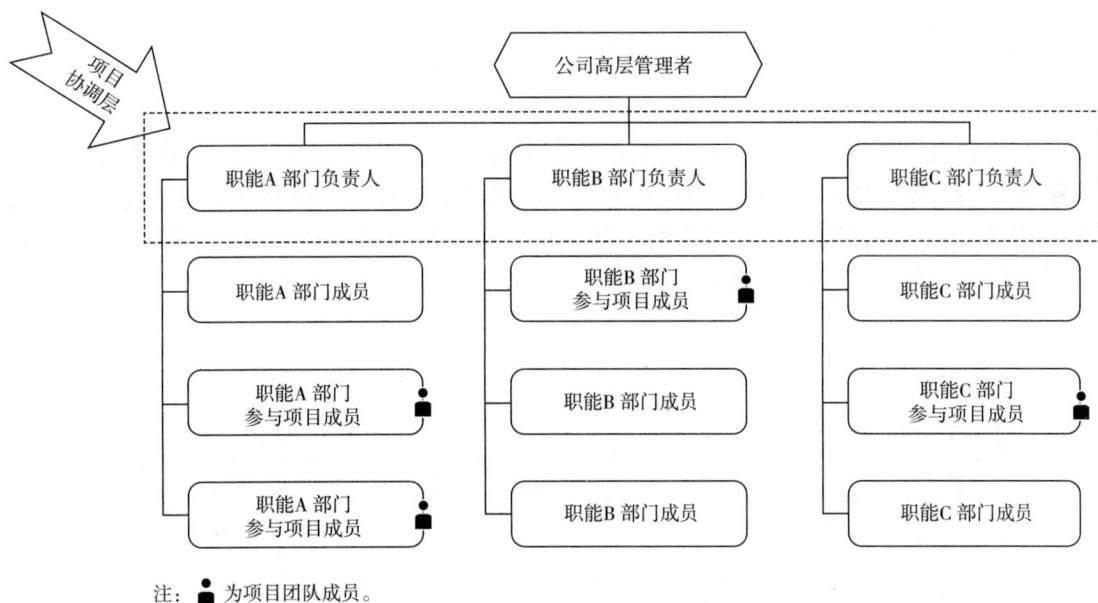

注：■为项目团队成员。

图3-3 职能式组织机构图

一个项目也可以作为公司中某一个职能部门的工作内容。这个部门应该是对项目的实施最有帮助或最有可能使项目成功的，如开发一个新产品项目可以被安排在技术部门的下面，直接由技术部门经理负责。

（二）职能式组织机构的优点

（1）以职能部门作为项目实施的主体，可以充分发挥职能部门的资源集中优势，有利于保障项目所需资源的供给和可交付成果的质量，在人员的使用上具有较大的灵活性。

（2）职能部门内部的技术专家可以被该部门承担的不同项目共享，可以节约人力，减少资源浪费。

（3）职能部门内部的专业人员便于交流、相互支援，有助于创造性地解决技术问题。

（4）当项目成员调离项目或者离开公司，所属职能部门可以增派人员，保证项目实施的延续性。

（5）项目成员可将完成项目任务和本部门的职能工作融为一体，可以减少因项目的临时性给项目成员带来的不确定性。

（三）职能式组织机构的缺点

职能式机构形式所存在非常明显的缺点。

（1）项目管理团队没有正式的权威性。由于项目成员分散于各职能部门，成员受其所在职能部门与项目团队的双重领导，而相对于职能部门来说，项目团队的约束显得无力。

（2）项目成员不易产生事业感与成就感。成员普遍将项目工作视为额外工作，对项目工作不容易激发更多的热情，这很大程度影响项目的质量与进度。

（3）对于参与多个项目的职能部门，特别是具体到个人，不容易安排好在各项目之间投入力量的比例。

（4）不利于不同职能部门团队成员之间的交流。

（5）项目的发展空间容易受到限制。

二、项目式

（一）项目式的组织机构形式

项目式组织机构形式是将项目的组织独立于公司职能部门之外，由项目组织团队独立负责项目的主要工作的一种组织管理模式。每个项目组织有指定的项目经理，对上接受企业主管或大项目经理的领导，对下负责项目的运作，每个项目相互独立。项目的行政事务、财务、人事等在公司规定的权限内进行管理，如图3-4所示。

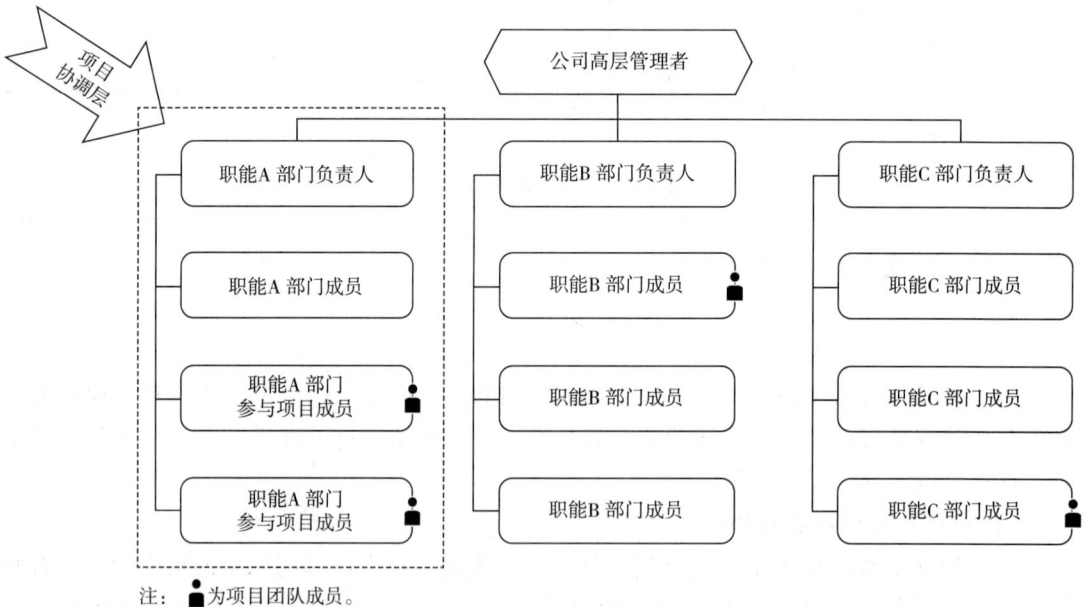

注：■为项目团队成员。

图3-4 项目式组织机构

（二）项目式组织机构的优点

（1）项目经理对项目全权负责，可以根据需要随意调用项目内外部资源。

（2）团队成员工作目标比较单一。独立于原职能部门之外，不受原工作的干扰，团队成员可以全身心地投入到项目工作中，有利于形成和发挥团队精神。

（3）项目管理层次相对简单，使项目管理的决策速度和响应速度变得快捷。

（4）项目管理指令一致。命令主要来自项目经理，团队成员避免了多头领导、无所适从的情况。

（5）项目管理相对简单，使项目成本、质量及进度等控制更加容易进行。

（6）项目团队内部容易沟通。

（三）项目式组织机构的缺点

（1）不同项目间的资源不能有效共享。如果项目经理对资源的把控能力不够，人员、设备等都会造成闲置浪费。

（2）项目团队相对独立，公司政策和文化难以落实。如果团队凝聚力建设不足，则归属感弱。

（3）成长缺乏连续性，员工的工作经历同项目周期强绑定。如果实施的项目周期较短，或者是不同方向的项目，则专业知识上的积累缺乏连续性。

（4）不同项目间知识经验共享较难。如果没有公司层级的统一管理，则不同项目上的经验难以在公司层面复制。

三、矩阵式

（一）矩阵式的组织机构形式

为解决职能式与项目式两种组织机构的不足，发挥它们的长处，人们设计出了介于职能式与项目式之间的一种项目管理组织机构形式，即矩阵式组织。矩阵式项目组织机构中，参加项目的人员由各职能部门负责人安排，而这些人员在项目工作期间，工作内容上服从项目团队的安排，人员不独立于职能部门之外，是一种暂时的、半松散的组织机构形式，项目团队成员之间的沟通不需通过其职能部门领导，项目经理往往直接向公司领导汇报工作。

根据项目经理对项目的约束程度，矩阵式项目组织机构又可分成弱矩阵式、强矩阵式和平衡矩阵式3种形式。

（1）弱矩阵式。

通常弱矩阵式项目团队中没有一个明确的项目经理，只有一个协调员负责协调工作。团队各成员之间按照各自职能部门所对应的任务，相互协调进行工作。实际上，相当多的项目经理职能由职能部门负责人来分担，如图3-5所示。

（2）强矩阵式。

强矩阵式项目组织机构有一个专职的项目经理负责项目的管理与运行工作，项目经理往往来自公司的专门项目管理部门。项目经理与上级沟通一般通过其所在的部门负责人进行，如图3-6所示。这种组织机构具有许多项目式组织的特点，由项目经理经过协商，从各职能部门抽调专业水平较高的员工组成项目组织，实行全面项目管理。项目经理可以对项目实施有效的控制，职能部门对项目的影响减弱。

（3）平衡矩阵式。

平衡矩阵式组织机构是介于强矩阵式与弱矩阵式之间的一种形式，主要特点是项目经理是由一职能部门中的团队成员担任，其工作除项目管理外，还可能负责部门承担的相关任务。此时的项目经理与上级沟通不得不在其职能部门负责人与公司领导之间做出平衡与调整。

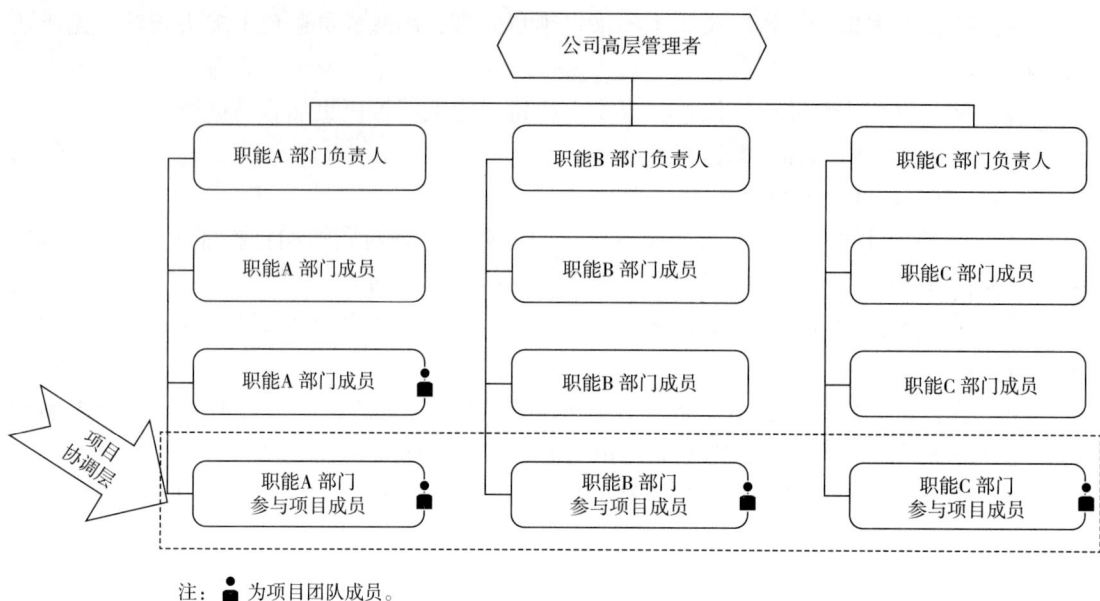

注：■ 为项目团队成员。

图 3-5　弱矩阵式项目组织机构

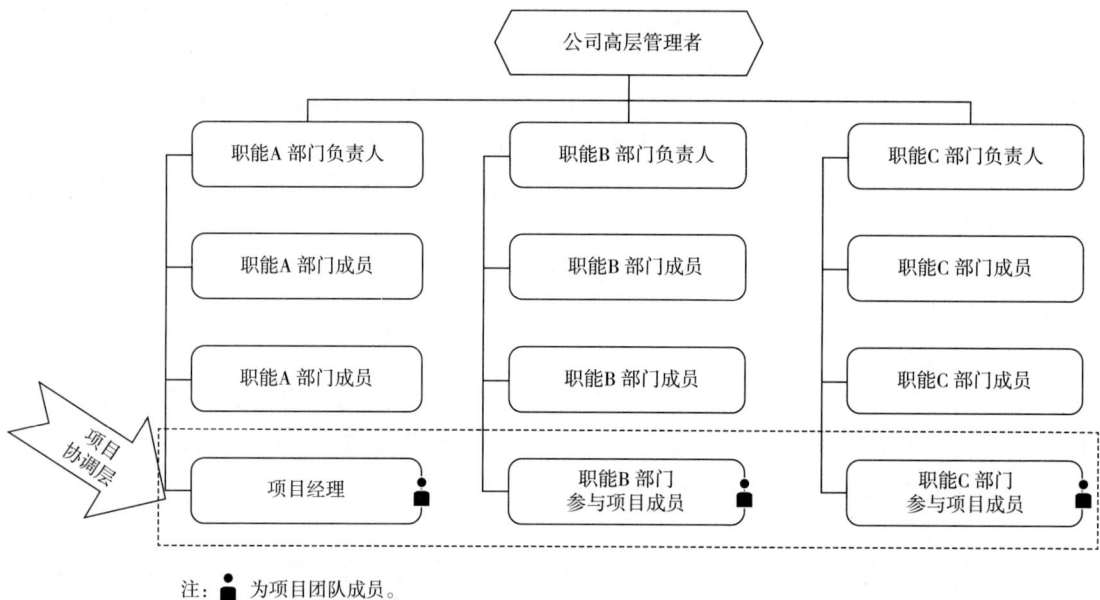

注：■ 为项目团队成员。

图 3-6　强矩阵式项目组织机构

（二）矩阵式组织机构的优点

矩阵式项目组织机构同时具备了职能式和项目式组织机构的优点。

（1）团队的工作目标与任务比较明确，有专人负责项目工作。

（2）团队成员无后顾之忧，项目工作结束时，不必为将来的工作分心。

（3）各职能部门可根据自己部门的资源与任务情况来调整、安排资源力量，提高了资源利用率。

（4）提高了工作效率与反应速度，相对于职能式机构，减少了工作层次与决策环节。

（5）相对于项目式组织机构，可在一定程度上避免资源的囤积与浪费。

（6）在强矩阵式模式中，项目经理来自公司的项目管理部门，可使项目运行符合公司的有关规定，不易出现矛盾。

（三）矩阵式组织机构的缺点

矩阵式组织机构同样存在一些不足之处。

（1）项目管理权力平衡比较困难。矩阵式组织机构中项目管理的权力需要在项目经理与职能部门之间平衡，这种平衡在实际工作中不易实现。

（2）信息回路比较复杂。信息回路比较多，既要在项目团队中进行，还要在相应部门中进行，易出现交流、沟通问题。

（3）项目成员处于多头领导状态。项目成员正常情况下至少要接受两个方向的领导，即项目经理和所在部门的负责人，容易造成指令矛盾、行动无所适从等问题。

四、复合式

（一）复合式组织机构的形式

复合式组织机构有两种含义：一是在公司的项目组织机构形式中有职能式、项目式、矩阵式两种以上的组织机构形式；二是指在一个项目的组织机构形式中包含上述两种结构以上的模式，例如职能式项目组织机构的子项采取项目式组织机构等，如图3-7和图3-8所示。

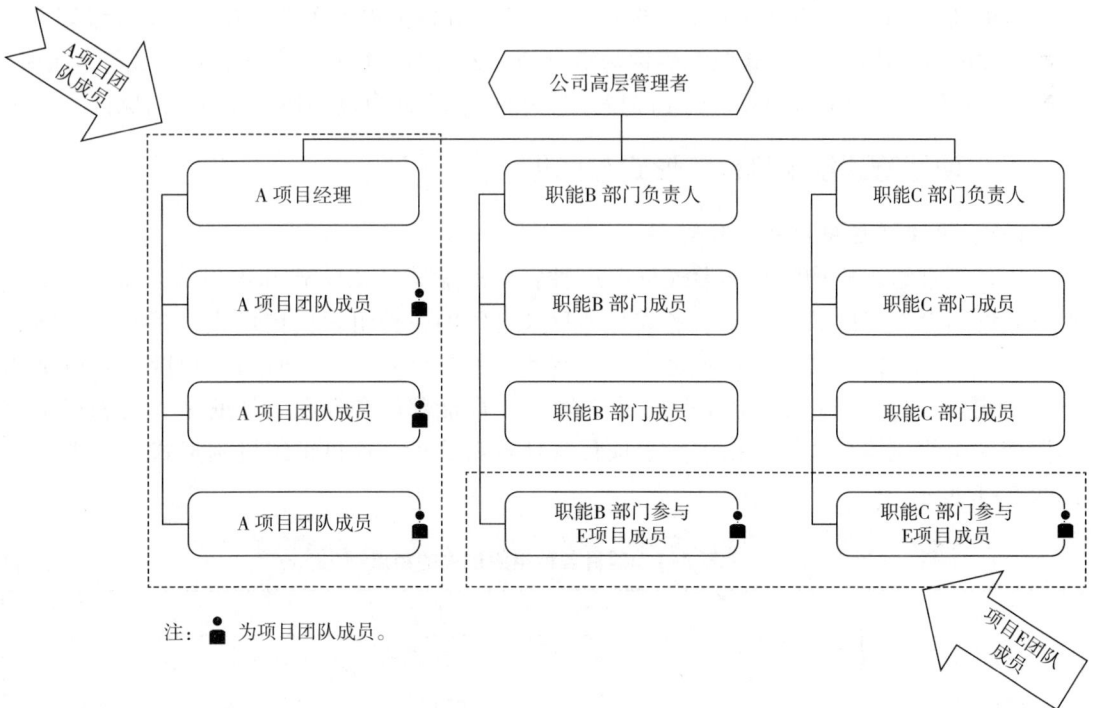

注：■为项目团队成员。

图3-7　复合式项目组织机构之一

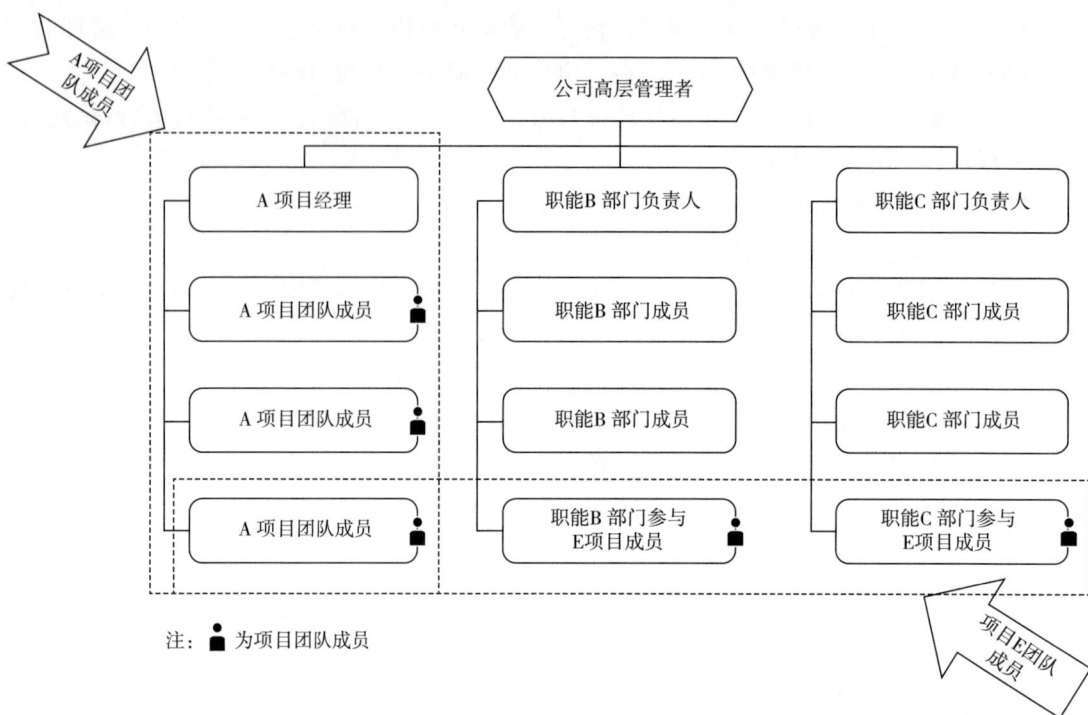

图 3-8 复合式项目组织机构之二

（二）复合式组织机构的优缺点

复合式组织机构的最大特点是方式灵活。公司可以根据具体项目与公司情况确定项目管理的组织机构形式，而不受现有模式的限制。因而，在发挥项目优势与人力资源优势等方面具有方便灵活的特点。复合式组织机构的缺点是在公司的项目管理方面容易造成管理混乱，项目的信息流、项目的沟通容易产生障碍，公司的项目管理制度不易较好地贯彻执行。

五、项目管理组织机构的形式与优化

（一）项目管理组织机构形式

项目管理组织机构的基本形式只有三种：即职能式、矩阵式和项目式。复合式是 3 种形式的组合。矩阵式是介于职能式与项目式之间的一种组织机构形式，其实在职能式与矩阵式之间、矩阵式与项目式之间并没有绝对的分界线，从长时间的角度上看更是如此。不同模式只是相对差别，是随着项目团队中职能部门和专职人员的多少而表现出的不同管理组织机构形式。根据国际上项目管理资料分析，项目组织机构形式的特点可以用表 3-1 表示。

表 3-1 项目各种组织形式的特点

组织类型 项目特点	职能式	矩阵式			项目式
		弱矩阵式	平衡矩阵式	强矩阵式	
项目经理权限	很小或没有	有限	小到中等	中等到大	大到最大
全职人员在项目团队中的比例	几乎没有	0~25%	15%~60%	50%~95%	85%~100%

续表

组织类型 项目特点	职能式	矩阵式			项目式
		弱矩阵式	平衡矩阵式	强矩阵式	
项目经理责任	兼职	兼职	专职	专职	专职
项目负责人实际扮演的角色	项目协调员	项目协调员	项目经理	项目经理	项目经理
项目行政人员	兼职	兼职	兼职	专职	专职

（二）项目管理组织机构的调整优化

为保证项目的顺利进行，对项目的组织机构不要轻易进行调整，但在一些特殊情况下，对确实需要调整的还需及时调整，以免影响后续项目工作的完成。

1. 项目管理组织机构调整优化的原因

（1）项目主客观条件发生变化。项目情况经常发生变化，从项目主观情况上看主要有资金问题、产权关系、利益取向等方面的变化，需要对项目目标和内容进行调整。从外界客观条件看，在项目执行期间，项目的外部环境有时会发生很大的变化，特别是周期较长的项目，如政治、经济环境等，也可能是自然条件的变化，如自然资源、气候条件等。

（2）项目正常运行本身使项目管理的内容出现改变。随着项目工作的正常开展，一些子项目结束，一些新的子项目开始，相应项目管理的目标、管理的内容随之改变。在这种情况下，原有的组织机构形式可能已不适应新的变化。

（3）尽管在项目组织方案设计时进行了深入的工作，但由于各种原因，原项目组织机构形式仍可能与项目工作目标出现矛盾，无法完成项目工作任务，在这种情况下必须进行组织再造。

2. 项目组织再造的原则

项目组织再造时，除要遵循前面介绍的组织设计原则外，还要把握以下四点。

（1）尽可能保持项目工作的连续性。项目组织再造的目的是保证项目工作的更好开展，而不是重新构建组织。要尽可能防止因项目组织调整而对项目顺利开展产生影响。

（2）避免因人调整组织设置。组织的调整要以项目工作为中心，避免为了满足或削弱个人的权力等而对项目组织进行改变，否则对项目工作产生破坏作用。

（3）处理好调整的时机问题。必须对项目组织进行调整时，要注意研究和把握调整的最佳时机，并利用调整前的时间做好各项准备工作，不能操之过急。

（4）新组织是否达到调整目标。项目组织机构调整是为了项目的发展，解决不适应项目开展的关键问题。这是衡量项目组织调整再造是否成功的标准。

此外，在考虑项目组织机构调整时还应时刻注意：调整不一定是最佳方案，能不调则不调，能小调则不大调。

第四节 项目人力资源管理

项目实施的效果如何，关键在于人。选择好项目组织成员，任人唯贤，充分调动项目参与人员的积极性并发挥其创新性，对项目成败至关重要。

一、项目人力资源管理概述

（一）项目人力资源管理

项目人力资源管理是指以提高工作效率、高质量完成项目工作任务，科学合理地分配人力资源，调动所有项目参与人员的积极性，实现人力资源与工作任务的优化配置。工程项目人力资源管理与一般人力资源管理存在一定区别，主要体现在以下五个方面。

（1）管理对象相对集中于工程项目所涉及的有关专业，如工程技术、工程经济、工程施工、项目管理等相关人员。

（2）工程项目的人力资源管理有时只是企业人力资源管理的一部分。工程项目往往作为企业工作的一部分开展，那么项目人力资源管理只针对承担该项目的部分企业人员进行管理。

（3）根据项目所采取的组织结构形式而有所不同，受项目组织结构形式影响较大。如在职能式组织结构形式下，人力资源管理主要以人员分工与协调为主；项目式组织结构形式下，人力资源管理还包括人员的获取等工作。

（4）与工程项目的规模大小和工作周期长短密切相关。对一个规模较大、工作周期较长的项目来说，团队发展和调整是人力资源管理的内容之一。

（5）管理工作重点和工程内容密切相关。工程项目人力资源管理除技术人员外，还有大量的建筑工人，人员的日常管理、工资、安全保障，以及团队发展都可能是工作重点。工程设计项目，人员的获取、分工和相互协调等可能成为工作重点。

（二）项目人力资源管理的一般过程

项目人力资源管理的一般过程包括制订组织计划、人员获取、团队发展以及结束四个阶段。其中项目团队组织计划包括人员角色于职责分工、人员配备管理计划、制订组织图标等内容。人员获取包括人员来源分析、人员获取实施、团队定员等工作。团队发展包括项目团队保持工作能力的各种途径与技巧，以及必须的奖励和培训等工作。上述过程循序渐进、相互联系、不可分割（图3-9）。

二、项目人力资源管理的基本内容

（一）组织和人力资源计划

人力资源计划是指根据项目对人力的需要和人力资源供给状况，针对其角色职责、人员配置、教育培训、管理政策、获取和确定等内容进行的职能性计划。制订人力资源计划应注意以下三点。

（1）充分考虑项目内部和外部环境的变化。只有充分地考虑了项目内外环境变化情况，对可能出现的情况做出预测和风险分析，人力资源计划才能适应需要，真正做到为项目目标服务。

（2）确保企业的人力资源保障。人力资源保障是项目人力资源计划中应解决的核心问题，包括人员的流动预测、社会人力资源供给分析、人员流动损益等。只有保证了企业的人力资源供给，才可能进行更深层次的人力资源管理。

（3）使企业和员工都得到长期的利益。企业的发展和员工的发展关系是互相依托、互相促进的。如果只考虑了企业的发展需要，而忽视了员工的发展，则会有损企业发展目标

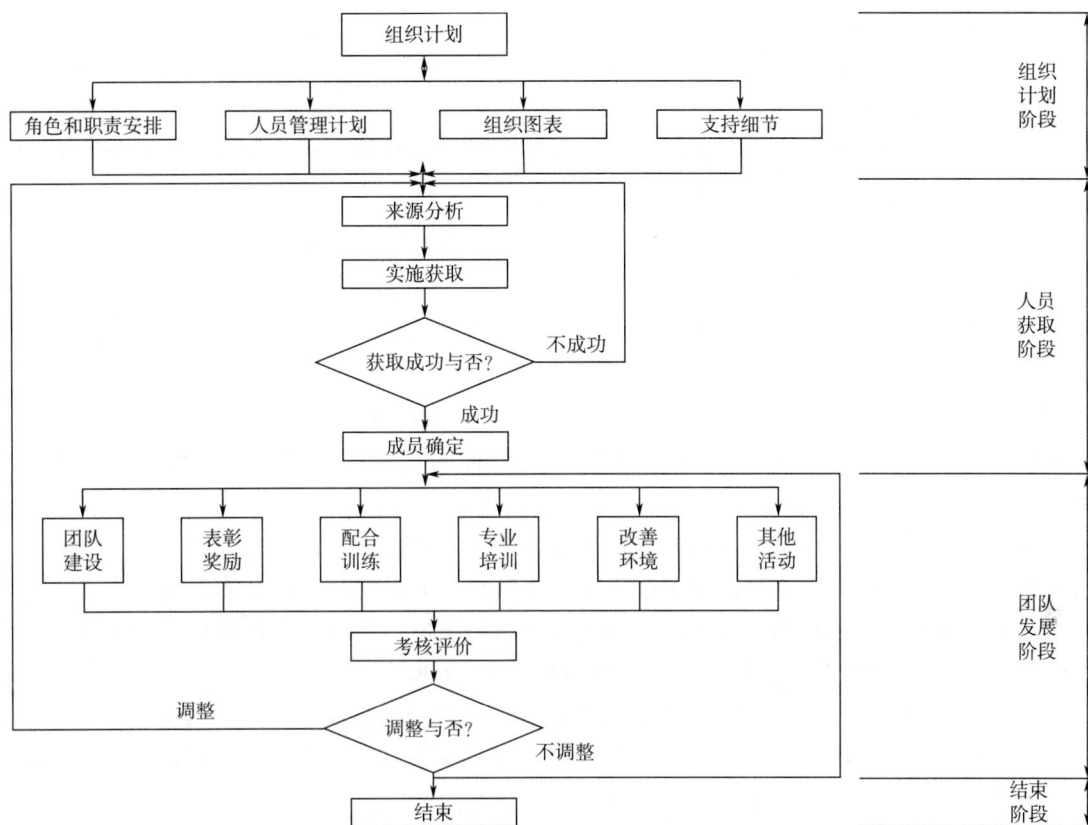

图 3-9 项目人力资源管理过程示意图

的达成。优秀的人力资源计划一定是能够使企业和员工获得长期利益的计划,一定是能够使企业和员工共同发展的计划。

(二)人员吸纳

项目团队人员的吸纳原则主要有以下三个方面。

(1)公开原则。项目人员的获取和确定应坚持公开,将需要招聘的职务要求、数量等信息向适合人群传播,使大家机会均等,保证选择到优秀的人才。

(2)用人之长原则。每个人都有其优点和缺点,项目领导要根据职务的要求,知人善任,扬长避短。一个人只有处在最能发挥其长处的职位上,才能做得最好。

(3)择优原则。项目组织人员的获取和确定应采用适当的筛选手段,根据考核结果择优录用。有时可通过招标、签订服务合同等方式,来获取特定的个人或团体来承担项目的一部分或大部分工作。

(三)团队成员的考核

(1)考核的作用。对项目组织成员进行考核是人力资源管理的重要方法之一,其作用有以下五点。

①有利于加强成员的团队意识。团队必须有自己的行为准则与规则制度,团队成员考核能够提醒每个成员对团队负责。

②时刻提醒团队成员要完成的任务,保证工作进度与工作质量。

③调动成员积极性。考核作用之一就是产生激励效果,奖励先进、鞭策后进,使成员

间有竞争感和压力感。

④提高成员工作效率。考核会促使成员科学合理安排自己的工作，高效解决工作中的问题，提升工作效率。

⑤保证项目目标实现。对团队成员进行考核是保证项目按进度计划和工作质量标准完成工作任务的重要途径，是保证项目目标实现的有效手段。

（2）考核的内容。对项目团队成员的考核内容主要有工作效率、工作纪律、工作质量、工作成本四个方面。

①工作效率。工作效率考核主要是敦促成员在规定的时间内完成工作任务的情况，目的是保证项目进度计划的顺利完成。

②工作纪律。工作纪律考核主要是考核成员遵守团队工作纪律的情况，目的是为团队工作任务的完成提供保障，保证团队良好的精神面貌与工作热情，促进团队精神的形成。

③工作质量。工作质量考核目的是保证项目工作质量目标的良好完成，消除和纠正项目工作质量方面的问题，避免由于平时工作质量的疏忽而影响项目的整体质量。

④工作成本。工作成本考核目的是促使成员尽量降低费用支出，保证项目尽可能在规定的费用预算计划内完成项目工作，实现项目预期经济效益。

（3）考核方式。对项目成员的考核方式很多，可结合项目实际特点灵活选用。

①任务跟踪。根据项目进度计划，在某一时刻对每个团队成员应完成哪些任务、团队项目进展应达到哪一阶段，项目经理要经常进行进度跟踪，以便掌握动态，发现问题及时调整。具体方法可采用横道图、网络图等技术手段。

②平时抽查。在每一项目阶段，项目经理还要注意对项目情况的抽查，主要是进度、质量及工作纪律等，以掌握第一手情况。

③阶段总结汇报。阶段总结汇报是督促项目成员将一段时期的工作成果全面认真地进行总结分析汇报，使各部门相互交流，使大家取长补短。

④征求客户意见。项目团队的工作质量必须经受得起委托方的验收，经常与客户进行有效的沟通，可以从另一个角度了解成员的工作情况，征求客户对项目的意见是保证项目根本目标实现的重要手段。但要注意征求意见的间隔性，不可过于频繁，以免产生副作用。

⑤问题征询。问题征询是指征求第三方对项目团队的意见，从中发现问题，对项目经理更好地把握团队、控制项目进展会有很大的益处。

⑥成员互评。相互评价是了解项目成员工作状况的一种方式。其优点是可以从多方面、多角度了解项目团队成员的情况。缺点是处理不好，容易造成成员之间为个人利益而达成私下互相吹捧的默契，影响团队精神，有时评价意见不一定符合客观实际。

（四）团队建设

（1）团队精神。

项目团队建设可以提高项目团队成员完成项目活动的能力和团队成员之间的信任感、凝聚力，进而提高团队的工作效率。一个团队要顺利实现工作目标，除了物质条件外，还需具备正确的团队精神。所谓团队精神指团队整体的价值观、信念和奋斗意识，是指团队成员为实现团队的利益，工作中相互协作、相互支持、尽心尽力的意愿与作风。团队精神包含团队的凝聚力、互信合作和团队士气。

（2）团队发展过程。

项目团队的形成发展需要经历一个过程，具有一定生命周期，这个周期根据项目特点可长可短。但总体来说都要经过形成、磨合、规范、表现与休整几个阶段（图3-10）。

①形成阶段。团队的形成阶段主要是组件团队的过程。这一过程主要依靠项目经历来指导和构建团队。

②磨合阶段。团队的磨合阶段是从组建到规范阶段的过渡过程。在这一过程中，团队成员之间、成员与内外部环境之间、团队与所在组织、上级、客户之间都要进行一段时间的磨合。

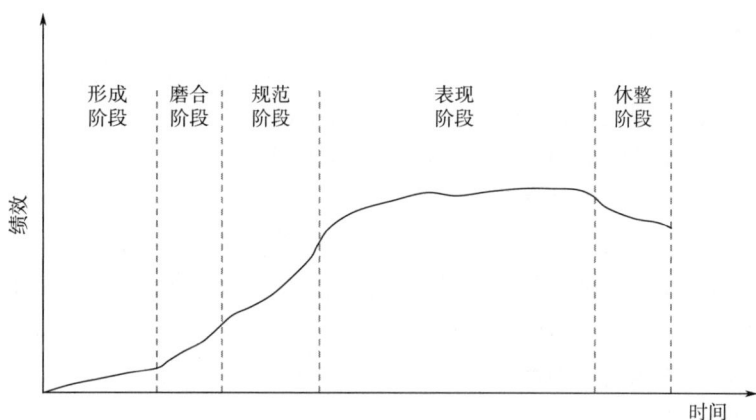

图3-10　项目团队建设发展周期示意图

③规范阶段。经过磨合阶段，团队的工作进入有序化状态，团队的各项规章制度经过建立、补充与完善，成员之间经过深入认识与相互定位，形成了自己的团队文化、新的工作规范，培养了初步团队精神。

④表现阶段。表现阶段是团队最好的状态时期，团队成员之间彼此高度信任、配合默契，工作效率大幅提高，工作效果明显。

⑤休整阶段。休整阶段包括休止和整顿两方面内容。团队休止是指随着项目工作任务结束，团队将面临总结、表彰、解散等状况，团队成员要为下一步做打算。团队整顿是指团队所承担的原任务结束后，可能准备接受新任务，为此需要进行调整和整顿，包括工作作风、工作规范、人员结构等各方面。如果整顿比较大，实际上是构建一个新的团队。

三、项目经理

（一）项目经理的位置

（1）项目经理。工程项目的项目经理是项目承担单位的法定代表在该工程项目上的全权委托代理人，是负责项目组织、计划及实施过程，处理有关内外关系，保证项目目标实现的负责人，是项目的直接领导和组织者。

工程项目各有不同，一个大的项目又可分为若干个子项，因此项目经理也各有差别。根据工程项目管理阶段，项目经理可划分为项目策划与决策阶段的项目经理、项目准备阶段的项目经理、项目实施与竣工阶段的项目经理、多阶段组合的项目经理等。

（2）项目经理的位置。项目经理的位置是指项目经理在公司中与其他经理的位置关系。

①项目经理与部门经理的关系。项目经理与部门经理在公司中所担任的角色、责任、义务等均有不同。部门经理一般是公司的一个专业部门负责人，限于对某一方面的专业或技能进行管理。项目经理在确定其项目人员时往往通过人员所在的部门经理或人力资源经理；确定费用时可能通过财务部门经理。项目经理在项目确定后对经费的具体使用、工作安排、项目计划控制等有一定的决定权，但在人员获取和安排上受到部门经理的影响。

②项目经理与公司总经理。项目经理必须取得公司总经理的信任与支持，否则在资源获得方面容易出现困难。项目经理一般由公司高层领导任命，工作绩效也由高层考核。

（二）项目经理的选择

项目经理的选择与项目管理的成败密切相关。项目经理选择要把握好其能力与素质，不能求全责备。项目经理应具备但不限于下列素质。

①具备项目管理要求的能力，善于组织协调与沟通。

②具有一定类似项目的管理经验和业绩。

③具备项目管理需要的专业技术、管理、经济、法律和法规知识。

④具有良好的职业道德和团队协作精神，遵纪守法、爱岗敬业、诚信尽责。

⑤身体健康，能够胜任项目管理工作。

项目经理选择主要从公司内部产生，也可以从外部进行选聘。

（三）项目经理职责、权限、利益

（1）项目经理的职责。

①项目管理目标责任书规定的职责。

②主持编制项目管理实施规划，并对项目目标进行系统管理。

③对资源进行动态管理。

④建立各种专业管理体系并组织实施。

⑤进行授权范围内的利益分配。

⑥归集工程项目资料，准备结算资料，参与工程竣工验收。

⑦接受审计，处理项目经理部解体的善后工作。

⑧协助组织进行项目的检查、鉴定和评奖申报工作。

（2）项目经理的权限。

①参与项目招标、投标和合同签订。

②参与组建项目经理部。

③主持项目经理部工作。

④决定授权范围内的项目资金的投入和使用。

⑤制订内部计酬办法。

⑥参与选择并使用具有相应资质的分包人。

⑦参与选择物资供应单位。

⑧在授权范围内协调与项目有关的内、外部关系。

⑨法定代表人授予的其他权利。

（3）项目经理的利益。

①获得工资和奖励。

②项目完成后，按照项目管理目标责任书规定，经审计后给予奖励或处罚。

③获得评优表彰、记功等奖励。

案例分析

生物制药研发平台的组织机构

B 生物制药研发平台为 SZ 市新型生物制药公司筹建的研发平台项目，为提升研发平台的建设效率，保障施工质量，公司组建了项目管理团队，所采取的组织形式如图 3-11 所示。

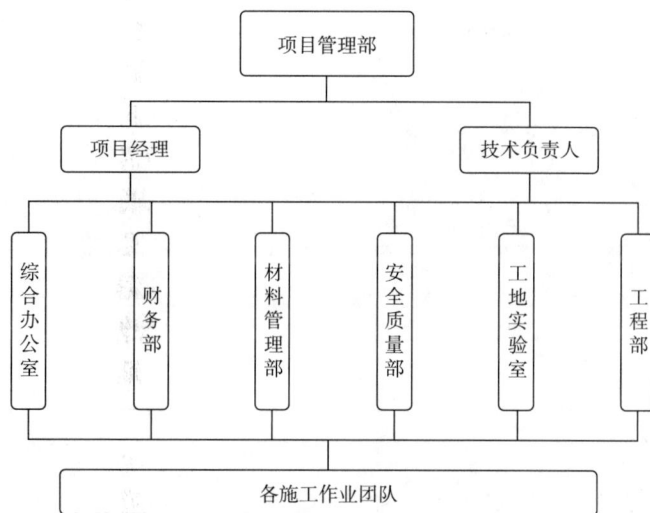

图 3-11　研发平台建设期间的组织机构

为减少研发项目决策，提升生物新药的研发效率，尽快实现新药的经济价值和社会创效益，公司对研发平台运营期间的组织机构进行了精心设计，形成组织机构如图 3-12 所示。

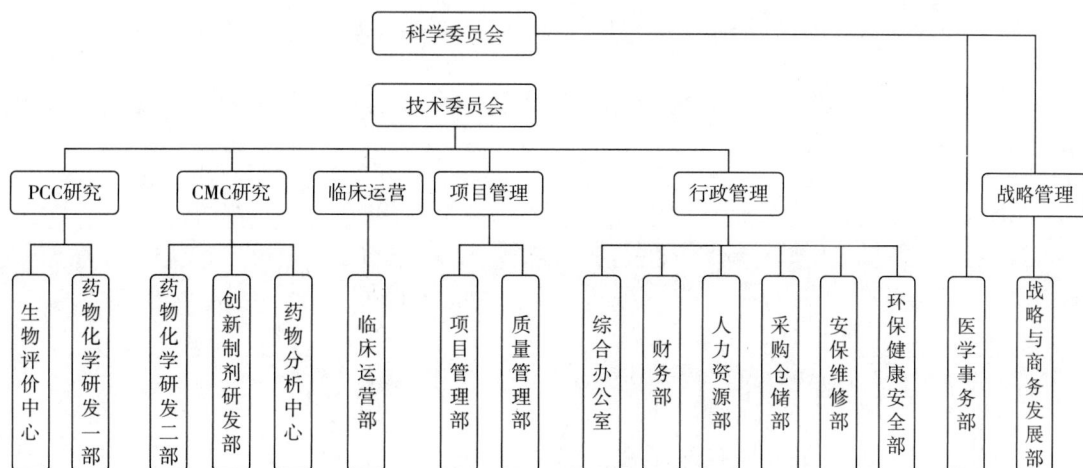

图 3-12　研发平台运营期间的组织机构

思考与拓展

①项目组织管理的作用是什么？

②如何正确认识项目组织机构的优缺点？

③在工作中，如何处理不能部门之间的项目分工问题？

拓展阅读 　　　　　　　 思政案例

第四章
项目范围管理

项目范围是项目管理理论的基本概念，也是项目成员开展工作的关键依据。通过项目范围管理学习，使学生掌握利用工作分解结构方法将项目分解为可执行单元、开展项目范围界定和工作范围管理、确认可交付的成果符合合同约定、建立变更控制系统以控制范围变更等内容，有利于将大型项目化整为零，提升项目组织实施效率。

本章主要介绍项目范围界定的概念、目的、依据、方法，以及项目范围确认的概念、依据、方法、结果，项目范围的控制和变更等内容。

第一节　项目范围管理的概念

一、项目范围概念

项目范围的内涵包括两方面：一是项目的性质和使用功能；二是为交付具有特定性质和使用功能的项目所开展的具体工作。如生物制药企业新建一条核酸类药物生产线，项目的性质和使用功能是实现核酸类药物的预期产量和质量，具体工作包括土建施工、设备采购、机电安装、生产线调试等内容。

项目范围管理的作用是为了确保项目预期目标实现，有效组织协调所有参与项目施工的单位成员完成承担的全部具体工作。项目范围管理的对象包括为完成项目所必需的专业工作，以及同时开展的管理工作。项目范围管理的工作内容包括范围界定、范围确认和范围管理，如图4-1所示。

图4-1　项目范围管理过程

二、项目范围界定

（一）范围界定的目的

项目范围界定就是为了完成项目预期的产品、成果或目标，将项目的可交付成果划分为较小的、更易管理的多个单元。例如，将核酸类药物生产线建设项目划分为土建工程、设备采购工程、机电安装工程等。将某氨基酸药物研发项目划分为氨基酸制备纯化课题、药剂处方课题、药理毒理课题、临床实验课题等。

项目范围管理的主要目的如下。

（1）提高项目费用、进度和资源估算的准确性。

（2）明确项目单位在履行合同义务期间对具体工作进行实施、控制和考核的基准。即划分的独立单元要便于进行量化，便于控制各项工作的进度、质量和费用，并建立进度、质量和费用的考核基准。

（3）明确划分各项目单位的权力和责任，便于清楚地向外发包或者向各级单位分派任务，从组织上落实需要做的全部工作。

每一个项目在不同的阶段可能存在不同类型任务，工程建设项目有咨询服务、地质勘察、工程设计、施工承包、机电安装等工作内容，每项工作任务需要分派给相应承包商来实施，通过双方签订的合同签订来约束权力和义务，从而对承包商所服务的具体内容进行管理。科技研发项目要把一个大项目划分为若干个课题，每个课题再划分为若干个研究任务，分别将课题和研究任务分派给相应的承担单位和研究人员，并通过签订科技研发合同协议约束双方的权力义务，从而保证整个科技研发项目预期目标的实现。

恰当的工作范围界定对成功实施项目非常关键。否则工作范围及内容不清，不可避免地造成变更，会导致项目费用超支，项目实施周期延长，降低工作人员的积极性，损害项目的整体综合效益。

（二）范围界定的依据

1. 项目预期目标

项目预期目标是界定项目范围最重要的依据，描述了项目所具有的性质规模，必须满足的使用功能，以及项目的主要构成单元。如一个生产线建设项目的构成单元可能包括生产车间、仓储库房、厂内运输设施、污水处理设施、办公楼及宿舍等。项目预期目标还会提出项目的商业需求、技术需求、安全需求、性能需求、交付需求、管理需求等。

2. 利益相关者的需求

项目利益相关者主要是指国家和地方政府相关部门、企业决策层、项目承担单位、金融机构等对项目实施有显著影响的关键单位和人员。应通过访谈、调查等多渠道沟通方式，识别这些关键利益相关者的需求，这些需求也是界定项目范围的重要依据。

3. 项目约束条件

项目约束条件是指各种制约项目团队做出决策的因素，包括项目内部因素和项目外部因素。例如，预算费用是一种内部约束，项目管理团队必须在预算范围内，决定项目的工作范围、成员招募和安排项目进度。国家的政策法规一种外部约束，生物制药企业在设计施工、生产运营过程中都必须遵循国家生物安全相关规定。项目的内外部约束条件有时会对项目范围界定具有相当重要的影响。

4. 项目其他阶段的结果

项目已经完成的各个阶段结果会对项目的范围界定产生影响。如项目建议书对可行性研究的工作产生影响，而可行性研究的结果，又会对项目设计工作的产生影响。

5. 同类项目资料

项目范围界定时，可以借鉴其他同类项目在范围界定方面的经验，有效避免发生错误和遗漏。这些同类项目在范围界定方面曾经发生的经验、错误、遗漏以及造成后果等资料，会对新项目的范围界定产生积极的影响。

6. 各种假设条件

假设条件是指对项目实施过程中的某些不确定性因素，出于项目计划目的暂时假设为真的或确定的因素。例如，生物制药药物临床实验的开展时间受到药物研制进度的限制，项目团队可先假定一个临床实验的开始日期。

（三）范围界定的方法

项目范围界定方法有多种，如工作分解结构、专家判断、项目分析、备选方案识别、研讨会等，但常用的还是工作分解结构法。

1. 工作分解结构的概念和目的

（1）工作分解结构的概念。

工作分解结构是一种层次化的树状结构，以可交付成果为对象，将整个项目划分为较小和便于管理的任务单元。在工作分解结构底层的任务单元中包含了项目计划完成的全部工作，从而有利于安排进度、估算经费和实施监控。

工作分解结构按照从上到下进行逐层分解，意味着对项目内容的明确化和工作任务的具体化。通过控制每个任务单元的费用、进度和质量目标，使它们之间的关系协调一致，从而实现整个项目的总目标。不同项目可以具有不同层次的分解，为了达到便于管理，有些项目只需分解到第二层次，有些项目则需要分解到更多层次。

工作分解结构通常与项目组织机构有机地结合在一起，满足各级参与人员的需要，从而有助于项目经理根据各个任务单元的技术要求，赋予项目相关参与方、部门或成员的职责。项目管理人员一般要对工作分解结构中的各个单元进行编码，以满足项目管理的各种要求。

对于生物制药企业多肽类新药研发项目，其工作分解可以分解为三级。一级为项目，二级为课题，三级为任务。第一级为项目，由候选药物研发、临床前研发、临床研发三个课题组成；第二级课题又可以分解为不同研究任务，如临床前研发课题可以候选药物筛选、理化性质、剂型制备、质量检验、药理、毒理、药代等不同研究任务。

工作分解结构将项目依次分解成较小的具有可操作性的任务单元，直到满足项目管理所需要的最低层次，从而形成了一种层次化的"树"状结构。这一树状结构将项目合同中规定的全部工作分解为便于管理的独立单元，并将完成这些单元工作的责任赋予相应的具体部门和人员，从而在项目资源与项目工作之间建立了一种明确的目标责任关系，这就形成了一种职能责任矩阵，如图4-2所示。

（2）工作分解结构的目的。

工作分解结构的目的是将整个项目划分为相对独立的、易于管理的较小的任务单元，从而明确每个项目组织的工作范围。

（3）工作分解结构的作用。

①将项目划分为多个工作任务，便于分派任务、签订合同协议。

②向项目有关的组织和成员分配任务并进行资源分配，形成进度、费用、质量等考核指标。

③对每项任务做出较详细的规划，便于进度、费用和质量进行控制。

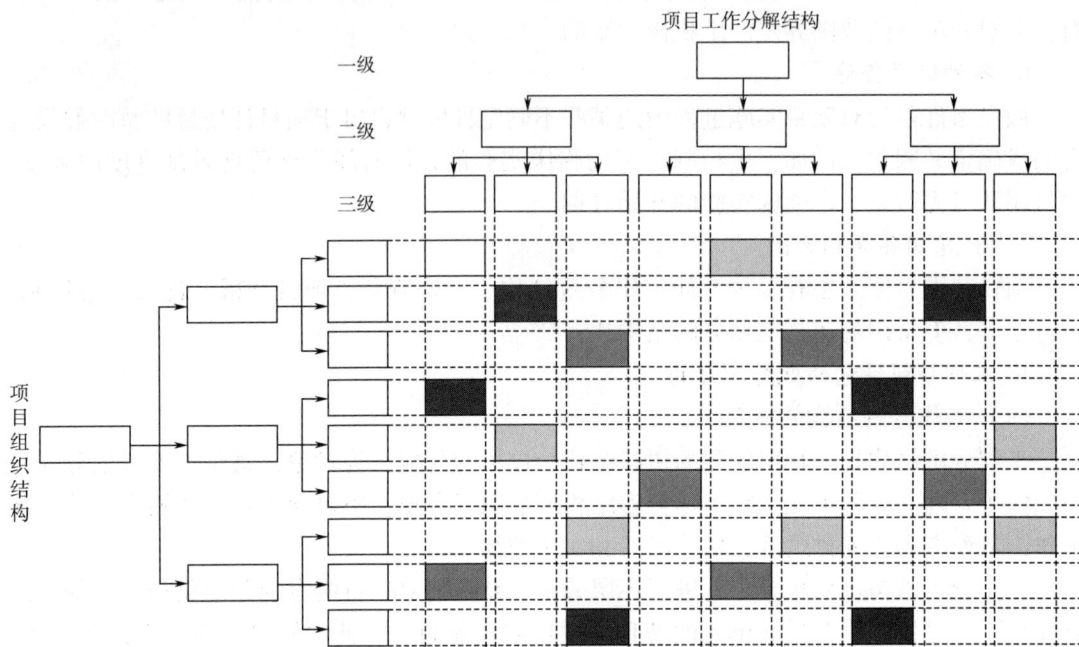

图 4-2　矩阵管理方法示意图

④确保项目所需完成的工作内容能够得到全面落实。

2. 工作分解结构的建立

工作分解结构中的任务单元是一些既相互关联，但又相对独立于项目其他部分的工作任务。相互关联是指这些工作同属于一个项目，在顺序安排上有先后之分。而相对独立则是指这些工作可以单独管理和实施，在管理和实施期间是相对独立的。如新药研发项目中可能通过分解成多个任务来实施，每个任务即是一个项目单元。大部分任务可以由企业内部研发人员来实施，个别任务也可以通过合同外包形式交付相关单位、研究团队协作完成。

工作分解结构涵盖了项目所要实施的全部工作，建立工作分解结构就是将项目实施的过程、项目的成果和项目组织有机地结合在一起。工作分解结构划分的详细程度要视具体的项目而定，工作分解结构需要完成下列工作。

（1）识别阶段性交付成果与相关工作。

（2）对工作分解结构的结构与编排进行明确。

（3）将工作分解结构的上层工作分解到下层的任务。

（4）对工作分解结构得到的各个工作任务进行编码。

（5）核实工作分解的程度是否必要和是否满足控制要求。

工作分解结构的建立过程简述如下。

（1）识别项目的主要工作任务。从两个层次考虑，一是可作为独立的阶段性交付成果，二是便于项目实施管理。独立的可交付成果是指具有相独立性，一旦完成，可进行验收或移交。在确定各个阶段性交付成果的开始和完成时间时，应注意各个工作任务之间的先后逻辑关系，前面成果要达到后续工作开展的基本要求。项目实施管理主要是考虑如何便于招标管理和实施过程中的管理，避免产生相互干扰。

（2）确定所分解的每一个工作任务是否可以"恰当"地估算费用和工期，能够独立控制，不同的项目单元可以有不同的分解级别。

（3）识别每一阶段性交付成果的任务单元。这些单元在完成后可产生切实的、有形的成果，以便实施进度量化考核。

（4）工作分解结构的正确性、合理性论证，可以从以下几方面进行。

①每一项阶段性交付成果的分解是否必要而且也足够详细？

②是否清晰和完整地界定每一个事项？

③是否能恰当地确定每个单元的起止时间和进行比较准确的费用估算？这个单元是否已分派给某一部门、小组或个人？

④是否可以确定没有遗漏工作，也没有多余的工作。通过运用100%规则，将工作分解结构底层的所有工作按隶属关系逐层向上汇总，确保没有遗漏工作和多余工作。

（5）在确定了工作分解结构后，对每一任务单元进行编码，建立整个项目的工作分解结构的编码体系。

工作分解结构的表现形式可以采用列表式、组组结构图式、鱼骨图式或其他方式。图4-3是某公司新药生产线建设项目的可行性研究工作分解结构，图中将可行性研究作为一个项目来管理，每个任务单元的研究成果都能够得到工作范围的核实和确认。

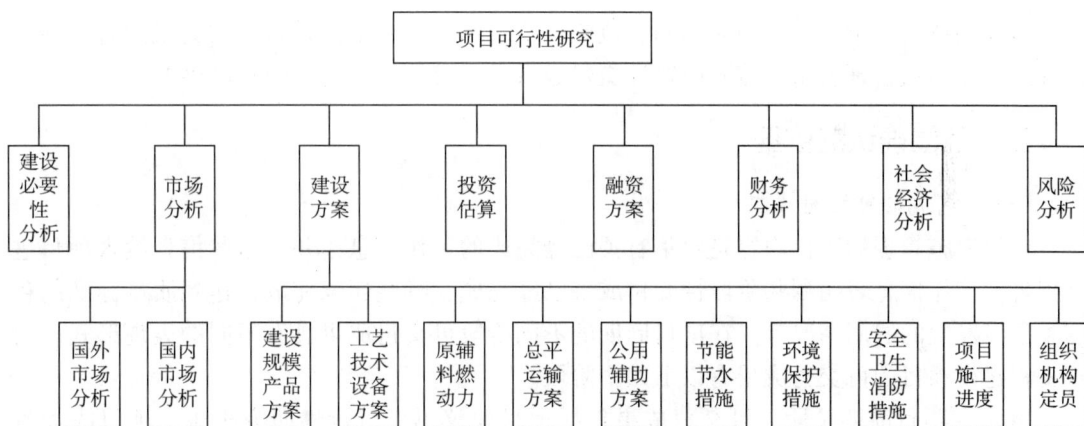

图4-3　可行性研究工作分解结构

由于大部分项目具有某些共性，在新项目工作分解结构时可以参照以前类似项目的工作分解结构。利用类似项目的工作分解结构模板可以节约大量时间和精力，同时也可避免工作分解结构时的漏项和多项，降低工作失误风险。

（四）范围界定的成果

项目范围管理的成果包括工作分解结构和工作分解结构说明。

1. 工作分解结构

工作分解结构明确了项目的全部工作范围，未包括在工作分解结构中的工作则不属于该项目的工作范围。工作分解结构中的任务单元是构成项目的重要部分，不可或缺。

阶段性交付成果是可将该项工作任务独立委托给一个组织或成员实施，并进行量化考核。根据需要，该组织或层次也可将该项工作任务再细分，并将有关阶段性交付成果列入其项目规划和进度计划中。

2. 工作分解结构说明

工作分解结构说明是创建工作分解结构过程中产生的支持性文件，是对各个工作任务的更详细的描述。工作分解结构说明的内容包括：工作任务编码、工作任务的名称和工作内容描述、负责实施的组织或成员、需要完成的时间、与其相关的紧前和紧后工作、所需的资源、成本预算、质量要求、验收标准、技术参考文献、合同协议信息等。

第二节　项目范围确认

一、范围确认的概念

范围确认是项目管理中上级单位正式接收下级单位阶段性成果的过程。例如，在科技研发项目中，项目接收课题的阶段性成果，课题接收任务的阶段性成果。在工程建设项目实施过程中，监理单位接收施工单位的阶段性成果。在此过程中要求对项目在执行过程中完成的各项工作进行及时的检查，保证正确、圆满地完成合同规定的全部工作范围。在范围确认过程中可能涉及所有参与人员，如上级单位、承担单位、外包单位、政府部门及第三方检测机构等。

范围确认与质量管理的内涵不同，范围确认表达了上级单位是否接收完成的阶段性交付成果，而质量管理着重于接收阶段性交付成果是否满足技术规范的质量要求。

二、范围确认的依据

（一）完成的可交付成果

项目实施管理的工作内容是收集有关已经完成的工作信息，并将这些信息纳入项目进度报告，工作信息表明哪些阶段性交付成果已经完成，哪些还未完成，达到质量标准的程度和已经发生的费用情况等。在项目周期的不同阶段可交付成果具有不同的表现形式。对于工程建设项目的可交付成果有以下四个阶段。

（1）在项目前期阶段，可交付成果包括项目建议书、可行性研究报告、项目决策批复等。

（2）在项目准备阶段，可交付成果包括项目实施规划、项目采购协议，项目招标文件、初步设计及施工设计、建设条件协议等。

（3）在项目实施阶段，可交付成果包括土建工程、机电安装工程、电气工程、给排水工程堪、生产调试报告等。

（4）项目收尾阶段，可交付成果包括项目验收报告、后评价报告等。

（二）项目合同文件

无论是科技研发项目，还是工程建设项目，合同文件是约束合同当事方的具有法律效力的文件，通常包括投标函、中标函、合同协议书、技术规范、图纸以及其他在合同协议书中列的其他文件。在项目合同实施过程中，双方都应严格遵守签订的合同文件，实际的可交付成果必须与合同中约定的预期成果一致。

（三）评价报告

评价报告是指按照我国项目管理程序的有关规定，由具有独立法人资格和相应资质的实体，或相应的政府机构，或专家组，对项目产生的可交付成果进行独立评价后出具的评价报告。

（四）工作分解结构

工作分解结构方法界定了项目的工作范围，是确认工作范围的重要依据。

三、范围确认的方法

项目范围确认的方法是对完成可交付成果的数量和质量进行检查，主要包括以下三点。

（1）试验和检验。指采用各种科学试验方法对可交付成果进行试验检测。可以通过自有实验室或委托具有相应资质的、第三方机构进行相关试验和检验，出具试验和检验报告。

（2）专家评定。按照合同约定的标准、程序和方法，组织相关领域的专家和代表对可交付成果进行评定。

（3）第三方评定。按合同约定委托双方一致认可的、具有相应资质的、第三方机构对可交付成果进行评定。

四、范围确认的结果

范围确认的结果是指对可交付成果的正式接收，通常包括三种结果：完全接收、拒收和带缺陷接收。

——完全接收，是指完成的工作全部满足项目和合同要求。

——拒收，是指完成的工作不符合项目和合同要求，无法实现项目的预期目标和效益。

——带缺陷接收，是指完成的工作在某些方面不符合项目和合同要求，在修补后仍然无法完全满足要求，但能实现项目的主要预期目标。在这种情况下，项目主管部门同意予以接收，但会扣留因缺陷所造成的损失费用。

第三节　项目范围管理

一、项目范围管理的概念

项目范围管理是指监督项目的工作范围实施状态和管理范围考核基准变更的全部过程。在项目实施过程中，由于其性质复杂，且易受工艺技术、工作环境、自然和社会环境的影响，不可避免变更项目范围。项目范围管理中必须变更需求，并以某种形式确保所有请求的变更、推荐的纠正措施或预防措施等进入变更控制系统，使得项目范围更好得到管理控制。如果范围变更没有得到很好的控制，将会导致费用超支，进度失控，出现决算超预算、预算超概算、概算超估算的"三超"现象。

项目范围变更是指在实施期间工作范围发生的改变，如增加或删除某些工作等。项目范围变更控制任务包括：①确认范围必须变更的必要性；②对造成范围变更的因素施加影响控制，降低变更因素给项目带来的损失；③当变更确实要发生时对实际变更进行管理。范围变更控制需要和进度管理、费用管理、质量管理等其他控制过程相结合，才能收到更好的控制效果。

二、项目范围变更控制的依据

范围变更控制的主要依据包括合同文件、进度报告和变更令。

（一）项目合同文件

在项目实施合同中，涉及工作范围描述的是业主需求文件、技术规范和图纸。

业主需求文件是对项目预期目标的描述，以及对项目特性和功能的说明。

技术规范规定了承担单位在履行合同义务期间必须遵守的国家和行业标准、工作范围、工作方式以及其他要求。

设计图纸以工程语言描述了需要完成的项目工作，简单而直观。

（二）进度报告

进度报告是项目范围执行过程中的状态信息，如项目的哪些中间成果已经完成，还可以对可能在未来引起不利影响的潜在问题向项目组织发出警示信息。

进度报告从开工日起至完成全部工作的日期止，通常包括日进度报告、周进度报告、月进度报告、季度进度报告、年进度报告等。常用的月进度报告至少应包括以下内容。

（1）项目每一阶段的进展情况的图表和详细说明。

（2）项目实施工作内容记录。

（3）反映项目进展的照片。

（4）实际进度与计划进度的对比。

（5）其他需要补充说明信息。

（三）变更令

项目范围变更控制的第一步是形成书面的正式变更令。变更令通常会申请扩大或缩小项目的工作范围。大部分变更请求可能由以下原因造成：外界环境变化，如国家政策法规、技术条件的变化；在界定项目范围方面的错误或遗漏；承担单位内部环境变化，如项目经理或技术骨干的离职等。

变更令通常包括以下内容。

（1）变更令编号和签发变更令日期。

（2）项目名称和合同号。

（3）产生变更的原因和详细的变更内容。例如：原有技术方案不可行，采用新技术后造成的项目质量提升和费用增减情况等；项目核心成员的变更的前后对比，是否会对项目实施期造成影响。

（4）项目合同双方授权代表签字。

范围管理是项目管理的一个非常重要的概念，它坚持系统观念，把握好全局和局部、宏观和微观关系，通过科学方法将一个庞大的复杂的项目系统分解为具体的可量化的可执行的单元，并采取适当的监督措施保障每个单元获得高质量实施，实现项目预期目标。如果人们在学习工作过程中遇到重大困难或重大任务，不妨采用工作分解结构方法把大事化小、各个击破，从而使得困难获得突破或任务圆满完成。

案例分析

一种多肽药物研发项目范围界定

为了开拓妇科抗肿瘤药物市场，SZ 市 B 生物制药企业对一种海洋资源多肽类新药进行了立项。本项目实施期为 3 年，聚焦于多肽类新药的实验室研究和临床前研究，开发出 1~2 个活性多肽药剂。新药研发平台张博士率领的研发团队承担了本项目研究，并签订合同书，明确了考核指标、研究进度和经费等内容。作为项目负责人，张博士利用工作分解结构方法对项目工作内容进行任务分工。

多肽制备工艺：由研究小组 A 来承担，负责海洋动物资源的水解工艺优化、多肽的分离提纯等工作。

活性多肽筛选：由研究小组 B 来承担，负责活性多肽与肿瘤靶标关系研究，进行候选多肽药物筛选和优化。

活性多肽性质：由研究小组 C 来承担，负责活性多肽的理化性质研究，建立活性多肽检验方法，开展质量标准制订研究。

处方筛选：由研究小组 D 来承担，负责活性多肽剂型选择、处方筛选研究。

活性多肽药理研究：由研究小组 E 来承担，负责研究活性多肽与机体间相互作用规律及其药物作用机制。

活性多肽毒理研究：由研究小组 F 来承担，负责研究活性多肽对机体的毒性反应、严重程度、发生频率和毒性作用机制。

活性多肽药代研究：由研究小组 G 来承担，负责活性多肽在机体内的吸收、分布、生物转化和排泄等过程的特点和规律。

为提升项目研究效率，各研究小组所承担的研究任务和任务衔接时间节点进行明确，并建立工作群进行信息及时有效交流沟通。

思考与拓展

①项目范围管理里的作用是什么？
②在科技研发项目中，会遇到哪些项目范围变更情形？

拓展阅读

思政案例

第五章
项目实施管理

项目实施管理是项目组织管理的核心内容，是项目实施过程中的核心保证措施。进度、质量、费用管理是项目实施管理的三大核心内容，招投标管理、EHS 管理、风险管理也是项目实施管理的不可或缺内容。通过项目实施管理学习，使学生掌握项目实施管理的基本原理、方法、程序，通过项目计划的实施管理和调整优化，保证项目整体预期目标的实现。

本章主要介绍项目实施管理体系、招标投标管理、合同管理、进度管理、质量管理、费用管理、EHS 管理、风险管理的相关概念、方法和程序内容。

第一节　项目实施管理体系

一、实施管理体系概述

项目实施管理是指项目实施阶段所从事的实施作业的管理控制工作，保证按预定的方案实施项目，保证项目总目标的圆满实现。

（一）实施管理的必要性

（1）项目管理主要采用目标管理方法，总目标的实现离不开实施管理。

（2）现代项目规模大、投资大、系统复杂、技术要求高，组织实施难度大，必须进行有效的控制。

（3）由于专业化分工，参加项目实施的单位多，各单位在时间、空间上需要协调一致，离不开严格的实施管理。

（4）计划的疏漏以及外界条件变化都要求对项目的实施过程进行严格控制。

（二）项目实施管理的特征

项目实施管理具有现场控制和动态控制两个明显特征。

（1）现场控制。

项目管理者在项目的实施阶段不仅是提出指导意见、做计划、指出怎样做，而且直接组建项目组，在现场负责，负责项目实施管理工作，是管理任务的承担者。例如，布置工作、跟踪、监督、参与各种现场调度或协调会、掌控整个实施过程。

项目管理注重实务，为了使项目管理有效、控制得力，项目管理人员必须介入项目的具体实施过程，亲自安排、布置工作，监督现场实施状况，参与现场的各种会议。项目管理工作通常在施工现场开展，便于沟通交流。

（2）动态控制。

项目实施过程是动态变化的，存在多种外界环境干扰因素。人们组织行为的不确定性、项目的复杂性和长期性也会导致实施状态与目标偏差，项目实施工作需要动态调整，确保项目目标的实现。

二、项目实施管理系统

（一）项目实施管理要素

项目管理的对象——项目分解结构各层次单元，即各个任务活动。

项目管理的内容——项目范围管理、进度管理、费用管理、EHS 管理、合同管理等。

（二）项目管理的依据

项目管理的主要依据有：定义项目目标的各种文件，如项目建议书、可行性研究报告、项目任务书、设计文件、合同文件等；项目适用的法律、法规文件；项目的各种计划文件、合同分析文件等；项目中的各种变更文件；其他影响项目目标的文件等。项目管理的内容、目的、目标、依据，如表5-1所示。

表5-1 项目管理的内容、目的、目标、依据一览表

序号	管理内容	管理目的	管理目标	管理依据
1	范围管理	保证按任务书规定的数量完成工程	范围定义	范围规划和定义文件（项目任务书、设计文件、工程量表等）
2	费用管理	保证按费用计划完成工程，避免费用超支	计划费用	计划费用、人力、材料、资金计划等
3	质量管理	保证按任务书规定的质量完成，通过验收，交付使用	质量标准	各种技术标准、规范、说明、图纸、任务书、批准文件
4	进度管理	按预定进度计划实施，按期交付，防止工期拖延	任务书规定的工期	总工期计划、批准的详细施工进度计划、网络图、横道图等
5	合同管理	按合同规定全面完成自己的义务、防止违约	合同规定的各项义务责任	合同范围内的各种文件、合同分析资料
6	风险管理	防止和降低风险的不利影响	风险责任	风险辨识、分析和应对措施
7	环境健康安全管理	保证项目实施、运营过程和产品服务的使用符合环境、健康和安全保护要求	法律、合同和规范	法律、合同文件和规范文件

（三）项目管理节点的设置

（1）重要的里程碑事件。

（2）对项目质量、环境、职业健康、安全等有重大影响的工程活动或措施。

（3）对费用有重大影响的工程活动或措施。

（4）合同额和工程范围大、持续时间长的主要合同。

（四）项目实施管理过程

项目实施管理是一个动态调整过程，贯穿于项目的始终，如图5-1所示。

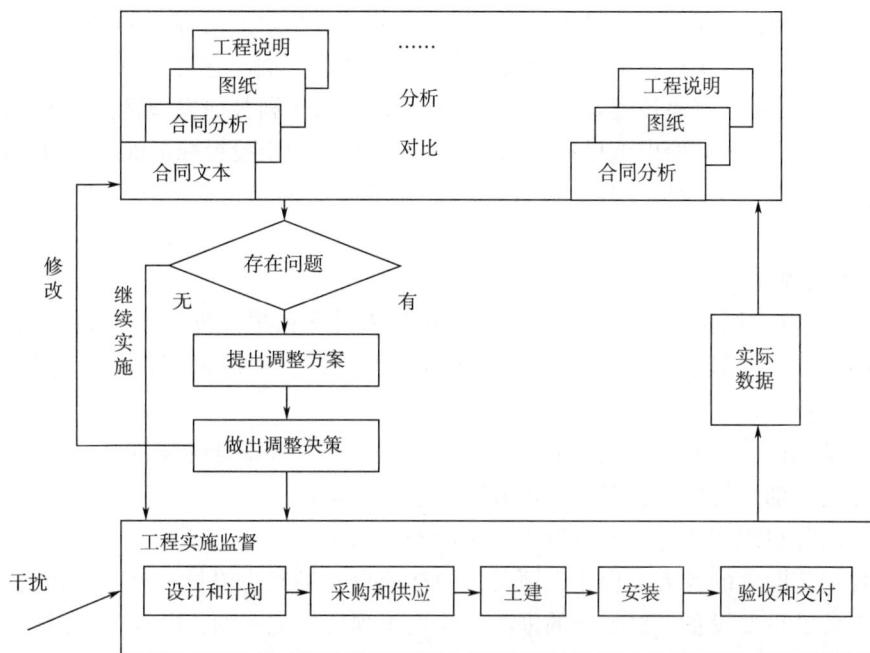

图 5-1　项目实施管理过程

（1）项目投入，即把人力、物力、财力投入项目实施中。

（2）分析项目中存在的各种干扰，如设计出图不及时、研究方案预期与实际不一致等。

（3）收集实际数据，即对项目进展情况进行评估。

（4）把项目目标的实际值与计划值进行比较。

（5）检查实际值与计划值有无偏差，如果没有偏差，则项目继续进展。

（6）如果有偏差，则需要分析偏差的原因，采取控制措施。

第二节　项目招标投标管理

实行招标投标制度，是在法律法规的框架体系下，在项目采购服务活动中引入市场机制，通过竞争择优选定项目咨询、勘察、设计、施工、监理、供应等相关单位和公司。在招标投标过程中，应严格遵守法律，秉持公开、公平、公正、诚信、独立、监督原则，按照招标投标流程来开展。

一、项目招标与投标概述

项目招标是指招标人（也称建设单位、发包人、采购人等）发出招标公告或投标邀请书，说明招标项目的规模、质量、技术、期限等要求，邀请特定或不特定的投标人（承担单位、承包商、供货商等）前来投标，进而择优选择理想投标人的一种交易活动。项目投标是指投标人根据招标人的要求或以招标文件为依据，在规定期限内向招标机构递交投标文件及报价，争取获得项目承包权的活动。

项目实行招标投标是工程建设项目管理体制改革的一项重要内容，是一种通过竞争，鼓励先进，淘汰落后，改革过去单纯用行政手段分配任务的办法。它对于缩短工期、降低项目造价、保证项目质量、提高投资效益发挥了积极作用。对于科技研发项目，企事业单位根据项目指南从国家、地方政府申请科技项目，实际上也是一种招投投标形式，项目指南为招标文件，项目申请书则为投标文件，通过筛选有技术实力的单位来解决行业内的关键技术问题。

（一）招标范围

《中华人民共和国招标投标法》规定，在中华人民共和国境内进行下列工程建设项目，包括项目的勘察、设计、施工、监理，以及与工程建设有关的重要设备、材料等的采购时，必须进行招标。

①大型基础设施、公用事业等关系社会公共利益和公众安全的项目。

②全部或者部分使用国有资金投资或国家融资的项目。

③使用国际组织或者外国政府贷款、援助资金的项目。

上述规定范围内的各类工程建设项目，包括项目的勘察、设计、施工、监理，以及与工程建设有关的重要设备、材料等的采购，达到下列标准之一的，必须进行招标。

①施工单项合同估算价在 200 万元人民币以上的。

②重要设备、材料等货物的采购，单项合同估算价在 100 万元人民币以上的。

③勘察、设计、监理等服务采购，单项合同估算价在 50 万元人民币以上的。

④单项合同估算价低于第①~③项规定的标准，但项目总投资额在 3000 万元人民币以上的。

（二）招标方式

招标人应按照有关招标、投标、法律法规确定招标方式招标通常可分为公开招标和邀请招标两种。

（1）公开招标。

公开招标是指招标人以招标公告的方式邀请不特定的法人或者组织参与投标。招标人采用公开招标方式时应当发布招标公告，且招标公告应当通过国家指定的报刊、信息网络或其他媒介发布。招标公告应当载明招标人的名称和地址，招标项目的性质、数量、施工地点和时间，对投标人的资格要求，以及获取招标文件的办法等事项。所有符合条件的承包商都可以平等参加投标竞争。

公开招标的优点是招标人的选择范围广，可在众多的投标人中选择报价合理、工期短、信誉好的承包商，有利于打破垄断，实行公平竞争；其缺点是投标人过多会导致招标工作量大，组织复杂，招标过程所需要的时间长。

（2）邀请招标。

邀请招标是指招标人以投标邀请书的方式邀请特定的法人或者其他组织（不少于 3个）参与投标。符合下列情形之一的，经批准可进行邀请招标。

①非国有投资或国有投资不控股或不占主体地位的。

②因技术复杂或者特殊要求，只有少数潜在投标人可供选择的。

③受自然地域环境限制的。

④涉及国家安全、国家秘密或抢险救灾，适宜招标但不宜公开招标的。

⑤采用公开招标的费用占项目总投资的比例过大的。

⑥法律、法规、规章规定不宜公开招标的。

邀请招标的优点是目标集中，招标的组织工作较容易，工作量小；缺点是由于参加的投标单位较少，竞争性差，可能得不到最合适的投标人和获得最佳竞争效益。

（三）招标的组织形式

通常招标的组织形式有自行招标组织和代理机构招标组织两种。

招标人具有与招标项目规模和复杂程度相适应的技术、经济等方面的专业人员，且具有编制招标文件和组织评标能力的，可用自行办理招标事宜。

当招标人不具备上述能力时，须委托具有相应资质的代理机构进行招标。招标代理机构应当具备下列条件：有从事招标代理业务的营业场所和相应资金；有能够编制招标文件和组织评标的相应专业力量；有符合《招标投标法》规定条件可以作为评标委员会成员人选的技术、经济等方面的专家库。

二、招标程序及工作内容

现行法律法规对项目招投标程序有严格的规定，尽管各类项目的招标内容和具体操作要求不同，但招标程序一般由以下几部分组成，如图5-2所示。

（一）发布招标公告

发布招标公告是公开招标的显著特征，也是招标工作的第一个环节。招标公告在何种媒体发布直接决定了招标信息的传播范围，进而影响招投标的竞争程度和效果。招标公告的内容应包括招标机构名称、邀请目的、招标项目概况（如规模、性质、地点、工期等）、资金来源、投标者的资格审查条件，招标文件获取方式、投标保证金额等。招标人一般要在投标开始前至少45天在公共媒体发布招标公告。实施邀请招标的项目，招标人应当向3家具备承担能力、资信良好的特定法人或其他组织发送招标邀请书的办法。

（二）资格审查

资格审查分为资格预审和资格后审。资格预审是指投标前对潜在投标人进行财务状况、技术能力、管理水平和资信等方面的审查。资格后审指在开标后对投标人进行的资格审查。资格审查的主要内容包括以下方面。

①投标企业的基本情况。

②项目经验及业绩。

③企业人员状况。

④技术装备和施工能力。

⑤财务情况。

⑥企业的商业信誉。

⑦其他方面证明文件等。

进行资格预审的，一般不在进行资格后审，但招标文件另有规定的除外。

（三）编制、发送招标文件

招标文件是招标人向投标人发出的，向其提供编写投标文件所需资料，并通报招标项目情况、招标投标规则和程序等内容的书面文件。一般情况下，在发布招标公告或招标邀请书前，招标人或代理机构应根据招标项目特点和要求编制招标文件。招标文件主要包括

```
                    ┌─────────────┐
                    │  确定招标项目  │
                    └──────┬──────┘
                    ┌──────┴──────┐
                    │  制订招标项目  │
                    └──────┬──────┘
                    ┌──────┴──────┐
                    │  组织招标项目  ├──────────────────────────┐
                    └──────┬──────┘                          │
                    ┌──────┴──────┐                   ┌───────┴───────┐
                    │  申请批准招标  │                   │  组织评标委员会  │
                    └──────┬──────┘                   └───────┬───────┘
                  ┌────────┴────────┐                  ┌──────┴──────┐
                  │  编制招标文件和标底 │◄─────────────────│   申请公证   │
                  └────────┬────────┘                  └─────────────┘
                    ┌──────┴──────┐
                    │  发布招标公告  │
                    └──────┬──────┘
      ┌──────────┐  ┌──────┴──────┐  ┌─────────────┐
      │ 不合格投标者 │◄─│   资格预审   │─►│   合格投标者   │
      └──────────┘  └──────┬──────┘  └──────┬──────┘
               ┌───────────┴──────┐  ┌──────┴──────┐
               │  编制、发送招标文件 │  │  购买投标文件  │
               └──────────┬──────┘  └──────┬──────┘
                    ┌──────┴──────┐  ┌──────┴──────┐
                    │  组织现场勘察  │  │ 参加投标文件答疑│
                    └──────┬──────┘  └──────┬──────┘
                    ┌──────┴──────┐  ┌──────┴──────┐
                    │  接受投标文件  │  │  编制投标文件  │
                    └──────┬──────┘  └──────┬──────┘
                    ┌──────┴──────┐  ┌──────┴──────┐
                    │     开标     │  │   接受询标   │
                    └──────┬──────┘  └──────┬──────┘
                    ┌──────┴──────┐  ┌──────┴──────┐
                    │     评标     │  │  中标签订合同  │
                    └──────┬──────┘  └──────┬──────┘
      ┌──────────┐  ┌──────┴──────┐  ┌──────┴──────┐
      │ 通知未中标单位│◄─│     定标     │  │   履行合同   │
      └─────┬────┘  └──────┬──────┘  └─────────────┘
      ┌─────┴────┐  ┌──────┴──────┐
      │ 退还投标保证金│  │   签订合同   │
      └──────────┘  └──────┬──────┘
                    ┌──────┴──────┐
                    │  履行签订合同  │
                    └─────────────┘
```

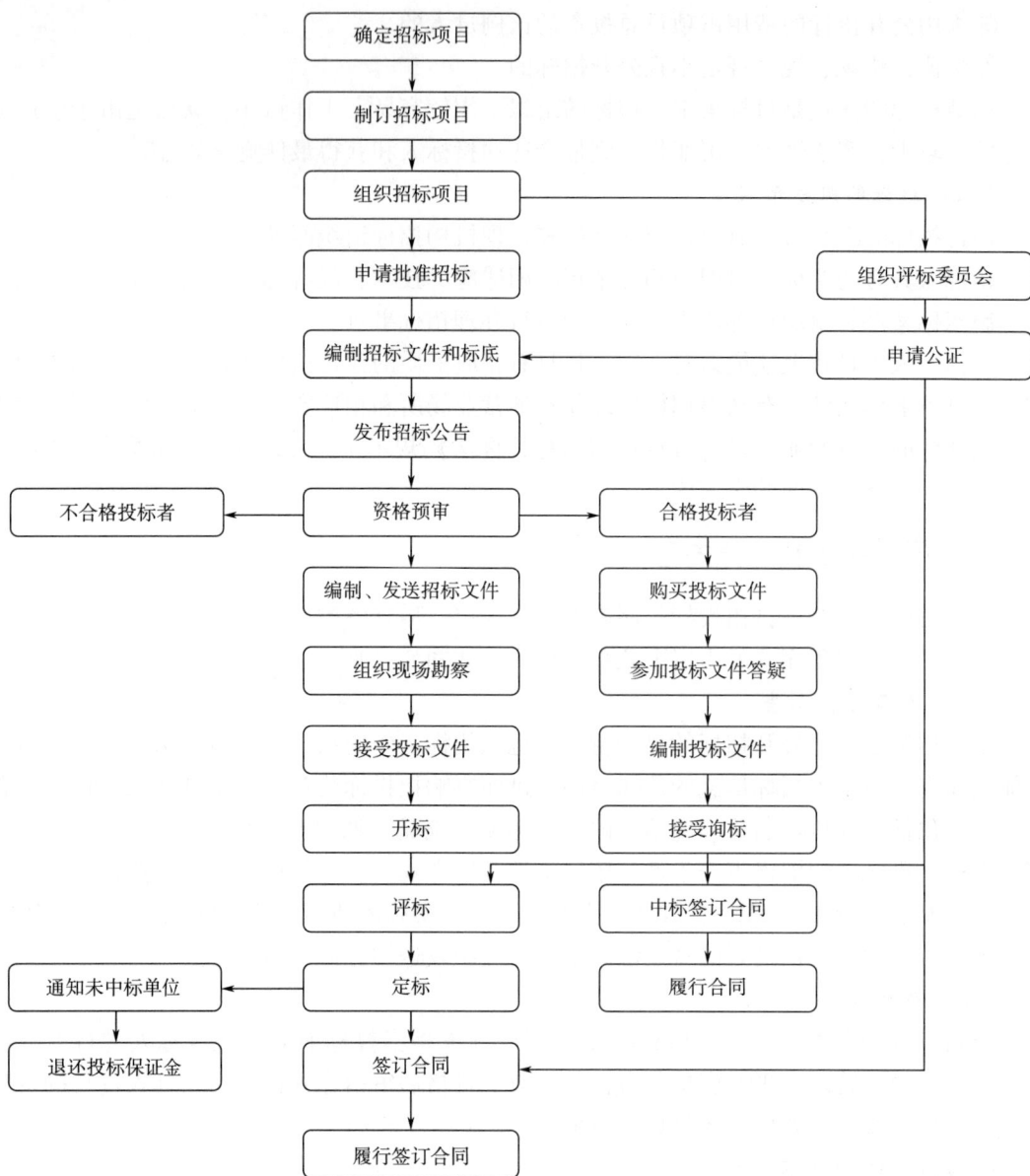

图 5-2   招标程序示意图

以下内容。

①招标公告（投标邀请书）。招标公告（投标邀请书）主要包括招标条件、项目概况、招标范围、投标人资格要求、招标文件的获取、投标文件的递交、发布公告的媒介及联系方式等内容。

②投标人须知。投标人须知是招标文件非常重要的部分，是对投标人提出的全面而具体的要求，投标人应按投标人须知中的要求进行投标。其主要内容包括项目名称、建设地点、资金来源及比例、资金落实情况、招标范围、计划工期、质量要求、投标人资质条件及能力、勘察现场、投标有效期、投标担保金、替代方案、投标文件份数、投标截止日期、评标标准及方法、开标时间及地点、开标程序、履约担保形式及金额等。

③合同条款及格式评标办法。

④投标文件格式。

⑤采用工程量清单招标的，应当提供工程量清单。

⑥技术条款。

⑦设计图纸。

⑧评标标准和方法。

⑨投标辅助材料。

招标人应当在招标文件中规定实质性要求和条件，并用醒目方式进行标明。

（四）组织现场勘察及答疑

勘察现场是指招标人组织潜在投标人对项目场地和周围环境等客观条件进行现场勘察，从而使投标人进一步了解招标人的意图，获取有用信息并做出是否投标的决定。勘察内容包括现场的地质、水文、气象条件，交通运输、水电气供应基础设施，现场总体布置、工程材料来源储量，当地劳动力来源及技术水平，周围环保设施及要求等情况。

在现场勘察之后，招标单位应对投标人提出的问题进行解答。答疑一般采取书面形式进行，必要时也可召开招标文件答疑会。

（五）接收投标文件

投标人应当在招标文件要求提交投标文件截止时间前，将投标文件密封送达投标地点。招标人收到投标文件后，应向投标人出具标明签收人和签收时间的凭证，在开标前任何单位和个人不得开启投标文件。投标书递交后，在投标截止期限前，仍允许投标者通过正式函件调整报价或作补充说明。在投标文件要求的截止时间后送达的投标文件，招标人应当拒收。

（六）开标

开标应当在招标文件中规定的时间、地点及全体评标委员会成员和所有投标者共同参加的情况下进行。经公证检查投标密封合格后，当众开启，宣读投标人名称、投标价格和投标文件的其他主要内容。开标过程应当记录，由招标人法定代表签字认可，并存档备查。

评标委员会由招标人的代表和有关经济、技术方面的专家组成，成员人数为5人以上单数。与投标人有利害关系的人员不得进入相关项目的评标委员会，评标委员会的名单在中标结果确定之前应做好保密工作。

（七）评标与定标

评标是指由评标委员会根据招标文件规定的评标标准和评标方法，通过对投标文件的分析比较和评审，向招标人提出书面评标报告并推荐中标候选人的过程。评标委员会可以书面方式要求投标人对投标文件中含义不明确、对同类问题表述不一致或者有明显文字和计算错误的内容做必要的澄清、说明或不正。投标文件有下列情形之一的，评标委员会应当否决其投标。

①投标文件未经投标单位盖章和单位负责人签字。

②投标联合体没有提交共同投标协议。

③投标人不符合国家或者招标文件规定的资格条件。

④同一投标人提交两个以上不同的投标文件或者投标报价，但招标文件要求提交备选

投标的除外。

⑤投标报价低于成本或者高于招标文件设定的最高投标限价。

⑥投标文件没有对招标文件的实质性要求和条件做出响应。

⑦投标人有串通投标、弄虚作假、行贿等违法行为。

整个评标过程应当在招投标管理机构的监督下进行，并出具评标报告。

定标是指招标人应当自收到评标委员会的评标报告起 3 日内公示中标候选人（一般为 1~3 名，并标明排序），公示期不得少于 3 日。对于依法招标的项目，招标人应当按照中标候选人的排序确定中标人。当确定的中标人放弃中标或者因不可抗力提出不能履行合同时，招标人可以依序确定排名第二的中标候选人为中标人，以此类推。

招标人应当自发出中标通知书之日起 15 日内，向有关行政监督部门提交招标投标情况的书面报告进行备案。

（八）签订合同

经过评标与定标，招标人确定中标人并向其发送中标通知书。投标人接到中标通知书后，应在招标单位规定的时间内与招标单位谈判，并签订书面合同，同时还要向建设单位提交履约保函或保证金，履约保证金不得超过中标合同的 10%。如果投标人在中标后不愿意承包工程而逃避签约，招标单位可按规定扣压其投标保证金作为赔偿。

我国规定招标人和中标人应当自中标通知书发出之日起 30 日内，按照招标文件和中标人的投标文件签订书面合同。另外，签订合同后 5 个工作日内，招标机构应当向中标人和未中标的投标人退还投标保证金及银行同期存款利息。

三、投标程序及工作内容

与项目招标程序相对应，项目投标的一般程序如图 5-3 所示。

（一）获取招标信息

投标人主要是通过大众媒体或招标人官网发布的招标公告获取招标信息。招标公告中的项目是否已经立项批准，资金是否已经落实，以及其他信息是否真实可靠等信息应认真分析，是决定投标与否的前提。

（二）前期投标决策

投标人在对招标信息分析时，应对招标人的实力、信誉等方面进行全面了解，做出是否投标决策，以降低在未来项目实施过程中的风险。

（三）参加资格预审

若需要资格预审时，投标人必须按照要求积极准备相关材料，展示相关类似的完成和在建项目信息，以充分展示自己的竞争实力，提高中标机会。需要特别注意的是，业主比较看重近 5 年内完成的项目清单，以了解投标人是否承担过类似项目。

（四）购买和分析招标文件

通过资格预审后，投标人按规定购买招标文件，并按要求提供投标保证金等。招标文件的研究分析主要有以下几个方面。

①研究招标项目的综合说明，熟悉项目全貌。

②研究设计文件，为制订施工方案和报价提供确切的依据。

③研究合同条款，明确中标后的权利和义务。

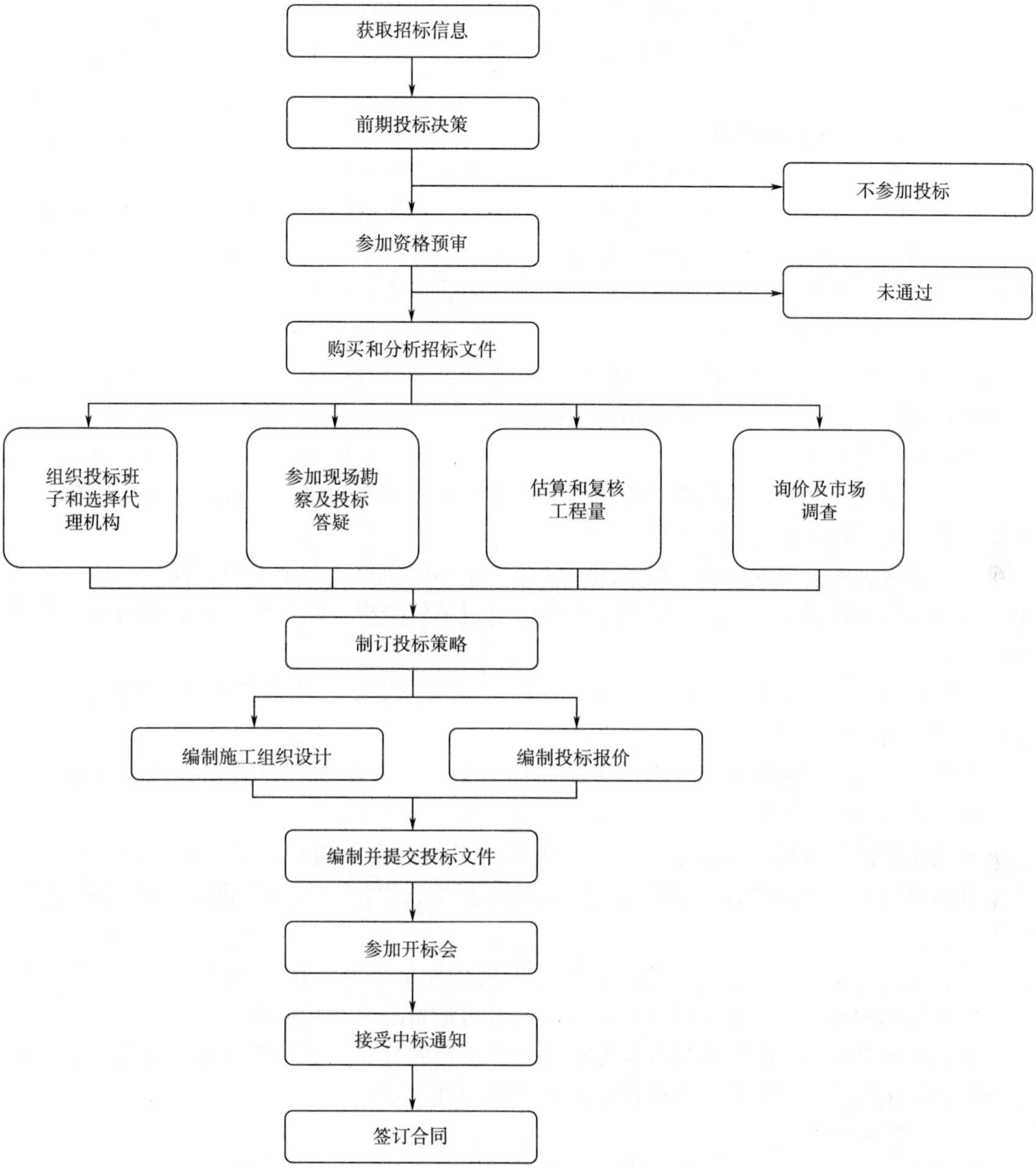

图 5-3 投标程序示意图

④研究投标人须知，提高工作效率，避免造成废标。

如果投标人在招标文件中发现疑点，应请招标人澄清说明。

（五）投标准备

投标人在购买招标文件后，就应开展具体的投标准备工作。其主要工作内容有组建投标团队或选择投标代理结构、进行现场勘察、计算和复核工程量、参加投标答疑、市场询价及调查等。

（六）确定投标策略

投标竞争的胜负不仅取决于投标人的实力，还取决于投标人的投标策略是否正确。投标策略一般有高价盈利、低价薄利、保本无利三种。具体选择何种策略，应结合招标项目的规模、特点、风险等要素，以及投标人的发展规划、竞争对手情况进行综合考虑，从而提升中标机会。

（七）编制施工组织设计

施工组织设计是投标的必要内容，是对项目来进行组织施工的规划性文件，起到组织指导作用，同时也是招标人评标时考虑的重要依据，施工组织计划侧重于项目施工管理流程设计，而施工方案则比较详细地介绍施工方法、人员配备、机械配置、材料数量、施工进度网络图，以及质量、安全、文明施工、环保措施等技术要点。

（八）编制并提交投标文件

投标人应当按照招标文件的要求编制投标文件，应当对招标文件提出的实质性要求和条件做出响应。投标文件一般应包括以下内容。

①投标函或投标书。

②投标保函。它是投标人表示按招标文件履行义务所做的保证性措施。如未中标，可在一定期限内凭招标单位回执退还。

③工程报价表。报价内容因所采用的合同类型不同而异。对于单价合同，一般是将各项单价填写与工程量清单上。如果招标人要求呈报单价分析，则需要将相应单价附于单价分析表上。

④投标单位准备在中标后负责该项目的组织机构及主要人员。若拟分包部分项目时，也需写明分包单位情况。

⑤施工计划。它包括施工方案及施工进度计划表，有时还要有劳动力或其他资源计划，或建议新的代替方案。

⑥其他附件及资料。这部分内容主要包括财务报表及所得税证明、商业诚信级别证明、合同协议书、投标签署人授权书，以及确认投标人财产和经济状况的金融机构名称、地点等。

⑦补充合同条款。投标人通常在投标时不能对原标书条款随意取舍、修改或提出保留，以免影响中标，但可在中标后的合同谈判时讨论备忘或补充内容。

投标人应在规定时间内将投标文件密封送达指定的地点。若发现投标文件有误，应在投标截止前用正式函件更正，否则以原投标文件为准。

（九）参加开标会议

投标人必须按招标书规定的时间和地点出席开标会议，否则即被认为退出投标竞争。开标宣读投标函前，投标人应检验投标函的密封情况。在招标人宣读投标函的过程中，投标人应认真记录其他投标人的投标函内容，特别是报价信息。投标函宣读完毕后，投标人还要及时回答招标人要求补充说明的问题，但不能修改标价、工期等实质性内容。

案例分析1

生物制药研发平台项目大型仪器设备招标管理

为激发市场经济活力、发展高端制造产业，SZ市将生物制药作为头号产业来抓。B生物制药公司顺应市场需要，生物制药研发平台项目可行性研究报告和初步设计先后获得董事会批准，进入项目招投标准备阶段。

项目基本情况如下：项目位于公司预留用地内，建筑面积 2 万平方米，建筑高度为 17.3 米。研发平台投资 3 亿元，其中 1 亿元为企业自有资金，2 亿元为银行贷款，资金落实到位。

项目招投标工作委托 SZ 市 Y 招标代理公司为代理人，项目划分为土建工程、装饰工程、大型仪器设备、常规设备四个标段。在土建工程招投标结束后，启动了本次大型仪器设备招标，该标段采取公开招标形式。招标文件中大型仪器设备的技术资料，如设备名称、规格型号、性能参数、购置数量等内容由 B 生物制药公司技术骨干撰写，其他招标材料由 Y 招标代理公司人员编制。

2020 年 6 月 8 日 Y 招标代理公司发布了招标公告，要求进行资格预审。资格预审文件中要求：投标人在近 5 年是否有生物制药设备投标经历；投标人近 5 年对各种合同、协议的履约状况，是否有过失造成的纠纷、诉讼；投标人的财务能力状况。截至 6 月 18 日，共有 6 家投标公司申请投标，其中 5 家投标公司符合资格预审要求，并购买了招标文件。

8 月 10 日，Y 招标代理公司组织了开标，由技术、财务等专家组成了评标小组。对 5 家投标公司的标书从技术、商务、供货、售后等方面进行了全面审查，与投标人进行了质疑询问，按评分标准进行了综合评分。评标小组根据综合评分高低，指定了 3 家候选人。8 月 12 日，Y 招标公司和 B 生物制药公司确认开标结果后，进行了招标公示。8 月 18 日 Y 招标公司向第一中标候选人寄发了中标通知函。8 月 29 日，B 生物制药公司与第一中标人签订了大型仪器设备采购合同。

B 生物制药公司按照工程建设项目招投标流程确定了研发平台项目大型仪器设备招标事宜，将项目实施准备工作又向前推进一步。

第三节　项目合同管理

合同是平等主体的法人、自然人、其他组织之间设立、变更、终止民事权利义务关系的协议。工程项目实行合同管理，是工程项目现代管理制度的重要举措。通过合同管理，可以降低成本，减少费用支出，缩短工期，达到预期目标。

一、项目合同管理概述

项目合同是发包方和承包方为完成拟定的项目目标或规定内容，并确立当事人的权力和义务关系而达成的协议。它是项目管理的重要依据。工程项目合同包括前期咨询合同、勘察设计合同、监理合同，招标代理合同、工程造价咨询合同、工程施工合同、材料设备采购合同、租赁合同、贷款合同等（图 5-4）。

项目合同中有关各方之间的相互关系的基本形式是合同关系，包括直接的合同关系和间接的合同关系，即建立在法律基础上的权利义务关系。

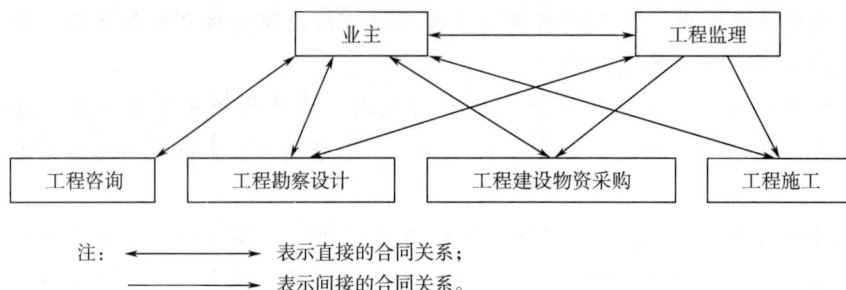

图 5-4　项目合同管理中合同有关方相互关系

二、项目合同的订立

在项目合同体系中，每项合同订立的条件、程序和合同的主要内容等不尽相同。由于施工合同是工程建设的主要合同，是工程质量控制、进度控制、投资控制的主要依据，具有典型代表性。

根据住房和城乡建设部、国家工商行政管理总局《建设工程施工合同（示范文本）》（GF-2017-0201），施工合同通常由《合同协议书》《通用合同条款》《专用合同条款》3部分组成，并附有相关附件。组成建设施工合同的文件包括：

①合同协议书。
②中标通知书（如果有）。
③投标函及附录（如果有）。
④专用何通过条款及附件。
⑤通用合同条款。
⑥技术标准和要求。
⑦图纸。
⑧已标价工程量清单或预算书。
⑨其他合同文件。

在合同订立及旅行过程中形成的与合同有关文件均构成合同文件的组成部分。上述合同文件应能够互相解释说明。当合同文件中出现不一致时，上面顺序就是合同的优先解释顺序。

三、合同的履行和违约责任

（一）合同履行

合同履行是指项目合同订立当事人根据合同条款的规定，全面承担各自的义务，行使各自的权利。合同履行是合同当事人实现既定目标的过程，是订立合同的根本目的。合同当事人应当遵循诚实信用原则，根据合同的性质、目的和交易习惯履行通知、协助、保密等义务。

（二）违约责任

违约责任是指合同当事人因违反合同的约定，不履行义务或者履行义务不符合约定时所应承担的责任。违约责任制度是保证当事人履行合同义务的重要措施，有利于合同的全面履行。当事人一方不履行合同义务或履行合同义务不符合约定的，应当承担以下责任：

①继续履行合同。

②采取补救措施。

③支付违约金。

④赔偿损失。

四、项目合同的变更、解除和终止

项目合同的变更或解除应当符合下列情况之一。

①双方当事人经协商同意，并且不损害国家利益和社会公共利益。

②由于另一方在合同约定的时间内没有履行合同，且在被允许推迟履行的合理期限内仍未履行。

③由于项目合同当事人的一方违反合同，以至于严重影响订立项目合同时所期望实现的目的或致使项目合同的履行成为不必要。

④由于不可抗力致使项目合同的全部义务不能履行。

⑤项目合同约定的解除合同的条件已经出现。

（一）合同变更的管理

合同变更是指对依法订立的合同，在承认其法律效力的前提下，对其进行修改或补充。项目施工过程中，由于前期工作深度不够、不可预见事件发生等原因，经常会出现工程量变化、施工进度变化等问题，应按《建设工程施工合同（示范文本）》的规定，处理合同变更对施工成本和工期的影响。

合同履行过程中发生以下情形的，应按照合同约定进行变更：

①增加或减少合同中任何工作，或追加额外的工作。

②取消合同中任何工作，但转由他人实施的工作除外。

③改变合同中任何工作的质量标准或其他特性。

④改变工程的基线、标高、位置和尺寸。

⑤改变工程的时间安排或实施顺序。

合同的变更具有以下特征：

①合同当事人双方必须协商一致，任何一方不得擅自变更合同。

②变更是改变合同的内容和标的，一般是修改合同条款。

③其法律后果是产生新的债权和债务关系。

合同变更时，承包人在工程变更确定后14天内，提出工程变更价款的报告，经监理工程师确认后，调整合同价款。

（二）合同的解除

合同的解除是消灭既存的合同效力的法律行为。其主要特征如下。

①项目合同双方当事人必须协商一致。

②合同双方当事人有恢复原状的义务。

③其法律后果是消灭原合同的效力。

（三）合同的终止

根据我国现行法律和有关司法实践，合同的终止有以下几种情况。

①因履行而终止。合同履行完成后，合同的法律关系也相应地自行消灭。合同履行是实现合同、终止合同法律关系的最基本的方法，也是合同终止的最常见的原因。

②因双方当事人混同为一人而终止。混同是指权利人和义务人合为一人。如果合同双方当事人合为一人，原有的合同也就没有履行的必要，因而自行终止。

③因双方当事人协商同意而终止。当事人双方通过协议解除或免除义务人的义务，合同也即告终止。

④仲裁机构裁决或者法院判决终止合同。

⑤因不可抗力原因而终止。当不可抗力发生，导致无法履行合同时，应当终止合同。

五、合同的索赔及纠纷解决

（一）合同的索赔

索赔是指工程合同履行中，当事人一方因为对方不履行或不完全履行既定的义务，或者由于对方的行为使权利人受到损失时，要求对方补偿损失的权利。

索赔费用的计算方法有：

①实际费用法：以承包人为某项索赔工作所支付的实际开支为根据，要求费用补偿。

②总费用法：当发生多次索赔事件以后，按实际总费用减去投标报价时的估算费用计算索赔金额的一种方法。

③修正的总费用法：索赔金额=某项工作调整后的实际总费用-该项工作的报价费用。

（二）合同的纠纷解决

项目实施过程中发生合同纠纷是十分常见的现象，其解决方式主要有协商、调解、仲裁和诉讼4种。

①协商。协商解决合同纠纷是指在发生合同纠纷时，双方当事人在自愿互谅的基础上，按照有关法律和合同条款的规定，通过协商自行解决合同纠纷的一种方式。采用协商形式应当遵循合法、平等、自愿的原则。

②调解。调解是指合同纠纷双方当事人在第三人的协调下，由双方当事人自愿达成协议，解决合同纠纷的一种方式。

③仲裁。仲裁是指双方当事人依据争议发生前或发生后所达成的仲裁协议，自愿将争议交付给独立的第三方（仲裁委员会），由其按照一定的程序进行审理并作出对争议双方都有约束力的裁决的一种非司法程序。

④诉讼。诉讼是指合同双方当事人按照民事诉讼程序向法院对一定的人提出权益主张并要求法院予以解决和保护的请求。

案例分析2

生产基地一期项目设计合同管理

A生物制药公司生产基地一期项目位于SZ市北部郊区，总用地面积20万平方米，总投资 12 亿元，于 2019 年 6 月项目可行性研究报告通过了 SZ 市发改委等相关部门审查备案。

在本项目中，首先进行了新药生产线建设项目的前期策划，包括功能分解和面积分配等。在此基础上，对新药生产线建设项目的总体概念规划设计、初步设计和施工图设计进行了设计任务委托，各阶段设计之前都由项目管理咨询公司编制了详细而明确的设计任务书，作为项目设计工作的依据和参考。

设计是项目实施的龙头，抓好设计管理是项目管理成功的关键，而设计管理中的合同管理则是重中之重，其直接影响到项目的投资、质量、进度和安全等。本部分主要介绍新药生产线建设项目的方案设计、初步设计和施工图设计合同的签订与管理。

1. 方案设计合同

方案设计合同的内容如下。

①合同签订所依据的文件。

②本合同工程设计项目的名称、地点、规模、投资、设计内容及标准。

③甲方向乙方提交的有关资料及文件：委托设计任务书、立项报告及上级批文、选址意见书、规划红线图（1∶500）。

其中，对每份文件提交的份数和时间进行了严格的限定。

④乙方向甲方交付的设计文件：对设计任务书的意见、方案设计文件、估算报告。

其中，对每份文件提交的份数和时间进行了严格的限定

⑤设计费用及支付方法。

⑥双方的责任。

⑦其他。

2. 初步设计和施工图设计合同

该合同的主要条款项与方案设计相同，但由于设计深度不同，因此具体内容有所不同。

①甲方向乙方提交的有关资料及文件：方案设计审批文件、地质勘探报告、市政管线接入许可文件、设备清单及技术要求、规划等行政主管部门意见、各行政主管部门会审意见。

其中，对每份文件提交的份数和时间进行了严格的限定。

②乙方向甲方交付的设计文件：对设计任务书的意见、扩初设计文件、概算文件、施工图设计文件、预算文件、桩位图、地下结构施工图。

其中，对每份文件提交的份数和时间进行了严格的限定。

本项目的总体规划和单体设计均由同一家设计公司完成，有利于整体风格的一致。

第四节　项目进度管理

加强进度管理，按期完成项目工作任务，是项目管理的一项重要内容。

一、项目进度管理概述

（一）项目进度管理

项目进度通常是指项目实施结果的进展情况，在项目实施过程中要消耗时间（工期）、

劳动力、材料、费用等才能完成工作任务。在现代项目管理中，进度将项目的任务、工期、费用、资源等内容有机地结合起来，形成一个综合性的指标，能够比较全面地反映项目的实施状况。项目进度管理是指在项目实施过程中对各阶段的进展程度和项目最终完成的期限进行管理，对出现偏差情况进行分析，采取补救措施或调整原计划后再付诸实施，目的是满足时间约束的条件下实现项目总目标（图5-5）。

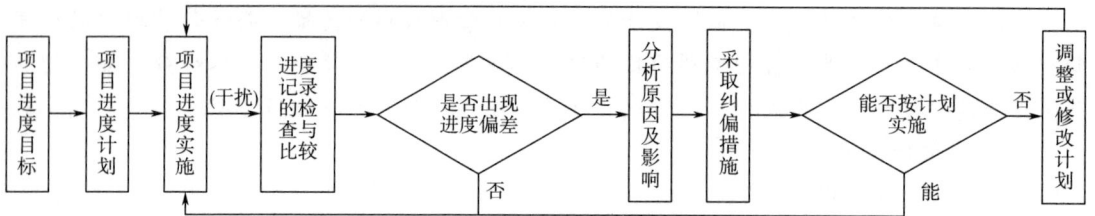

图5-5　项目进度管理的流程

（二）项目进度管理的措施

进度管理的措施包括组织措施、技术措施、合同措施、经济措施和信息管理措施等。

①组织措施。组织措施包括落实项目管理进度的部门和人员，制订进度管理工作制度，明确各层次人员的任务和管理职责。

②技术措施。技术措施是为保证进度目标实现所采用的加快施工进度的技术方法。例如，增加作业机械装备，增加作业人员，采用新技术、新工艺、新材料，缩短关键线路上个别工作的工期，以加快施工进度等。

③合同措施。合同措施是以合同形式保证工期进度的实现，如签订分包合同、工期延长索赔等。

④经济措施。经济措施是指实现进度计划的资金保证措施，如签订经济承包责任制，采用考核奖惩手段等。

⑤信息管理措施。建立监测、分析、调整和反馈系统，通过计划进度与实际进度的动态比较，在项目实施全过程中实现连续、动态的目标管理。

（三）项目进度管理总目标

项目总进度作为项目的核心目标之一，是项目决策阶段确定的，对整个进度计划具有规定性。项目总进度目标管理是项目管理的重要任务，在项目实施阶段，项目总进度目标主要包括以下内容。

①设计工作进度。

②招标工作进度。

③施工前准备工作进度。

④工程货物采购工作进度

⑤工程施工进度，如土建进度、设备安装进度等。

项目总进度目标和项目工期是紧密相连的，工期是进度管理的核心指标之一。项目总工期和主要阶段工期可以通过分析过去同类或相似工程项目的实际工期资料，并根据本项目的特点进行推算，着重时间上的限制。项目进度管理则是在充分调动工程货物材料、施工机械、劳动力、资金等资源情况下，保证各项目任务按计划及时开始、按时完成，实现项目总工期符合管理要求。进度管理追求在一定的时间内工作量的完成程度或资源消耗与工期的一致性。

需要注意的是：工期不等于进度，但工期常常作为进度的一个指标。进度的拖延最终表现为工期的拖延。对进度的调整常常表现为对工期的调整。

二、项目进度计划的编制

项目进度计划指根据项目分解结构的工作定义、工作顺序及工作持续时间估算和所需的资源，创建项目进度模型的过程，目的在于确定工作活动的相关性和持续性，保障项目及时完成。制订可行的项目进度计划，往往是一个反复进行的过程。

（一）制订进度计划的依据

制订进度计划的依据主要包括工期管理计划、工作清单、工作属性、工作范围、工作网络图、时间估算、资源储备说明、项目日历和资源日历、人员分派、强制日期、关键事件或主要里程碑、假定前提以及提前和滞后等。进度计划是费用、资源等其他计划的基础。

（二）进度计划内容

项目进度计划主要包括以下工作。

①安排并确定项目活动间的逻辑关系。

②根据所需资源、具体条件，估计各项活动的持续时间。

③按项目总进度目标编制详细的实施方案和措施。

进度计划的制订往往是一个反复调整、不断优化的过程。

（三）制订进度计划的方法

制订进度计划的方法很多，如关键线路法，计划评审法，图示评审术等，最常用的是关键线路法。关键线路法是计划中工作与工作之间的逻辑关系肯定，且每项工作只估算一定的持续时间的网络计划技术。它是沿着项目进度网络线路进行正向与反向分析，计算所有计划工作理论上的最早开始时间与完成时间、最迟开始与完成时间，表明了计划中给定工作的持续时间、逻辑关系、时间提前与滞后量。由于没有考虑资源的限制，还需要在人员、物料、设备、资金等资源供给特定条件下，对各工作的起止时间和持续时间进一步优化，才能形成可执行的项目进度表。

三、常用网络计划技术

项目进度计划常用的表达方法有横道图和网络图。

（一）横道图

横道图又称为甘特（Gantt）图，是一种最直观的进度计划方法，在工程建设项目中被广泛应用。某生物制药新型药物生产线建设项目的横道图的基本形式如图 5-6 所示。它以横坐标表示时间，工程活动在图的左侧纵向排列，以活动所对应的横道位置表示活动的起始时间，横道的长短表示持续时间的长短。它本质上是一种图和表的结合形式。

序号	工时（月）项目	2	4	6	8	10	12	14	16	18	20	22	24
1	前期准备阶段												
2	初步设计及评审												
3	机电设备招标												
4	施工图设计												
5	土建招标												
6	设备采购、制作												
7	土建施工												
8	机电安装、调试												
9	试运营、竣工验收												

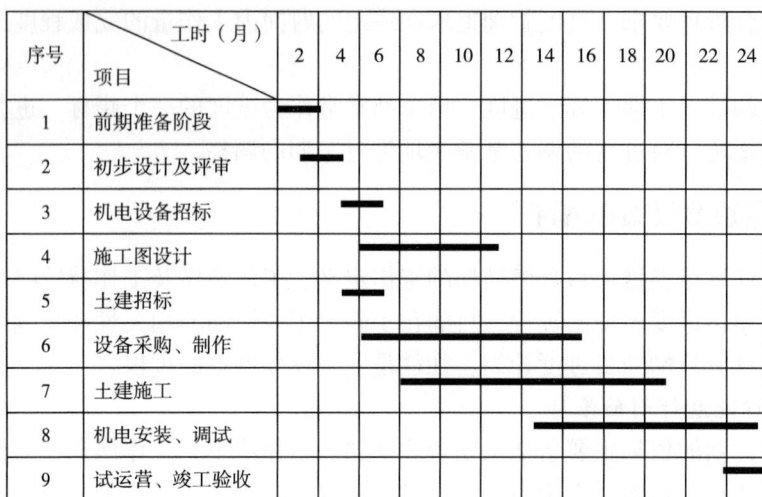

图 5-6　某生产基地一期项目进度横道图

横道图的优点：清楚表达活动的开始时间、结束时间和持续时间；使用方便；可安排工期并与劳动力计划、资源计划和资金计划相结合。其缺点：很难表达作业活动之间的逻辑关系；不能表示活动的重要性；所表达的信息量较少。

（二）网络图

网络图在工程建设项目中广泛应用，是一种以网状图形表示计划或作业活动开展顺序的工作流程图。网络图有利于项目管理者对项目整体进度给予逻辑的、系统的、通盘的考虑。网络图主要包括双代号网络图和单号网络图。

1. 双代号网络图

（1）双代号网络图的基本概念。双代号网络图由工作、节点和线路 3 部分组成。

①工作（活动、作业或工序）。在双代号网络中，工作以一根箭线和两个圆圈表示，工作名称写在箭线上面，持续时间写在箭线下面；箭尾表示工作开始，箭头表示工作结束（图 5-7）。

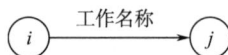

图 5-7　双代号表示法

工作通常分为两种，一种是需要消耗时间和资源的，用实箭线（→）表示；另一种是既不需要消耗时间，也不需要消耗资源，称为虚工作，用虚箭线（┈→）表示。虚工作是人为假设的工作，只表示相邻前后工作的逻辑关系。

②节点（结点或事件）。在箭线出发、交汇、结束画上的圆圈称为节点。它可用以表示该圆圈前面一项或若干项工作的结束和允许后面一项或若干项工作开始的时间点。在双代号网络图（图 5-8）中，节点不同于工作，只标志着某项工作的开始和结束瞬间，不需要消耗时间和资源，仅起到前后工作连接作用。

③线路。在网络图中从起点节点开始，沿箭头方向顺序通过一系列箭线和节点，最后

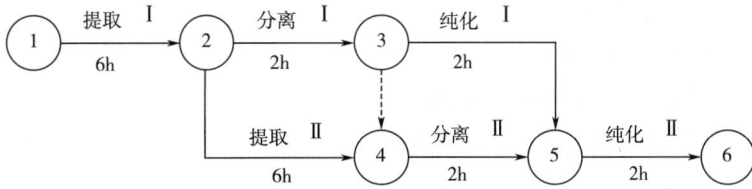

图 5-8　某多糖药物制备项目的双代号网络图

到达终点节点的通路称为线路。线路既可用该线路上的节点编号来表示，也可用该线路上的工作名称来表示。如图 5-8 某多糖药物制备项目的双代号网络图中线路①—②—③—⑤—⑥或提取Ⅰ—分离Ⅰ—纯化Ⅰ—纯化Ⅱ。该网络图中有三条线路，可表示为①—②—③—⑤—⑥、①—②—④—⑤—⑥以及①—②—③—④—⑤—⑥。每条线路上所有工作持续时间之和成为该路线的总持续时间。总持续时间最长的称为关键线路，关键路线一般用粗箭线或双箭线表示。其他线路长度小于关键线路的，称为非关键线路。关键线路的总持续时间就是网络计划的总工期。如图 5-8 中线路①—②—④—⑤—⑥为关键线路。

④紧前工作、紧后工作和平行工作。在网络图中，相对某工作而言，紧排在该工作之前的工作称为该工作的紧前工作。在双代号网络图中，工作与其紧前工作之间可能有虚工作。如图 5-8 中分离Ⅱ与分离Ⅰ之间存在虚工作，但分离Ⅰ仍然是分离Ⅱ的紧前工作。

在网络图中，相对某工作而言，紧排在其后面的工作叫该工作的紧后工作。在双代号网络图中，工作与其紧后工作之间可能有虚工作。如图 5-8 中分离Ⅰ与分离Ⅱ之间存在虚工作，但分离Ⅱ仍然是分离Ⅰ的紧后工作。

在网络图中，相对某工作而言，可以与该工作同时进行的工作称为该工作的平行工作。如图 5-8 中纯化Ⅰ与分离Ⅱ互为平行工作。

⑤逻辑关系。网络图中工作之间相互制约或相互依赖的关系称为逻辑关系。逻辑关系包括工艺关系和组织关系。

工艺关系：生产性工作之间由工艺过程决定的，非生产性工作之间由工作流程决定的向后顺序关系叫工艺关系，也称为硬逻辑关系。如图 5-9 所示：挖槽 1→铺垫层 1→砌地基 1→回填土 1 为工艺关系。

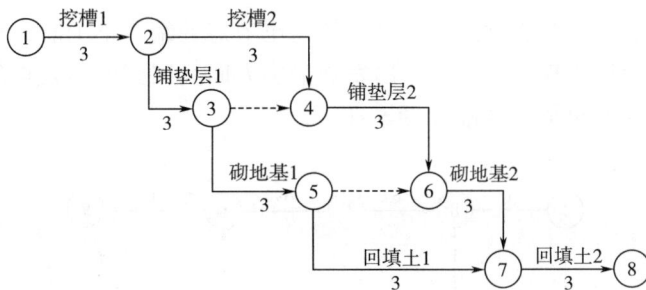

图 5-9　基础工程网络图

组织关系：工作之间由于组织安排所需或资源（人力、材料、机械设备和资金等）调配需要而确定的先后顺序关系叫组织关系，也称为软逻辑关系。如图 5-9 中挖槽 1→挖槽

2，铺垫层1→铺垫层2为组织关系。

（2）双代号网络图的绘制基本规则。

绘制双代号网络图，应遵守以下规则：

①网络图必须按照一定的逻辑关系绘制。

网络图中各种工作之间的常用逻辑关系如图5-10所示。

序号	工作间逻辑关系	网络图表示方法	说明
1	A完成后进行B		B依赖于A；A制约着B的开始
2	A，B，C同时开始		A，B，C三项为平行工作
3	A，B均完成后进行C		C依赖于A，B；A，B为平行工作
4	A，B均完成后进行C，D		通过中间时间i正确表达了A，B，C之间关系
5	A完成后进行C；A，B均完成后进行C，D		D与A之间引入逻辑连接（虚工作）

图5-10　网络图红各种工作逻辑关系的表示方法

②网络图中只有一个起点节点和一个终点节点。除起点和终点外，不允许存在没有内向箭线的节点和没有外向箭线的节点（图5-11）。

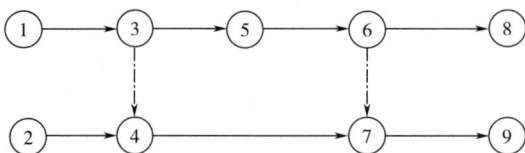

图5-11　存在多个起点和终点节点的错误网络图

③网络图中所有节点都必须编号，并应使箭尾节点的编号小于箭头节点的编号。

④网络图中不允许出现从一个节点出发顺箭头方向又回到原出发点的循环回路。如存在循环回路，会造成逻辑关系混乱（图5-12）。

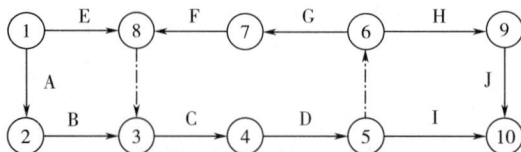

图5-12　存在循环回路的错误网络图

⑤工作或事件的字母代号或数字编号，在同一任务网络图中不允许重复使用。

⑥网络图中的箭线（包括虚箭线）应保持自左向右的方向，不应出现向左或偏向左方的箭线，不应出现循环回路。

⑦网络图中不允许出现没有箭尾节点的箭线和没有箭头节点的箭线（图5-13）。

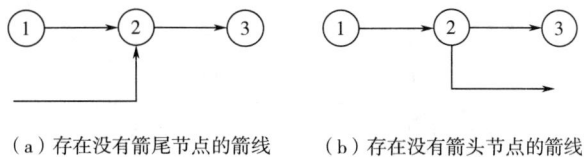

（a）存在没有箭尾节点的箭线　　　　（b）存在没有箭头节点的箭线

图5-13　错误的画法

⑧严禁在箭线上引入或引出箭线（图5-14）。

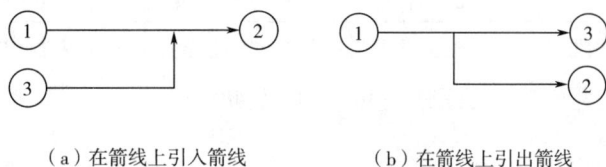

（a）在箭线上引入箭线　　　　　（b）在箭线上引出箭线

图5-14　错误的画法

⑨应尽量避免网络图中工作箭线的交叉。当交叉不可避免时，采用过桥法或指向法处理（图5-15）。

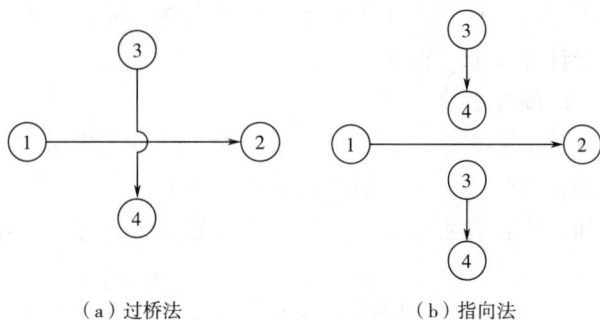

（a）过桥法　　　　　　　（b）指向法

图5-15　箭线交叉的表示方法

（3）双代号网络图的绘制步骤。

①根据已知的紧前工作确定出紧后工作。

②从左到右确定出各工作的始节点位置号和终节点位置号。

③根据节点位置号和逻辑关系绘出初步网络图。

④检查逻辑关系有无错误，如与已知条件不符，则可加虚工作加以改正。

图5-16展示了某工程的双代号网络图及其逻辑关系。

（4）双代号网络图计划时间参数。

①工作持续时间和工期。

工作持续时间指一项工作从开始到完成的时间。在双代号网络计划中，工作$i-j$的持

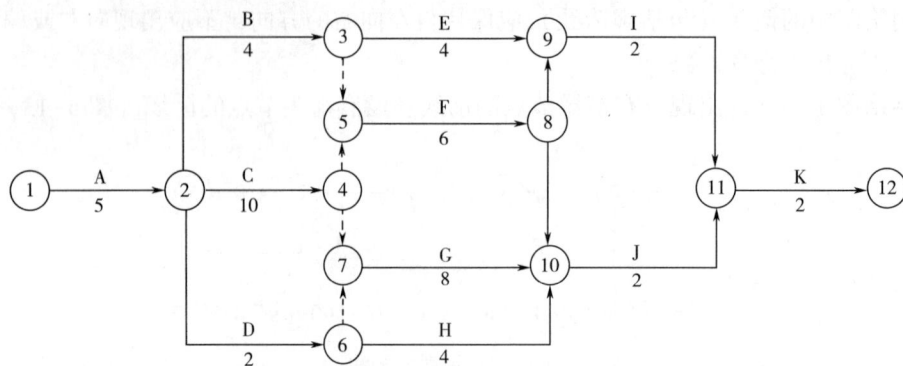

某工程项目活动及逻辑关系											
活动	A	B	C	D	E	F	G	H	I	J	K
持续时（日）	5	4	10	2	4	6	8	4	2	2	2
紧前活动		A	A	A	B	BC	CD	D	EF	GHF	IJ

图 5-16　双代号网络图

续时间用 D_{i-j} 表示。

工期指完成一项任务所需要的时间。在网络计划中，工期一般有以下三种：

计算工期：指根据网络计划时间参数计算而得到的工期，用 T_c 表示。

要求工期：指任务委托人所提出的指令性工期，用 T_r 表示。

计划工期：指根据要求工期和计算工期所确定的作为实施目标的工期，用 T_p 表示。

当已规定了要求工期时，计划工作不应超过要求工期，即 $T_p \leqslant T_r$；当未规定要求工期时，可令计划工期等于计算工期，即 $T_p = T_c$。

②网络图中的六个时间参数。

网络图中的时间参数主要有六个：最早开始时间、最早完成时间、最迟开始时间、最迟完成时间、总时差和自由时差。各时间参数的含义如下。

工作最早开始时间：指在其所有紧前工作全部完成后，本工作 $i-j$ 有可能开始的最早时刻，用 ES_{i-j} 表示。

工作最早完成时间：指在其所有紧前工作全部完成后，本工作 $i-j$ 有可能完成的最早时刻，用 EF_{i-j} 表示。工作的最早完成时间等于工作最早开始时间与其持续时间之和。

工作最迟开始时间：指在不影响整个任务按期完成的前提下，本工作 $i-j$ 必须开始的最迟时刻。工作的最迟开始时间等于工作最迟完成时间与其持续时间之差，用 LS_{i-j} 表示。

工作最迟完成时间：指在不影响整个任务按期完成的前提下，本工作 $i-j$ 必须完成的最迟时刻，用 LF_{i-j} 表示。

总时差：指在不影响总工期的前提下，本工作 $i-j$ 可以利用的机动时间，用 TF_{i-j} 表示。

自由时差：指在不影响其紧后工作最早开始的前提下，本工作 $i-j$ 可以利用的机动时间，用 FF_{i-j} 表示。

按工作计算网络计划中各项工作参数，其计算结果可标注在箭线之上，如图 5-17 所示。

$$
\begin{array}{|c|c|c|}
\hline
ES_{i-j} & LS_{i-j} & TF_{i-j} \\
\hline
EF_{i-j} & LF_{i-j} & FF_{i-j} \\
\hline
\end{array}
$$

图 5-17　双代号网络计划时间参数标注形式

2. 单代号网络图

单代号网络图是另一种常用网络图方法，以节点及其编号表示工作，以箭线表示工作之间的逻辑关系。单代号网络图具有绘图简便、逻辑关系表达直接的优点。单代号网络图的节点表示工作，可以用圆圈表示，也可以用方框或其他图形表示。单代号网络计划图如图 5-18 所示。

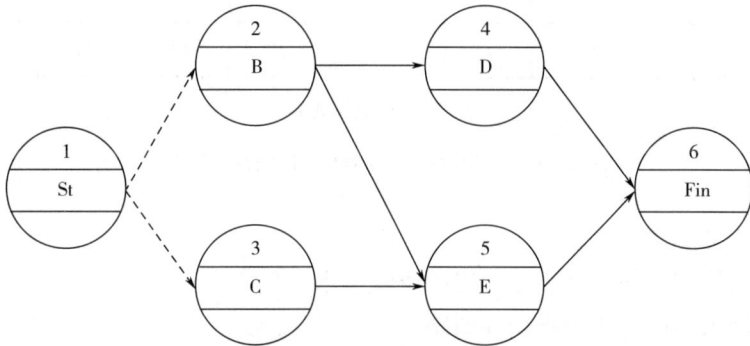

图 5-18　单代号网络计划图

1，2，3，4，5，6—节点编号；B，C，D，E—工作；St—虚拟起点节点；Fin—虚拟终点节点

（1）单代号绘图符号

①节点。单代号网络图中的节点一般用圆圈或方框来绘制，它表示一项工作，如图 5-19 所示。

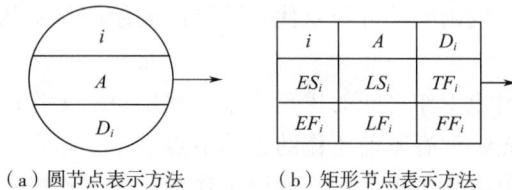

图 5-19　单代号网络图工作的表示方法

（a）圆节点表示方法　　（b）矩形节点表示方法

i—节点编号；A—持续时间；D_i—持续时间；ES_i—最早开始时间；

EF_i—最早完成时间；LS_i—最迟开始时间；LF_i—最迟完成时间；TF_i—总时差；FF_i—自由时差

②箭线。箭线表示紧邻工作之间的逻辑关系，既不占用时间，也不消耗资源。箭线水平投影的方向应自左向右，表示工作的行进方向。

③线路。单代号网络图中，各条线路应用该线路上的节点编号从小到大表述。

④单代号网络图的时间参数标注。单代号网络图中的时间参数应按图 5-20 所示标注，其中 $LAG_{i,j}$ 为间隔时间。

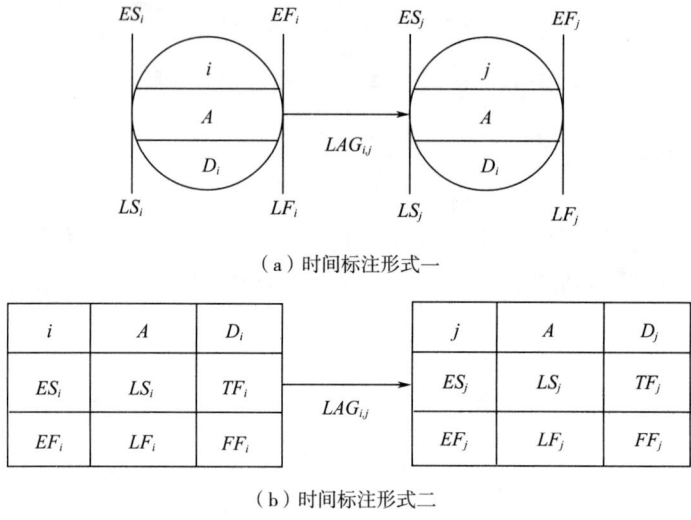

（a）时间标注形式一

（b）时间标注形式二

图 5-20　单代号网络计划时间参数标注形式

（2）绘图基本规则。

①单代号网络图必须正确表达一定的逻辑关系。

②单代号网络图中不得出现循环回路。

③单代号网络图中不得出现双向箭头或无箭头的连线。

④单代号网络图中不得出现没有箭尾节点的箭线和没有箭头节点的箭线。

⑤绘制网络图时，箭线应当避免交叉。当交叉不可避免时，可采用过桥法或指向法绘制。

⑥单代号网络图应只有一个起点节点和一个终点节点；当网络图中有多项起点节点和终点节点时，应在网络图的两端分别设置一项虚拟节点，作为该网络图的起点节点和终点节点。

单代号网络图的绘制规则大部分与双代号网络图的绘图规则相同，故不再进行解释。

（3）绘制步骤。

①列出工作清单，确定工作之间的逻辑关系，找出每一工作的紧前工作。

②根据工作清单，先绘没有紧前工作的工作节点。

③逐个检查工作清单中的各项工作，如该工作的紧前工作节点已全部绘在图上，则绘该工作节点并用箭线与紧前工作连接起来。

④重复上述步骤，直至绘出整个计划的所有工作节点。

⑤检查起点节点和终点节点是否时唯一节点，否则应当设置虚拟起点节点和终点节点。

（4）网络图方法的特点。

①网络图不仅表达了项目的进度计划，实质上表示了项目活动的流程图。

②通过网络分析，能够给人们提供丰富的信息，例如最早开始时间、最迟开始时间、

各种时差、关键线路等。

③有利于方便进行进度和资源的优化。

四、项目进度计划优化

进度计划编制通常是一个反复核查优化的过程,应当在初步方案的基础上进一步检查是否符合工期要求,按照既定目标进行调整完善。进度计划优化的方法有:工期优化、资源优化和费用优化三种。

(一)工期优化

工期优化是指当网络计划的计算工期大于要求工期时,在不改变各项工作之间逻辑关系的前提下,通过压缩关键线路的持续时间以满足工期要求,或在一定条件下使工期最短的过程。

工期优化一般通过压缩关键工作的持续时间来进行,其计算步骤如下:

(1)计算网络计划中的时间参数,并找出关键线路和关键工作。

(2)按要求工期计算应缩短的时间 ΔT:

$$\Delta T = T_c - T_r$$

式中:T_c——网络计划的计算工期;

T_r——要求工期。

(3)确定各关键工作能缩短的持续时间。

(4)选择应缩短持续时间的关键工作,将其持续时间压至最短,并重新计算网络计划的计算工期和关键线路。如果压缩后的工作变成非关键工作,则应延长其持续时间,使其仍为关键工作。选择关键工作应考虑下列因素:缩短持续时间对质量和安全影响不大的工作;有充足备用资源的工作;缩短持续时间增加费用最少的工作。

(5)若计算工期仍超过要求工期,则重复上述(2)~(4),直到满足工期要求或工期已不能再缩短为止。

(6)当所有关键工作的持续时间都已达到其能缩短的极限而工期仍不满足要求时,应对计划的原技术、组织方案进行调整或对要求工期重新审定。

某生物制药企业施工项目合同工期为38周,初始施工总进度如图5-21所示。建设单位要求将总工期缩短2周,因而网络计划图需要调整满足工期要求且使施工费用增加最少。各工作可以缩短的时间及其增加的赶工费用如表5-2所示。

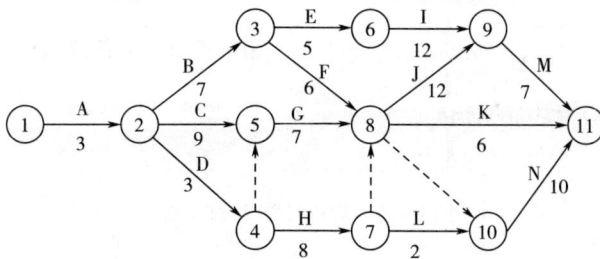

图5-21 初始网络计划图

表 5-2　各工作可以缩短的时间和增加的赶工费

分布工程名称	A	B	C	D	E	F	G	H	I	J	K	L	M	N
可缩短时间（周）	0	1	1	1	2	1	1	0	2	1	1	0	1	3
增加的赶工费（万元/周）	—	0.7	1.2	1.1	1.8	0.5	0.4	—	3.0	2.0	1.0	—	0.8	1.5

按照上述工期优化步骤，此项目的关键路线为①—②—⑤—⑧—⑩—⑪，通过关键路线上的可缩短时间工作选择和增加赶工费计算，在将工作 G 和工作 M 各缩短 1 周，此时关键线路不变，满足要求工期 36 周和赶工费增加最少要求，因而是优化方案（图 5-22）。

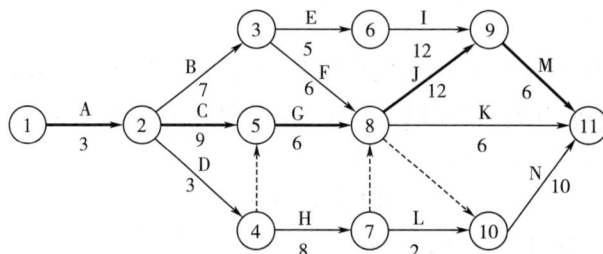

图 5-22　优化后的网络计划图

（二）资源优化

资源是指为完成某一项工作任务所需投入的人力、材料、机械设备和资金等。确定了资源供给方式和组合模式后，就需要根据不同任务的资源需求对其进行分配。项目资源供应过程复在各阶段存在相互交叉制约，资源供应顺畅与否对项目施工进度影响至关重要。

资源优化目的主要是通过改变工作的开始时间和完成时间，使得资源在施工期内分布更平衡或实现网络的工期最短。首先，通过定义优先等级确定各种资源的重要性。优先级的定义可以随着项目的不同而不同，一般标准如下：资源的数量和价值量；资源增减的可能性；获得程度；可替代性；供应问题对项目的影响。其次，根据资源的优先等级对资源消耗计划进行优化及平衡（图 5-23）。

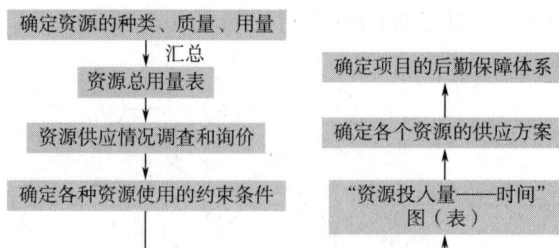

图 5-23　资源计划编制流程

某生物制药项目的资源计划采用网络图编制如图 5-24 所示，图中箭线上方数字为工作的资源强度，箭线下方数字为工作的持续时间。假定项目供给资源限量 $R = 13$，则在第 4~9 月资源需求强度超过供给限量，需要进行调整优化。

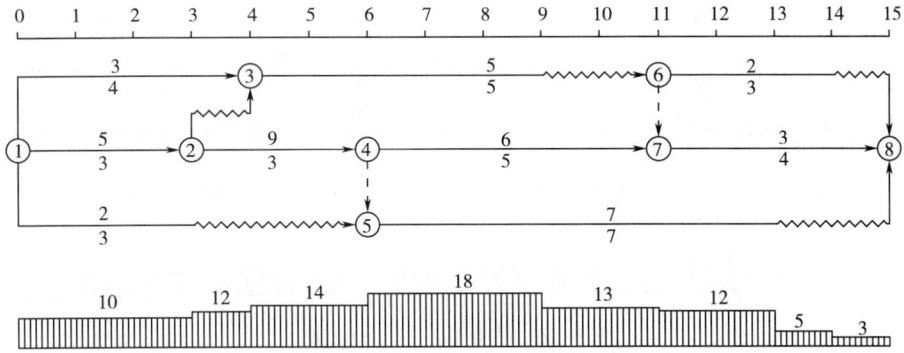

图 5-24 项目资源初始网络计划

一个项目所需的资源总量是相对恒定的，资源优化是通过改变各项工作的开始时间和完成时间，使资源的时间分布更符合优化目标。常用的网络图的资源计划分两种：资源有限—工期最短，工期固定—资源均衡。

按照各项工作的最早开始时间安排进度计划，计算网络图每个时间单位的资源需要量；从计划开始日期起，逐个检查每个时段资源需要量是否超过所能供应的资源限量。分析超过资源限量的时段。将平行工作错开，选择对工期影响最小的方案。绘制调整后网络图，重新计算每个时间单位的资源需要量；重复上述步骤直到满足要求为止（图 5-25）。

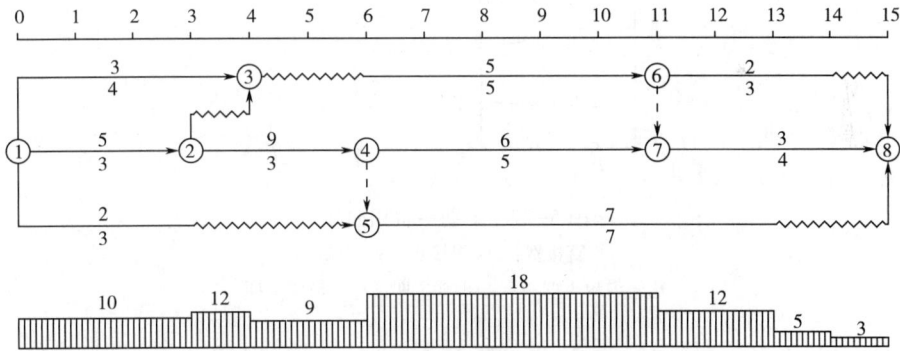

图 5-25 第一次调整后的网络计划图

在以工期固定的情况下对生物制药项目资源计划进行调整，通过对各项工作的最早完成时间和最迟开始时间，将第 4~6 月时间段内的工作③~⑥安排在平行工作②~④之后开展，工期不变，得到第一次调整后的计划图如图 5-25 所示。但仍存在第 6~11 月所需资源强度超过供给限量情况，故应调整该时间段。

通过分析工作③~⑥、④~⑦及⑤~⑧的最早完成时间和最迟开始时间，由于资源限量 $R=13$，只能采取延长工期措施。当把工作⑤~⑧安排在③~⑥、④~⑦之后进行时，工期延长最短，只延长 3 个月。在此基础上进行资源强度计算如图 5-26 所示，工期内所有工作的资源强度均小于项目资源供给限量，即为"资源有限—工期最短"的最优方案。

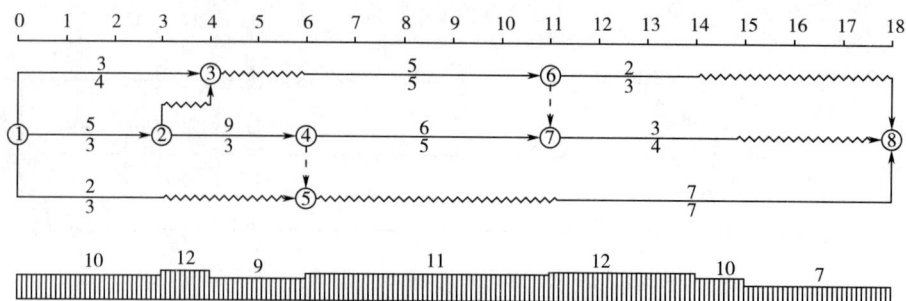

图 5-26 优化后的网络计划图

（三）费用优化

费用优化又叫工期或成本优化，是寻求最低成本的最短工期安排，或按要求寻求最低成本的计划安排过程。在进行费用优化时，把工程费用分为两部分，第一部分是直接费，如人工费、材料费、机械设备使用费等。若缩短工期，可能需加班引起工效降低和直接费用增加。第二部分是间接费，如企业管理费。如缩短工期间接费将减少（图 5-27）。

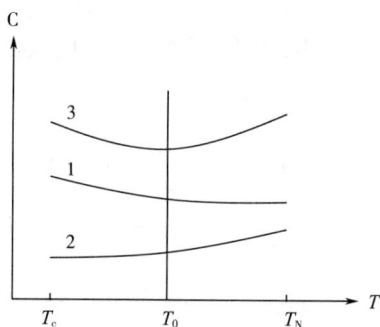

图 5-27 工期—费用曲线

1—直接费；2—间接费；3—总费用

T_e—最短工期；T_N—正常工期；T_0—最优工期

在总费用曲线中，必定有一个总费用最少的工期，这是费用优化的追求的目标，对应的工期为最优工期。寻求最低费用和最优工期一般由通过计算机进行。

五、项目进度控制

（一）项目进度控制过程

项目进度控制过程一般包括以下主要步骤（图 5-28）：

（1）审核和批准实施方案和进度计划。

（2）在各控制期末进行综合评价，如进度计划的检查等。

（3）评定偏差对后续工作及总工期的影响。

（4）提出调整进度的措施。

（5）对调整措施和新计划进行评审。

项目实施管理过程的任务是分析进度偏差对后续工作和总工期的影响分析，并采取相

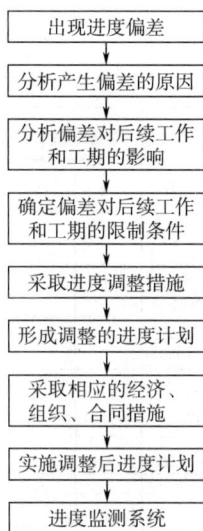

图 5-28　项目进度控制系统

应纠偏措施加以控制。

（二）**项目完成程度分析**

按费用、劳动力投入或工期等各项资源的统一指标完成程度进行测算，可以得到各个任务工作进度的情况，最后可以计算项目的进度。

（1）按工期。

$$项目完成程度＝实际总工期/计划总工期×100\%$$

（2）按劳动力投入比例。

$$项目完成程度＝已投入劳动力工时/项目计划总工时×100\%$$

（3）按已完成的工程合同价格。

$$项目完成程度＝已完工程合同价格/工程总价格×100\%$$

（三）**进度计划的检查**

项目进度计划的检查程序一般包括跟踪调查、整理加工、对比分析三个步骤。常用的比较方法有横道图比较法（图 5-29）、S 形曲线比较法、香蕉形曲线比较法、前锋线比较法和列表法等。

（1）横道图比较法。

横道图比较法是指将项目实施过程中实际进度的检查数据经过加工整理后直接用横道线平行绘制于原计划的横道线下，进行实际进度于计划进度比较的方法。其特点是形象、直观，如图 5-29 所示。

需要注意的是，图 5-29 所表达的比较方法仅适用于项目中各项工作匀速开展的情况，即每项工作的开展单位时间内完成的任务量都相等的情况。事实上，项目的各项工作开展进度不一定是匀速的。

（2）S 形曲线比较法。

S 形曲线比较法是将项目的检查时间完成的工作量在 S 形曲线上进行实际进度与计划进度相比较的一种偏差分析方法。如图 5-30 所示，横坐标表示进度时间，纵坐标表示累计工作量完成情况。

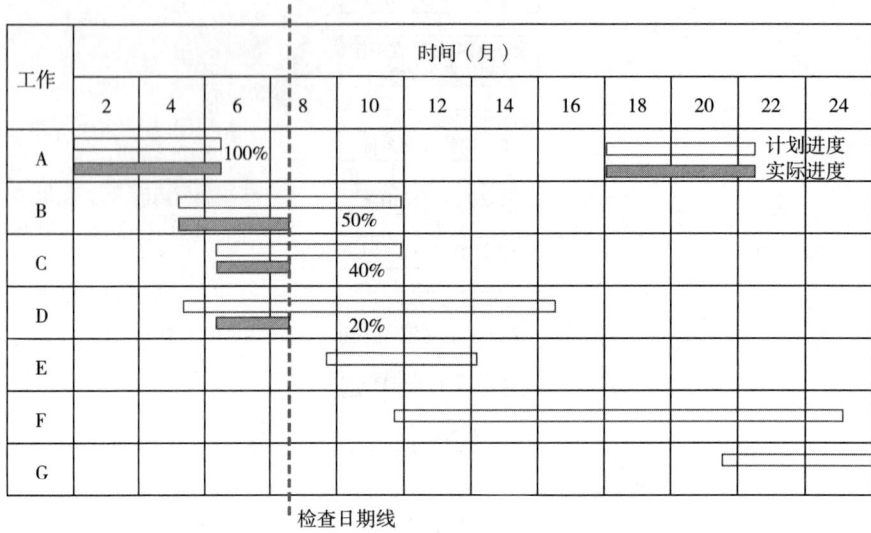

图 5-29　实际进度于进度计划横道线比较

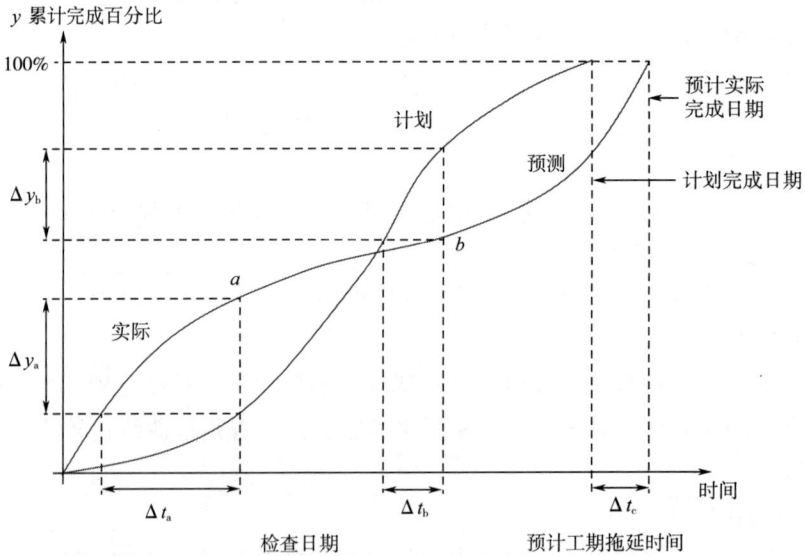

图 5-30　S 形曲线比较图

通过将项目进度基准计划的 S 形曲线和实际 S 形曲线绘制在同一图上比较，可以得到项目实际进度比计划进度超前或拖延时间，实际进度比计划进度超额或拖欠的工作量情况，并可进行后续的进度预测。

（3）香蕉形曲线比较法。

香蕉曲线是由两条 S 形曲线组合面成的闭合曲线，其中 ES 曲线为一条按各项工作最早开始时间安排的进度曲线，LS 曲线为一条按各项工作最迟开始时间安排的进度曲线，两条曲线形成香蕉状，如图 5-31 所示。在项目进度实施过程中，实际进度曲线应当落在 ES 曲线和 LS 曲线包含的区域内，如图中实际曲线 R 曲线所示。

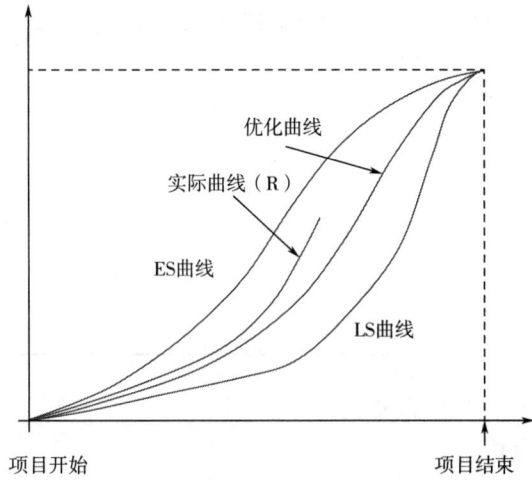

图 5-31 香蕉曲线比较图

利用香蕉曲线进行比较，所获得的信息和 S 形曲线基本一致。由于香蕉曲线图上存在按照 ES 曲线和 LS 曲线构成的合理进度区域，从而使得判断实际进度是否偏离计划进度以及对总工期是否会产生影响更为明确、直观。

（4）前锋线比较法。

前锋线比较法是通过绘制某个检查时刻工程项目实际进度前锋线，进行项目实际进度与计划进度比较的方法，主要适用于时标网络计划。所谓前锋线，是指在原时标网络计划上，从检查时刻的时标点出发，用点划线依次将各项工作实际进展位置点连接而成的折线。前锋线比较法就是通过实际进度前锋线与原进度计划中各工作箭线交点的位置来判断工作实际进度与计划进度的偏差，进而判定该偏差对后续工作及总工期影响程度的一种方法，如图 5-32 所示。

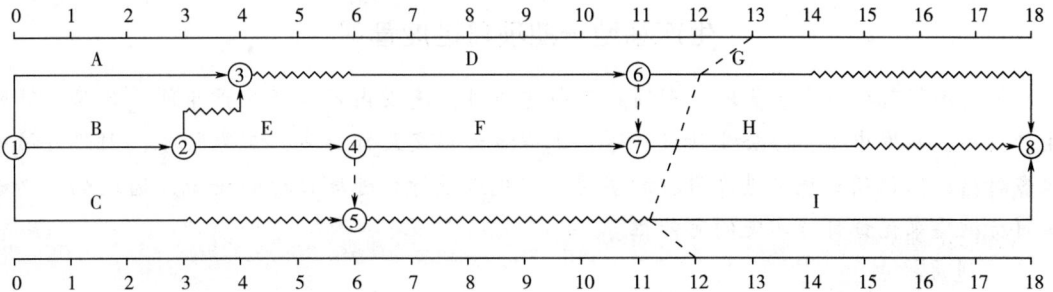

图 5-32 前锋线比较图

（5）列表法。

列表法是记录检查日期应该进行的工作名称及其已经消耗作业的时间，然后列表计算有关时间参数，并根据工作总时差进行实际进度与计划进度比较的方法，见表5-3。

表5-3　项目进度检查比较表

工作代号	工作名称	检查计划时还需作业周数	到计划最迟完成时还需余周数	原有总时差	还剩总时差	情况判断
⑦——⑨	G	5	7	4	2	拖后两周，但不影响工期
⑥——⑩	H	2	2	1	0	拖后一周，但不影响工期
⑤——⑧	K	4	3	2	−1	拖后三周，影响工期一周

4. 进度拖延原因分析及解决措施

（1）进度拖延原因分析。

项目进度拖延的主要原因有：工期及相关计划制订的失误；环境条件的变化；实施过程中管理的失误。

（2）进度拖延的解决措施。

在项目实施过程中，为纠正进度拖延问题，常采用的基本策略为：采取积极的措施赶工，以弥补或部分弥补已经产生的拖延；不采取特别的措施，在目前进度状态的基础上，仍按照原计划安排后期工作。

在项目实施管理过程中，可采用的具体纠偏措施可以包括：增加资源投入；重新分配资源；采用多班制施工，或延长工作时间；缩减工作范围；提升劳动生产率；将部分任务转移，如分包、外协等方式，将原计划由自己生产的结构件改为外购等；改变网络图中工作活动的逻辑关系；修改实施方案；将一些工作内容合并等。

案例分析3

生产基地一期项目进度管理

A 生物制药公司生产基地一期项目为新建项目，建设内容包括生产车间、库房、辅助生产设施、研发中心、办公生活设施等，工程量大，交叉作业多，工期紧张，因此应该采取多种措施保证项目施工进度目标的实现。首先应进行总进度目标的论证，通过编制总进度目标纲要来论证目标实现的可能性。

1. 进度控制

（1）总进度计划编制的指导思想。

大型建设项目的进度计划构成一个系统，在不同时间，针对不同项目应编制不同深度的进度计划。对于本项目进度计划可形成总进度计划、总进度规划、分区进度计划和单体进度计划等4个层面。

编制总进度计划的目的是进行工程总进度目标的论证。在本项目总进度计划纲要中，全部的工作时间均以最早开始时间、最早可能完成时间进行安排。在总进度目标论证时，往往还没掌握比较详细的设计资料，也缺乏比较全面的有关工程发包的组织、施工组织和施工技术等方面的资料，以及其他有关项目实施条件的资料。因此，总进度目标并不是单纯的总进度规划的编制工作，它涉及许多工厂实施的条件分析和工厂实施策划等方面的问题。

（2）总进度计划的编制依据。

总进度计划的编制过程并不仅仅是总目标的分解过程，必须对项目目标、项目概况、项目特征、建设环境、现状资料等进行相近分析，论证项目建设的合理工期，因此对影响项目进度的环境调查应作为编制总进度计划的第一步，环境调查及分析结果是总进度计划编制的依据。

①管理层的意见和设想。

调研对象包括董事会、总经理、总控部和各部门负责人员，了解对总进度的具体要求和意见，总目标要求，以及可能影响进度目标的重大事件等。

②项目实施计划和实际进展情况。

项目实施的计划和实际紧张调研状况：设计已有计划、施工已有计划、招标已有计划、设备采购已有计划、施工场地条件、设计进展情况、施工进展情况、招标进展情况、设备采购情况等。

③图纸和文字资料（图5-33）。

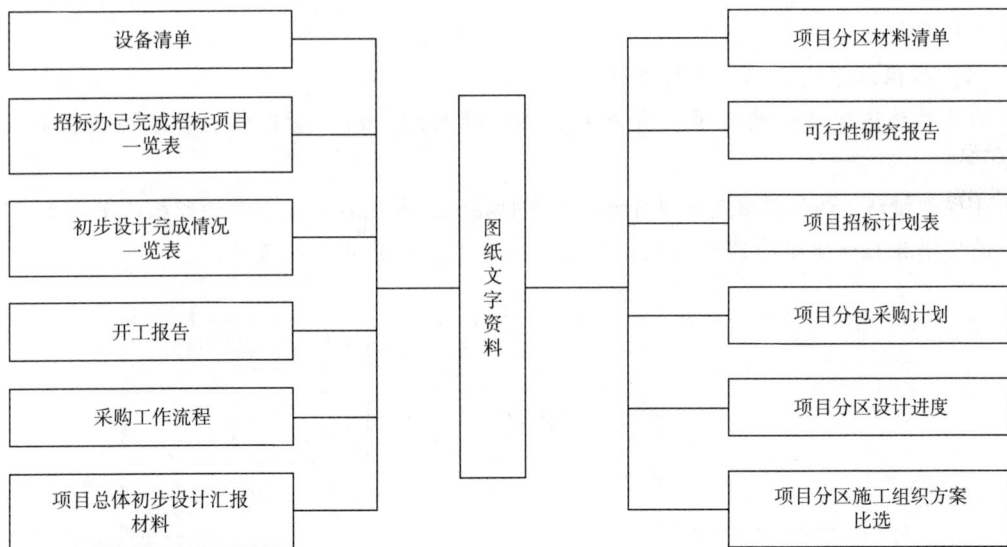

图5-33　图纸和文字资料示意图

（3）总进度目标的论证分析。

①总进度计划的结构（图5-34）。

鉴于本项目的复杂性，应建立各子系统相互关联的进度计划体系，以助于进度计划的编制和协调。

②项目进度的控制点。

项目实施工期为2年，为保障本项目按时投产使用，必须确定若干控制节点。

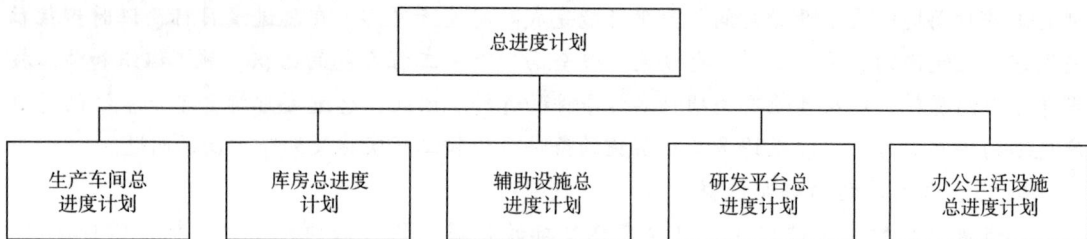

图 5-34　总进度计划的结构

第一控制点：2020 年 3 月 1 日—2020 年 5 月 31 日，完成生产车间、库房、辅助设施、研发平台、办公楼、职工宿舍±0.000 以下结构工厂；完成总承包管理单位招标；完成钢结构设计制作及安装招标；完成外墙招标。

第二控制点：2020 年 6 月 1 日—2021 年 5 月 31 日，完成生产车间、库房、辅助设施、研发平台、办公楼、职工宿舍±0.000 以上结构工厂（特别是钢结构制作、吊装施工）。

第三控制点：2021 年 1 月 1 日—2021 年 12 月 31 日，全面开展项目机电安装工厂；基本完成±0.000 以下装饰工程。

第四控制点：2021 年 9 月 1 日—2021 年 12 月 31 日，全面展开精装修及弱电工程施工，基本完成项目机电安装、单机及系统调试；完成项目主体施工。

第五控制点：2021 年 12 月 1 日—2022 年 2 月 28 日，全面完成项目精装修收尾工作，机电安装及智能化弱点工程进行联动调试；工程交付初验。

（4）确保总进度目标实现的措施。

为确保总进度目标的实现，应该采取相应的组织措施、管理措施、经济措施和技术措施。

①组织措施。组织措施是实现目标的决定性措施，本项目所采取的组织措施如图 5-35 所示。进度措施应该重视管理层的组织设计和项目工作流程的组织设计。

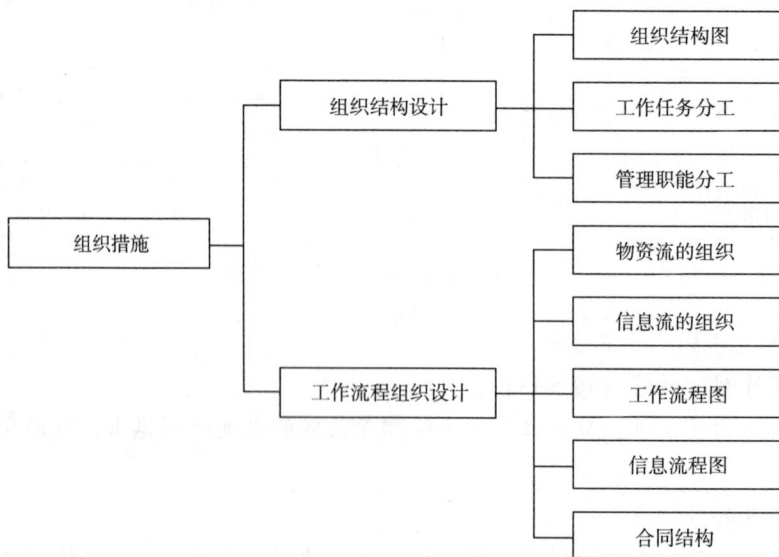

图 5-35　确保总进度目标实现的组织措施

②管理措施。管理措施涉及管理的理念、管理的方法、合同管理、采取合理的承发包模式以及应用网络计划技术及先进的计算机辅助技术等，本项目的管理措施如图5-36所示。

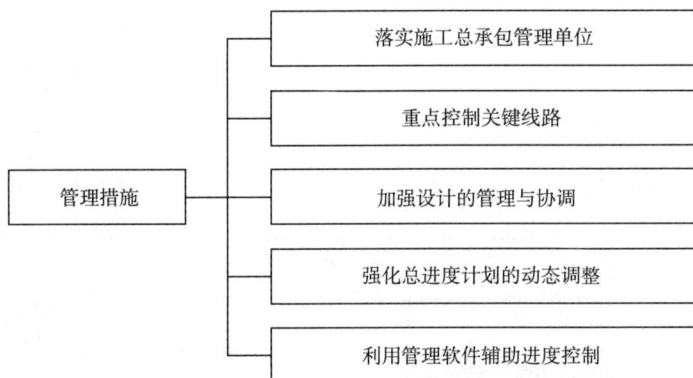

图5-36 确保总进度目标实现的管理措施

③经济措施。为确保项目总进度的实现，必须在资金上提供保证，并降低资金使用成本充分发挥投资效益。确保总进度实现的经济措施如图5-37所示。

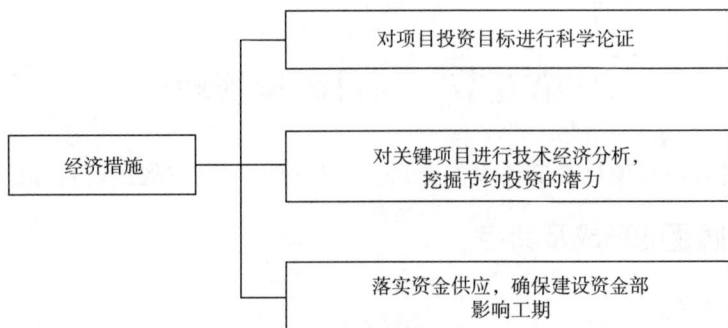

图5-37 确保总进度目标实现的经济措施

④技术措施。为确保项目进度目标的实现，必须在各个技术环节上进行控制，并落实合理的技术方案，包括设计理念、设计技术路线、设计方案、施工技术、施工方法和施工机械等。确保总进度目标实现的技术措施如图5-38所示。

（5）影响项目总进度目标的有关问题分析。

应着重关注以下一些因素对总进度目标的影响。

①雨季对低级基础工程是施工的影响。

②设备采购和订货的问题。

③生产车间钢结构工程的问题。

④生产研发设施环境净化工程的问题。

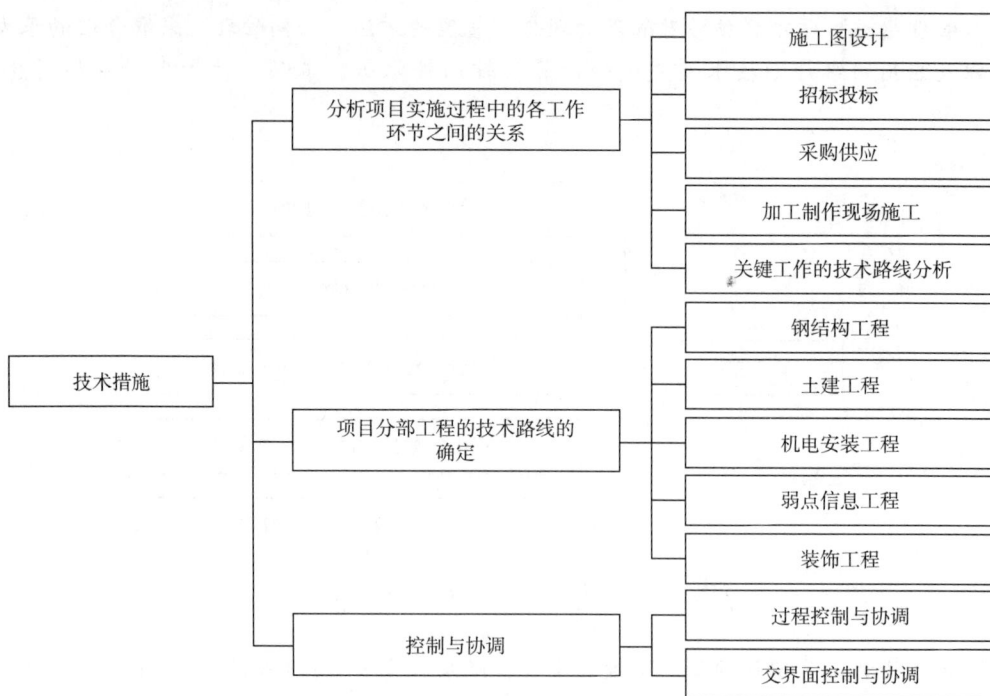

图 5-38 确保总进度目标实现的技术措施

第五节 项目质量管理

项目质量管理贯穿项目投资建设的全过程，是保证项目实现预期目标的重要手段。

一、项目质量的形成及特点

（一）项目质量

项目质量是指项目的使用价值及其功能属性，应当符合项目任务书或合同中明确提出的及隐含的需要和要求。工程项目质量主要体现在实用性、可靠性、经济性和协调性等方面（图5-39）。

由于工程项目不同于一般的产品，其产品质量受人、机械、材料、方法（或工艺）以及环境五大因素影响，从而工程项目质量具有以下特点：影响因素多；质量变异大；质量水平波动大；质量隐蔽性大；质量评定难度大等特点。

（二）项目质量管理的内涵

项目质量管理是指为项目的用户和其他相关者提供的工程项目质量方面指挥和控制组织的协调活动。通常包括制订质量方针、质量目标和质量计划，通过质量策划、质量保证、质量控制和质量改进，组织实现项目目标的过程。有效的工程项目质量管理应该根据工程项目的特点，依据系统的质量管理原则、方法和过程开展。工程项目质量管理的目的，是通过管理工作，使建设项目科学决策、精心设计、精心施工，建设质量合格的工程项目，保证投资目标的实现。

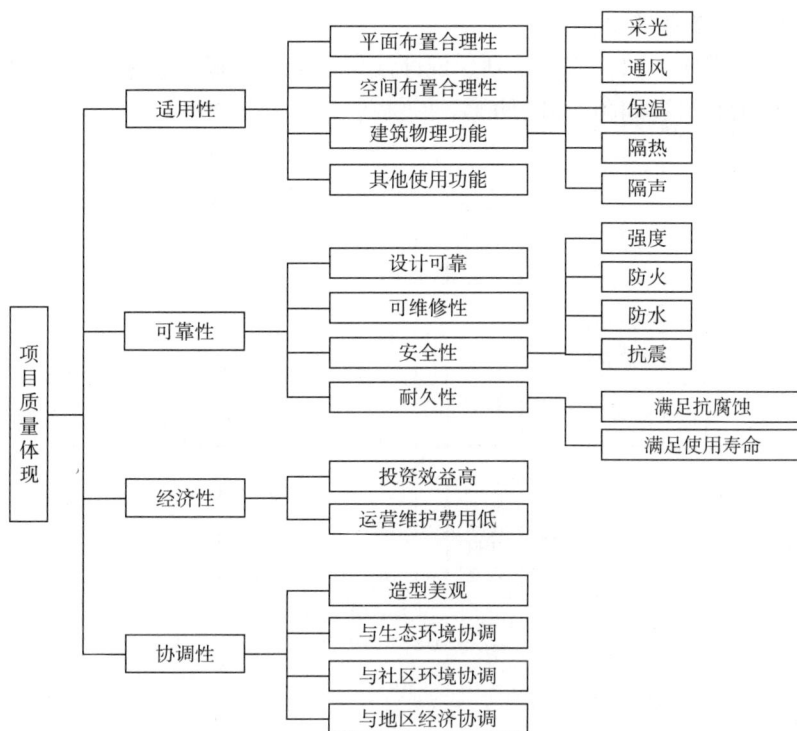

图 5-39　项目质量体现的主要内容

（三）质量管理中的注意事项

在项目质量管理过程中，以下事项应当引起重视。

（1）项目管理不是追求最高质量和最完美效果，而是追求符合预定目标的或合同要求的效果。

（2）质量管理是一项综合性的管理工作，除项目管理环节外还需要一个良好质量的社会外部环境。

（3）质量管理的任务不是发现质量问题，而是应提前避免质量问题的发生。

（4）质量管理是一个持续改进的过程。

二、质量管理体系

（一）项目质量管理体系基本要求

项目质量管理体系的基本要求主要包括以下 6 个方面。

（1）质量管理体系针对项目实施过程和项目管理过程。

（2）项目质量管理是企业质量管理体系的一个组成部分。

（3）项目质量管理要能够满足项目目标要求，对涉及各方都有全面的规定。

（4）质量管理要发挥团队效率。

（5）项目经理是项目质量管理体系的设计者和管理者。

（6）质量管理是一个持续改进的过程。

（二）项目质量管理过程

项目质量管理贯穿于项目前期策划、设计计划、组织实施、竣工验收和生产运行各个阶段，管理过程主要内容如图 5-40 所示。

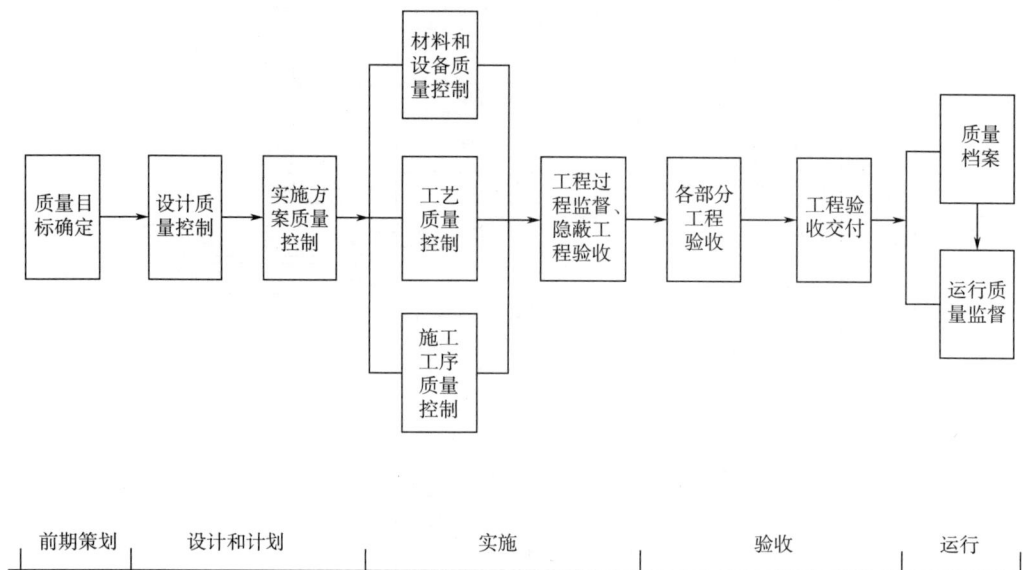

图 5-40　工程项目质量管理过程

（三）项目质量计划

项目质量计划要有明确的需要实现的质量目标、质量指标、质量要求，对项目各参与方明确提出应承担的项目工作、责任以及完成时间等要求。

项目质量计划应当包括计划期内的阶段性质量目标、分段进度、工作内容、项目实施准备工作、重大技术改进措施、检测及技术开发等内容。

（四）合同对质量管理的决定作用

合同是项目各参与方界定工作范围、明确工作内容和考核指标的重要依据，对项目质量的实现起到决定性作用。因而在合同中对项目质量的要求需要注意以下 5 个方面。

（1）合同对质量要求的说明文件应正确、清楚、详细，有量化指标。

（2）合同中应规定承包商的质量责任，划分界限。

（3）承包合同和供应合同都赋予了项目经理审查的权力。

（4）避免多层次分包和将项目肢解过细分包。

（5）不能测量、检验的质量特性应采用过程确认办法。

三、项目质量管理

（一）施工质量管理的要素

影响项目质量的因素主要包括人、材料、机械、方法和环境 5 个方面。事前对这 5 个方面的因素严加控制，是保证项目质量的关键。

（1）人的控制。

人是直接参与项目的决策者、组织者、指挥者和操作者。在工程建设中，人的知识、技能、态度、责任等都属于影响项目质量的因素。通过加强政治思想、职业道德、劳动纪律和专业技术知识等教育培训，健全岗位责任制，改善劳动环境，并辅以必要的激励机制来调动人的积极性，避免人为失误。

（2）材料的控制。

材料质量是项目质量的基础，材料质量不符合标准，项目质量也就不可能符合标准。因此，加强材料的质量管理是提高项目质量的必要条件。材料控制的内容主要包括材料的质量标准、材料质量的检验及试验、材料的选择和使用要求等。

（3）机械的控制。

机械是项目实施不可缺少的设施，项目的进度和质量都与机械密切相关。机械的控制要求根据不同的工艺特点和技术要求选用合适的机械设备，并正确地使用、管理和保养机械设备。

（4）方法的控制。

方法的控制指对施工方案的控制，包括对项目整个建设周期内所采取的技术方案、工艺流程、组织措施、检测手段、施工组织设计等的控制。

（5）环境的控制。

影响工程项目质量的环境因素很多，有行业技术、项目管理、劳动环境等。应根据项目特点和具体条件，对影响项目质量的环境因素严格控制，为保证项目质量创造良好的条件。

（二）质量管理的基本方法

人们在长期研究和实践中总结出许多项目质量管理的方法，这些方法各具特点。其中，三阶段控制法、三全控制法和PDCA循环管理法应用比较广泛。

（1）三阶段控制法。

三阶段控制法是对质量进行事前控制、事中控制和事后控制。事前进行计划预控，事中进行自控和监控，事后进行偏差纠正。这三阶段控制构成了质量管理的系统过程。

事前控制要求预先进行周密的质量计划。事前控制一方面强调质量目标的计划预控，另一方面按质量计划进行质量活动前的准备工作状态的控制。

事中控制首先是对质量活动的行为约束，即要求项目参与人员进行自我行为约束，充分发挥其技术能力，完成预定质量目标；其次是由他人对质量活动过程和结果进行监督控制。事中控制包含自控和监控两大环节，关键还是增强自我控制。

事后控制包括对质量活动结果的评价认定和对质量偏差的纠正。当质量实际值与目标值之间超出允许偏差时，必须分析原因，采取施纠正偏差，保持质量受控状态。

（2）三全控制法。

三全控制法即实行全面质量管理、全过程质量管理、全员参与控制。

全面质量管理是指项目产品质量和工作质量的全面控制，工作质量是产品质量的保证，工作质量直接影响产品质量的形成。

全过程质量管理是指根据项目质量的形成规律，从源头抓起，进行全过程质量管理。

全员参与控制是指每个岗位都承担着相应的质量职能，一旦确定了质量方针目标，就应组织全体员工参与到实施质量方针的系统活动中，发挥每个人的作用。全员参与控制的重要手段是目标管理。

（3）PDCA循环管理法。

PDCA 循环又叫戴明环，是美国质量管理专家戴明博士提出的。这个过程就是按照 PDCA 循环周而复始地运转。

①PDCA 的四个阶段。

P（计划 Plan）——从问题的定义到行动计划。

D（实施 Do）——实施行动计划。

C（检查 Check）——评估结果。

A（处理 Act）——标准化和进一步推广。

②PDCA 的八个步骤。

步骤一：分析现状，找出问题。强调的是对现状的把握和发现问题的能力。

步骤二：分析产生问题的原因。运用多种科学方法，找出导致问题产生的各种原因。

步骤三：主因确认。区分主要因素和次要因素是有效解决问题的关键。

步骤四：制订计划。重点解决六个问题（简称 5W1H）：为什么制订该计划（Why）、达到什么目标（What）、在何处执行（Where）、由谁负责完成（Who）、什么时间完成（When）和如何完成（How）。

步骤五：执行措施。高效的执行力是组织完成目标的重要环节。

步骤六：检查、验证、评估效果。

步骤七：标准化。标准化是良性循环的基础。

步骤八：处理遗留问题。改进和解决质量问题是一个持续性的活动，一个 PDCA 循环解决所有问题，遗留的问题可在下一个 PDCA 循环中持续改进。

上述三种方法从内容实质上看，都是相通相容的，可以视项目具体情况灵活运用。

案例分析4

生产基地一期项目施工阶段的质量控制

为保证 A 生物制药公司生产基地一期项目顺利建设投产，施工阶段的质量控制起到举足轻重的作用。

1. 施工准备阶段的质量控制

在施工准备阶段，质量控制主要包括以下内容。

①施工单位需向业主和监理单位提交质量保证体系和施工组织设计方案，由监理单位负责组织，业主、总控部和专家进行审查，并签署意见。

②由业主组织设计交底及施工图会审。

③正式开工前，由监理单位组织，业主和总控部参加对施工单位的质量计划及相关内容的实施细则、质保体系措施和开工准备进行联合检查，只有检查合格，落实了开工条件，才允许开工。

（1）施工单位资质的核查。

由监理组织业主、总控部、专家认真核查各中标进场施工单位的质量管理体系，重点对现场项目部质量管理体系进行严格的核查，主要控制点在以下几个方面。

①督促各承包单位及时向监理工程师报送项目经理部质量管理体系的有关资料，包括

组织机构、各项制度、管理人员、专职质检员、特种作业人员的资格证和上岗证。

②对报送的相关资料进行认真审核，并实地检查落实，人员逐一核对在审核、检查与落实后，对满足工程质量管理要求的承包单位，总监理工程师予以确认，对不合格人员，总监理工程师有权要求承包单位予以撤换，对不健全和不完善之处督促承包单位尽快整改。

③对重要的检测和调试项目，必须由业主组织监理和施工单位进行实地考查，选择本行业资深的权威机构参与工程的检测与调试。

（2）承包单位提交的施工组织设计及施工方案的审批。

结合工程的实际情况，施工组织设计及施工方案的审核，主要侧重于编制的规范性、先进性、合理性、实效性和可操作性。同时，在符合国家技术政策、合同条件、法规条件和施工现场条件的前提下，坚持"质量第一，安全第一"的原则。

（3）现场施工准备的质量控制。

主要控制点在以下几个方面。

①工程定位及标高基准的控制。

②施工图的审核与图纸会审制度。

③对分包单位资质的审核确认。

④对材料、构配件采购定货的控制。

2. 施工过程质量控制

施工过程是一系列作业活动的集合体，作业活动的好坏直接影响施工过程的施工质量。为确保施工质量，要求监理工程师要对施工过程进行全过程、全方位的质量监督控制与检查，重要部位业主和总控部要参与质量控制。不论是施工过程还是某一作业活动，都按事前、事中和事后进行控制，而控制的重点主要是围绕事前、事中控制进行。

（1）事前控制——作业技术准备状态控制。

事前控制，应着重抓好以下环节的工作：质量控制点的设置；作业技术交底的控制；进场材料、构配件、设备的质量控制；施工现场劳动组织及作业人员上岗资格的管控。

对于作业技术交底的控制要注重以下几个方面。

①技术交底书必须由项目经理部主管技术人员编制，并经总工程师批准。

②术交底书的编制要全面、具体和明确。

③关键部位或技术难度大、施工复杂的检验批，分项工程施工前，承包单位的作业指导书要报监理工程师审查，经审查，不能保证作业活动质量要求的部分，承包单位要进行修改补充，没有做好技术交底的工序或分项工程不得进行正式实施。

（2）事中控制——作业技术活动运行过程的控制。

①监督承包单位自检系统的完善，强化自检工作。承包单位是施工质量的直接实施者和责任人，主要抓以下几方面工作：施工活动的作业者在作业结束后必须自检；不同工序的交接、转换必须由相关人员交接检查；承包单位专职质检员的专检；报监理工程师和业主方检查验收时，除提交工程报验单外，必须提交有专职质检员签字的自检报告书，将自检中存在的问题，整改情况在自检报告中如实记录。

②技术复核工作的监控。在该方面主要抓以下几方面工作：综合管线、地下管网、输配电线路交汇点，变配电位置、高低压进出口方向等。

③强化过程检查，对施工过程进行巡视检查和旁站。强化过程控制可采取以下措施：

——强化对施工单位自检体系的监督与管理，强化项目监理部内部对过程控制的管理，使各专业工程师能坚持原则，各负其责。同时，积极支持与配合专家对质量的监管工作，发现问题相互及时沟通与解决，增加质量的监管力度。

——对施工过程中屡次出现的质量问题，要及时下发指令性文件；对出现问题较多且不听指令的施工单位，可暂停施工进行整顿或停止支付本月进度款。

——对施工中出现的各种技术难点、施工难点或工程中难以协调的问题，监理单位可及时组织各方召开专题研讨会议，并邀请有关专家参加，集思广义，使问题尽快得以解决。

——每月组织一次全面的质量检查，将检查结果进行通报，并将本月工程中常见的质量通病以图片的形式在工地展示，通报与工程考核相结合，进一步提升工程质量。

——对不称职的施工管理人员、监理人员，总监理工程师要不留情面，及时撤换。

④对建筑、安装工程质量问题的预防措施及处理方法。

工程开工前，业主方组织总控部组编制了《项目管理规范与控制制度——质量篇》。对相关参与方的质量责任和义务、质量目标、质量控制，包括设备安装的质量控制、整体竣工验收和工程备案及保修阶段的质量控制等进行了规范。监理单位根据国家规范并结合生物制药工程特点，编制了各专业的监理实施细则，对各专业常见的质量通病进行了全面的分析，制订了相应的预防措施。

在施工过程中，业主和总控部从总体上把握质量控制的落实和检查，项目监理部将监理实施细则落实到实处，做到全方位和全过程的质量控制。对施工中出现的细小的质量问题，各专业工程师应尽可能在日常巡视、旁站、隐检、预检、分项/分部工程验收过程中通过口头指令、下发书面通知等形式及时解决。对难以解决或难以落实整改的质量问题，监理单位及时组织各方召开质量专题会解决。

（3）事后控制——作业技术活动结果的控制。

①在项目实施过程中，施工单位昼夜施工，因此监理工程师也需跟班作业，进行旁站和隐蔽验收工作，对重要的结构部位跟踪检查，反复督促整改和复查，直到工程质量合格后方可进入下道工序的施工。

②根据生物制药工程工期紧，交叉作业多，点多面广的特点，应有序地交叉施工和及时、有序地组织各项验收。

③工程扫尾的基本思路是分三个阶段进行，第一阶段是现场的工序交接验收及分项工程验收；第二阶段是现场的分部工程验收及各系统验收；第三阶段是竣工图及工程竣工技术资料的扫尾。

④在联动试车或设备的试运转前，要求承包单位根据本工程特点、生产情况及设备性能，编制详细的联动试车及设备的试运转方案。然后，由监理组织各方对方案进行反复讨论，使方案更加细化和切实可行。另外，对设备的各零部件安装的关键部位进行复查，对系统各分项工程的验收及各项试验情况重新进行核查和落实。

⑤对联动试车或设备试运转的组织机构、人员配备、技术准备情况进行落实，做到每个操作控制点落实到人，操作步骤清晰，运行安全措施可靠一切准备工作就绪，且经各方签字同意方可进入联动试车及设备的试运转阶段。在联动试车及设备的试运转过程中，各方必须坚守现场，全过程跟踪，并督促相关的承包单位及时、真实地做好各项检查记录，

若发现异常，立即停机，认真分析其原因后再进行调试。

3. 竣工验收阶段的质量控制

整个工程项目完成以后，监理单位组织各方进行竣工预验收，其主要工作包括以下几方面。

①督促施工承包单位进行竣工自检，自检合格后，向监理单位提交《工程竣工报验单》。

②审查承包单位提交的竣工验收所需的文件资料。

③总监理工程师组织对现场进行检查，发现质量问题指令承包单位进行整改。

④对拟验收项目初验合格后，总监理工程师对承包单位的《工程竣工报验单》予以签认并上报建设单位，同时提出"工程质量评估报告"，建设单位再组织正式的竣工验收。

第六节　项目费用管理

项目费用是项目管理的重要内容，与项目效益直接相关。虽然科技研发项目与工程建设项目性质不同，费用科目也不同，但两者的费用管理与控制的思路是相通的。

一、科技研发项目费用

科技研发项目费用是在研究方案确定的基础上进行估算的。虽然国家、地方政府科技项目与企业科技项目的费用具体科目上会有细微差别，但总体内容还是一致的。

（一）科技研发项目费用组成

科技研发项目费用基本组成如图 5-41 所示。项目费用包含直接费用和间接费用两大类。

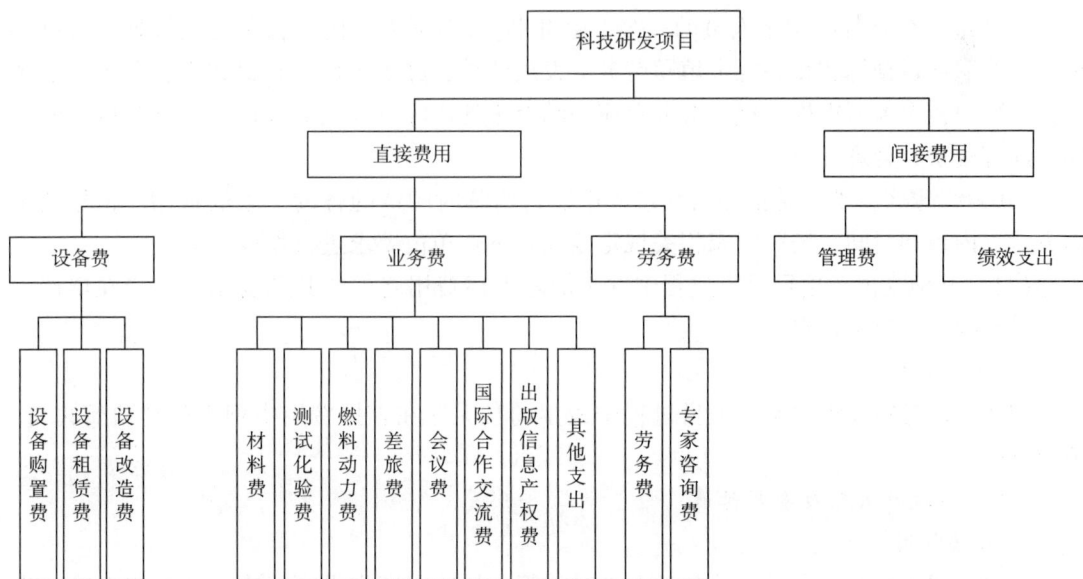

图 5-41　科技研发项目费用基本组成

1. 直接费用

（1）设备费。是指在项目研究过程中购置或试制专用仪器设备，对现有仪器设备进行升级改造，以及租赁外单位仪器设备而发生的费用。细分为设备购置费、设备租赁费和设备改造费。

（2）材料费。是指在项目研究过程中消耗的各种原材料、辅助材料、低值易耗品等采购及运输、装卸、整理等费用。

（3）测试化验加工费。是指在项目研究过程中支付给外单位（包括承担单位内部独立经济核算单位）的检验、测试、化验及加工等费用。

（4）燃料动力费。是指在项目研究过程中相关大型仪器设备、专用科学装置等运行发生的可以单独计量的水、电、气、燃料消耗费用等。

（5）差旅费。是指在项目研究过程中开展科学实验（试验）、科学考察、业务调研、学术交流等所发生的外埠差旅费、市内交通费用等。差旅费的开支标准应当按照国家有关规定和公司相关差旅费标准要求执行。

（6）会议费。是指在项目研究过程中为了组织开展学术研讨、咨询以及协调项目研究工作等活动而发生的会议费用。会议费支出按照《中央和国家机关会议费管理办法》的相关标准执行。

（7）国际合作与交流费。是指在项目研究过程中研究人员出国及赴港澳台、外国专家来华及港澳台专家来内地工作的费用。国际合作与交流费应当严格执行国家外事资金管理的相关规定。

（8）出版/文献/信息传播/知识产权事务费。是指在项目研究过程中，需要支付的出版费、资料费、专用软件购买费、文献检索费、专业通信费、专利申请及其他知识产权事务等费用。

（9）劳务费。指用于发放参与项目研究的临时聘用的无工资性收入人员（如在校学生）的费用（包括临时聘用人员的社会保险补助）。劳务费须由项目负责人根据项目进展情况、按照项目预算和相关规定填写劳务费发放清单，经审核后，直接转入劳务人员的个人银行账户，个人所得税自理。劳务费应当结合本地实际以及相关人员参与项目的全时工作时间等因素，合理确定。

（10）专家咨询费。是指在研究过程中支付给临时聘请的咨询专家的费用。根据其工作方式、内容和时间，按照国家相关规定或项目下达单位要求进行发放。

（11）其他支出。项目研究过程中发生的除上述费用之外的其他支出，应当在申请预算时单独列示，单独核定。

2. 间接费用

间接费用是指在组织实施项目过程中发生的且无法在直接费用中列支的科研管理费、绩效支出等。

（二）科技研发项目费用估算

1. 直接费用

直接费用在研究方案确定的基础上进行估算，详略程度根据项目申报要求来确定。直接费用确定的基本方法是估算科目的数量乘以科目单价，然后各科目进行汇总得到总费用。如设备购置费＝设备单价×设备数量；差旅费＝额定出差标准（含交通费、住宿费、餐饮费、补助费等）×出差人数。

2. 间接费用

科研项目间接费用须依据主管部门最新资金管理办法编制核定。间接费用按照直接费用扣除设备购置费后的一定比例核定，由项目承担单位统筹安排使用。通常，500 万元以下的部分，间接费用比例为不超过 30%；500 万元至 1000 万元的部分为不超过 25%；1000 万元以上的部分为不超过 20%。项目承担单位根据需要留存管理费用，也可将间接费用全部用于绩效支出，并向创新绩效突出的团队和个人倾斜。

二、工程建设项目费用

（一）项目费用的组成

工程建设项目的投资费用是在建设规模、产品方案、技术方案、设备方案、选址方案和实施方案及项目进度计划等进行研究并基本确定的基础上，对项目总投资数额及分年资金需要量进行的估算。工程建设项目的投资费用估算构成如图 5-42 所示。

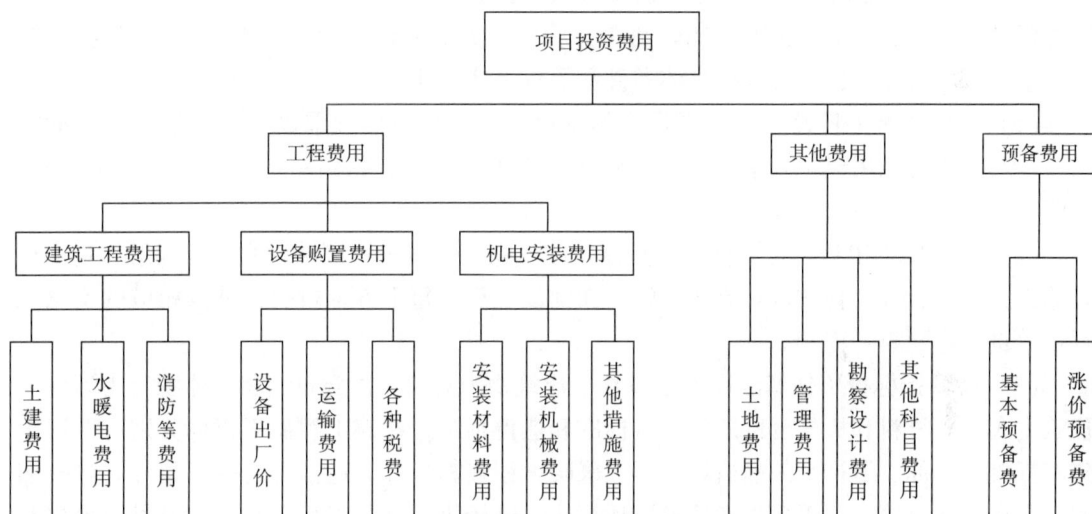

图 5-42　某生物制药生产基地项目投资费用构成

（二）项目费用估算步骤

不同阶段对项目投资估算要求不同，在项目建议书编制时可采用较粗略的产能估算法、比例估算法或较准确的分类估算法，在可行性研究编制时一般采用较准确的分类估算法，在初步设计和施工设计时则要求采用精准的概算指标估算法。

分类估算法是对构成工程建设投资的各类投资，即工程费用（含建筑工程费、设备购置费和安装工程费）、其他费用和预备费（含基本预备费和涨价预备费）分类进行估算。其估算步骤如下。

（1）分别估算建筑工程费、设备购置费和安装工程费。

（2）汇总建筑工程费、设备购置费和安装工程费，得出分装置的工程费用，然后加总得出项目建设所需的工程费用。

（3）在工程费用的基础上估算工程建设其他费用。

（4）以工程费用和工程建设其他费用为基础，估算基本预备费。

（5）在确定工程费用分年投资计划的基础上，估算涨价预备费。

（6）加总求得建设投资。

（三）建筑工程费估算

1. 估算内容

建筑工程费是指为建造永久性建筑物和构筑物所形成的费用，主要包括以下几点。

（1）各类房屋建筑工程费用，以及列入房屋建筑工程预算的供水、供暖、卫生、通风、电力、电信和电缆导线等设施敷设、装饰工程费用。

（2）设备基础、支柱、工作台、烟囱、水塔、水池等建筑工程以及各种锅炉的砌筑工程和金属结构工程的费用。

（3）建设场地的大型土石方工程、临时设施和完工后的场地清理等费用。

（4）与项目相关的铁路、公路、桥梁、防洪等工程的费用。

2. 估算方法

建筑工程费的估算方法有单位建筑工程投资估算法、单位实物工程量投资估算法和概算指标投资估算法。前两种方法比较简单，后一种方法要以较为详细的工程资料为基础，工作量较大。实际工作中可根据具体条件和要求灵活选用。

（1）单位建筑工程投资估算法是以单位建筑工程量投资额乘以工程总量来估算的方法。一般工业与民用建筑以单位建筑面积（平方米）投资，铁路路基以单位长度（千米）投资，乘以相应的建筑工程总量计算建筑工程费。

（2）单位实物工程量投资估算法是以单位实物工程量投资额乘以实物工程量总量来估算的方法。土石方工程按每立方米投资，面铺设工程按每平方米投资，乘以相应的实物工程量总量计算建筑工程费。

（3）概算指标投资估算法通常是以整个建筑物为对象，以建筑面积、体积等为计量单位确定人工、材料和机械台班的消耗量标准和造价指标。建筑工程概算指标分别有一般土建工程概算指标、给排水工程概算指标、采暖工程概算指标、通信工程概算指标、电气照明工程概算指标等。采用概算指标投资估算法需要较为详细的工程资料、建筑材料价格和工程费用指标，工作量较大。具体方法参照专门机构发布的概算编制办法。估算建筑工程费应编制建筑工程费估算表。

案例分析5

生产基地一期项目的建筑工程费用估算

A生物制药公司生产基地一期项目建筑工程费估算如表5-4所示，通过各项工程量乘以单位投资额得到各项投资费用，通过汇总得到项目的建筑工程费用。

表5-4　一期项目的建筑工程费用

序号	建（构）筑物名称	单位	工程量	单价（元）	费用合计（万元）
1	生产车间	m^2	50000	2200	11000

续表

序号	建（构）筑物名称	单位	工程量	单价（元）	费用合计（万元）
2	培育室	m²	5000	2200	1100
3	原料、成品库	m²	20000	2200	4400
4	综合楼及研发中心	m²	10000	2000	2000
5	食堂等生活设施	m²	8000	2000	1600
6	综合动力站	m²	1000	2000	200
7	消防泵房	m²	200	2000	40
8	软水池	m²	300	2000	60
9	污水处理站	m²	2000	2000	400
10	门卫	m²	120	2000	24
11	厂区围墙和大门	m	2000	300	60
12	厂区道路	m²	20000	400	800
13	硬化场地	m²	15000	600	900
14	厂区绿化	m²	50000	50	250
15	停车场地	m²	5000	600	300
合计			23134 万元		

（四）设备购置费估算

设备购置费指需要安装和不需要安装的全部设备、仪器、仪表等和必要的备品备件和工器具、生产家具设备购置费，可按国内设备购置费、进口设备购置费、工器具费用及生产家具购置费和备品备件购置费分类估算。

1. 国内设备购置费估算

国内设备购置费是指为项目购置或自制的达到固定资产标准的各种国产设备的购置费用，由设备原价和设备运杂费构成，是设备运送至项目使用地的所有费用。

（1）国产标准设备原价。国产标准设备是指按照主管部门颁布的标准图纸和技术要求，由国内设备生产厂批量生产的、符合国家质量检测标准的设备。国产标准设备原价一般指的是设备制造厂的交货价，即出厂价。

（2）国产非标准设备原价。国产非标准设备是指国家尚无定型标准，设备生产厂不可能采用批量生产，只能根据具体的设计图纸按订单制造的设备。非标准设备原价有多种不同的计算方法，无论采用哪种方法都应使非标准设备计价接近实际出厂价，并且计算方法要简便。

（3）设备运杂费。设备运杂费通常由运输费、装卸费、运输包装费、供销手续费和仓库保管费等各项费用构成。一般按设备原价乘以设备运杂费费率计算。设备运杂费费率按部门、行业或省、市的规定执行。

案例分析6

生产基地一期项目的国内设备购置费估算

A 生物制药公司生产基地一期项目的设备购置费如表 5-5 所示，设备购置费由出厂价和运杂费两部分组成，通过汇总各设备的费用得到设备购置总费用。

表 5-5　一期项目国内设备购置费估算表　　　　　　　单位：万元

序号	设备名称	型号规格	单位	数量	设备购置费		
					出厂价	运杂费	总价
1	工艺设备		台套	124	54603	3075	57678
	二级种子罐	30m³	台	6	6200		6200
	发酵罐	200m³	台	3	13700		13700
	柱层析系统		套	3	18503		18503
	喷雾干燥系统		套	3	8800		8800
	包装机		台	6	7400		7400
2	通风设备		套	20	2150	110	2260
3	自控设备		套	1	3110	130	3240
4	培育室设备		套	1	798	34	832
5	化验检测仪器		套	44	526	28	554
6	机电仪修设备		台套	3	600	48	648
7	综合动力设备		台套	15	3100	166	3266
	变压设施		套	3	800		800
	空压系统	220m³/min，1MPa	套	2	1200		1200
	制冷系统	100 万千卡	套	1	1100		1100
8	消防设备		套	1	220	19	239
9	软水池		套	1	60	10	70
10	污水处理设备		套	1	500	24	524
11	通信设备		套	1	190	10	200
12	综合楼及研发中心		套	1	4950	50	5000
13	工器具及生产家具		套	1	280	20	300
	合计				71087	3724	74811

2. 进口设备购置费估算

进口设备购置费由进口设备货价、进口从属费用及国内运杂费组成。

（1）进口设备货价。

进口设备货价可分为离岸价（FOB）与到岸价（CIF）。离岸价（FOB）是货物成本价，指出口货物运抵出口国口岸（船上）交货的价格。到岸价（CF）是指货物成本+国外运费+国外运输保险费的价格，从包含的费用内容看，是进口货物抵达进口国口岸的价格。

（2）进口从属费用。

进口从属费用包括国外运费、国外运输保险费、进口关税、进口环节消费税、进口环节增值税、外贸手续费等。

①国外运费。即从装运港（站）到达我国抵达港（站）的运费。计算公式为：

$$国外运费 = 进口设备离岸价 \times 国外运费费率$$

或：

$$国外运费 = 单位运价 \times 运量$$

国外运费费率或单位运价参照有关部门或进出口公司的规定执行。

②国外运输保险费。是被保险人根据与保险人（保险公司）订立的保险契约，为获得保险人对货物在运输过程中发生的损失给予经济补偿而支付的费用。计算公式为：

$$国外运输保险费 = （进口设备离岸价 + 国外运费） \times 国外运输保险费费率$$

国外运输保险费费率按照有关保险公司的规定执行。

进口设备按到岸价计价时，不必计算国外运费和国外运输保险费。

③进口关税。进口关税的计算公式为：

$$进口关税 = 进口设备到岸价 \times 人民币外汇牌价 \times 进口关税税率$$

进口关税税率按照我国海关总署发布的《中华人民共和国海关进出口税则》及相关规定执行。

④进口环节消费税。进口适用消费税的设备（如汽车），应按规定计算进口环节消费税。进口环节消费税计算公式为：

$$消费税 = 组成计税价格 \times 消费税税率$$

$$组成计税价格 = （关税完税价格 + 关税） \div （1-消费税税率）$$

税率消费税税率按《中华人民共和国消费税暂行条例》及相关规定执行。

⑤进口环节增值税。进口环节增值税的计算公式为：

$$增值税 = 组成计税价格 \times 增值税税率$$

$$组成计税价格 = 关税完税价格 + 关税 + 消费税$$

增值税税率按《中华人民共和国增值税暂行条例》及相关规定执行。

⑥外贸手续费。按国家有关主管部门制订的进口代理手续费收取办法计算。计算公式为：

$$外贸手续费 = 进口设备到岸价 \times 人民币升牌价 \times 外贸手续费费率$$

外贸手续费费率按合同成交额的一定比例收取，成交额度小，费率较高；成交额度大，费率较低，各外贸公司收费也各不相同。

（3）国内运杂费。

国内运杂费通常由运输费、运输保险费、装卸费、包装费和仓库保管费等费用构成。计算公式为：

$$国内运杂费 = 进口设备离岸价人民币外汇牌价 \times 国内运杂费费率$$

国内运杂费费率按部门、行业或省、市的规定执行。

案例分析7

某进口设备购置费估算

C 生物制药公司拟从国外进口一套机电设备，重量1500吨，离岸价为400万美元。其他有关费用参数为：国外海运费费率为4%；海上运输保险费费率为0.1%；银行财务费费率为0.15%；外贸手续费费率为1%；关税税率为10%；进口环节增值税税率为17%；人民币外汇牌价为1美元=6.5元人民币，设备的国内运杂费费率为2.1%。对该套设备购置费进行估算计算如下：

$$进口设备离岸价=400×6.5=2600（万元）$$
$$国外运费=400×6.5×4\%=104（万元）$$
$$国外运输保险费=（2600+104）×0.1\%=2.70（万元）$$
$$进口关税=（2600+104+2.70）×10\%=270.67（万元）$$
$$进口环节增值税=（2600+104+2.70+270.67）×17\%=506.15（万元）$$
$$外贸手续费=（2600+104+2.70）×1\%=27.07（万元）$$
$$银行财务费=2600×0.15\%=3.9（万元）$$
$$国内运杂费=2600×2.1\%=54.6（万元）$$
$$设备购置费=2600+104+2.70+270.67+506.15+27.07+3.9+54.6=3569.09（万元）$$

3. 工器具及生产家具购置费

估算工器具及生产家具购置费是指按照有关规定，为保证项目初期正常生产，必须购置的第一套工卡模具、器具及生产家具的购置费用。

4. 备品备件购置费估算

在大多数情况下，设备购置费采用带备件的原价估算，不必另行估算备品备件费用。在无法采用带备件的原价、需要另行估算备品备件购置费时，应按设备原价及有关专业概算指标（费率）估算。

（五）安装工程费估算

1. 估算内容

安装工程费一般包括以下几方面。

（1）生产、动力、起重、运输、传动和医疗、实验等各种需要安装的机电设备、专用设备、仪器仪表等设备的安装费。

（2）工艺、供热、供电、给排水、通风空调、净化及除尘、自控、电讯等管道、管线、电缆等的材料费和安装费。

（3）设备和管道的保温、绝缘、防腐，设备内部的填充物等的材料费和安装费。

2. 估算方法

投资估算中安装工程费通常是根据行业或专门机构发布的安装工程定额、取费标准进行估算。常用计算公式为：

$$安装工程费=设备原价×安装费费率$$

或：
$$安装工程费=设备吨位×每吨设备安装费指标$$

或：
$$安装工程费=安装工程实物×每单位交装实数工程量费用指标$$

附属管道量大的项目，还应单独估算并列出管道费用。

案例分析8

生产基地一期项目的安装工程费估算

A 生物制药公司生产基地一期项目安装工程费估算如表 5-6 所示，设备仪器的安装费为设备原价诚意安装费率；管道线路计入安装材料费。各项安装工程费汇总得到项目的安装工程费用。

表 5-6　一期项目安装工程费估算表　　　　　　单位：万元

序号	设备名称	设备购置费			
		设备原价	设备安装费率（占设备原价百分比,%）	管道、材料费	安装工程费
1	设备				
1.1	工艺设备	54603	18.85		10295
1.2	通风设备	2150	20.47		440
1.3	自控设备	3110	19.61		610
1.4	培育室设备	798	35.34		282
1.5	化验检测仪器	526	7.60		40
1.6	机电仪修设备	600	15.00		90
1.7	综合动力设备	3100	9.77		303
1.8	消防设备	220	11.36		25
1.9	软水池	60	33.33		20
1.10	污水处理设备	500	17.20		86
1.11	通信设备	190	26.32		50
1.12	综合楼及研发中心	4950	0.61		30
2	管线工程				
2.1	供水管道			210	210
2.2	排水管道			300	300
2.3	厂区动力照明			300	300
	合计				13081

（六）工程建设其他费用估算

工程建设其他费用是指建设投资中除建筑工程费、设备购置费、安装工程费以外的，为保证工程建设顺利完成和交付使用后能够正常发挥效用而发生的各项费用。

1. 建设用地费用

工程建设项目要取得其所需土地的使用权，必须支付土地征收及迁移补偿费或土地使用权出让（转让）金或租用土地使用权的费用。建设用地费用包括土地使用权出让（转让）金和征地补偿费。

2. 建设管理费

建设管理费是指建设单位从项目筹建开始，直至项目竣工验收合格或交付使用为止发生的项目建设期间管理费用。费用内容包括：建设单位管理费。指建设单位发生的管理性质的开支。工程建设监理费。指建设单位委托工程监理单位实施工程监理的费用。

建设管理费以建设投资中的工程费用为基数，乘以建设管理费费率计算。建设管理费费率按照建设项目的不同性质、不同规模确定。改扩建项目的建设管理费费率应适当低于新建项目。具体费率按照部门或行业的规定执行。

3. 可行性研究费

可行性研究费是指在建设项目前期工作中，编制和评估项目建议书（或初步可行性研究报告）、可行性研究报告所需的费用。可行性研究费参照国家有关规定执行，或按委托咨询合同的咨询费数额估算。

4. 勘察设计费

勘察设计费是指委托勘察设计单位进行工程水文地质勘察、工程设计所发生的各项费用。包括工程勘察费、初步设计费（基础设计费）、施工图设计费（详细设计费）以及设计模型制作费等。勘察设计费参照原国家计委、建设部有关规定计算。

5. 工程保险费

工程保险费是指建设项目在建设期间根据需要对建筑工程、安装工程、机器设备和人身安全进行投保而发生的保险费用。工程保险费费率按照保险公司的规定或按部门、行业规定执行。建筑安装工程费中已计入的工程保险费，不再重复计取。

6. 办公及生活家具购置费

办公及生活家具购置费是指为保证新建、扩建项目初期正常生产、使用和管理所必须购置的办公和生活家具、用具的费用。该项费用一般按照项目定员人数乘以费用指标估算。具体费用指标按照部门或行业的规定执行。

7. 联合试运转费

联合试运转费是指新建或扩建生产能力的工程，在交付生产前按照批准的设计文件所规定的工程质量标准和技术要求，进行整个生产线或装置的负荷联合试运转或局部联动试车所发生的费用净支出（试运转支出大于收入的差额部分费用）。联合试运转费一般根据不同性质的项目，按需要试运转车间的工艺设备购置费的百分比估算。具体费率按照部门或行业的规定执行。

8. 市政公用设施建设及绿化补偿费

市政公用设施建设及绿化补偿费是指使用市政公用设施的建设项目，按照项目所在省、自治区、直辖市人民政府有关规定，建设或者缴纳市政公用设施建设配套费用以及绿化工程补偿费用。市政公用设施建设及绿化补偿费按项目所在地政府规定计取。

9. 环境影响评价费

环境影响评价费是指按照《中华人民共和国环境影响评价法》等相关规定为评价建设项目对环境可能产生影响所需的费用，包括编制和评估环境影响报告书（含大纲）、环境影响报告表等所需的费用。环境影响评价费可参照有关环境影响咨询收费的相关规定计算。

10. 安全、职业卫生健康评价费

安全、职业卫生健康评价费是指对建设项目存在的职业危险、危害因素的种类和危险、危害程度，以及拟采用的安全、职业卫生健康技术和管理对策进行研究评价所需的费用，包括编制预评价大纲和预评价报告及其评估等的费用。职业安全卫生健康评价费，可参照建设项目所在省、自治区、直辖市劳动安全行政部门规定的标准计算。

11. 引进技术和设备其他费用

引进技术和设备其他费用是指引进技术和设备发生的未计入设备购置费的费用，内容包括引进设备材料国内检验费，引进项目图纸资料翻译复制费、备品备件测绘费，出国人员费用，来华人员费用，银行担保及承诺费等。已计入其他融资费用的不应重复计算。

12. 研究试验费

研究试验费是指为建设项目提供或验证设计数据、资料等进行必要的研究试验以及按照设计规定在建设过程中必须进行试验、验证所需的费用。研究试验费应按照研究试验内容和要求进行估算。

13. 场地准备及临时设施费

场地准备及临时设施费是指建设场地准备费和建设单位临时设施费。具体费率按照部门或行业的规定执行。

14. 超限设备运输特殊措施费

超限设备运输特殊措施费是指超限设备在运输过程中需进行的路面拓宽、桥梁加固、铁路设施、码头等改造时所发生的特殊措施费。超限设备的标准遵从行业规定。

15. 特殊设备安全监督检查费

特殊设备安全监督检查费是指在现场组装和安装的锅炉及压力容器、压力管道、消防设备、电梯等特殊设备和设施，由安全监察部门按照有关安全监察条例和实施细则以及设计技术要求进行安全检验，应由项目向安全监察部门缴纳的费用。该费用可按受检设备和设施的现场安装费的一定比例估算。安全监察部门有规定的，按规定计算。

16. 安全生产费用

安全生产费用是指建筑施工企业按照国家有关规定和建筑施工安全标准，购置施工安全防护用具、落实安全施工措施、改善安全生产条件、加强安全生产管理等所需的费用。按照相关规定，建筑施工企业以建筑安装工程费用为基数提取。建筑安装工程费用中已计入安全生产费用的，不再重复计取。

17. 专利及专有技术使用费

专利及专有技术使用费内容包括：国外设计及技术资料费，引进有效专利、专有技术使用费和技术保密费；国内有效专利、专有技术使用费；商标使用费、特许经营权费等。专利及专有技术使用费应按专利使用许可协议和专有技术使用合同确定的数额估算。

18. 生产准备费

生产准备费是指建设项目为保证竣工交付使用、正常生产运营进行必要的生产准备所发生的费用。生产准备费一般根据需要培训和提前进厂人员的人数及培训时间按生产准备费指标计算。具体费用指标按照部门或行业的规定执行。

上述各项费用并不是每个项目必需和具备的，应根据项目具体情况进行估算。有些行业可能会发生一些未列出的特殊费用，应予以考虑。

案例分析9

生产基地一期项目的工程建设其他费用估算

A 生物制药公司生产基地一期项目的其他费用如表 5-7 所示，土地使用权费以土地面积为依据，管理费、前期工作费、勘察设计费、工程保险费及联合试运转费以工程费用为依据；人员培训费、进厂费、办公家具费以项目定员为依据，乘以相应费率或标准进行计算得到各项费用，汇总得到其他费用。

表 5-7　一期项目工程建设其他费用估算表　　　　单位：万元

序号	费用名称	计算依据	费率或标准	总价
1	征地费用	200 亩	15 万元/亩	3000
2	建设管理费	工程费用	3.00%	3331
3	前期工作费	工程费用	1.00%	1110
4	勘察设计费	工程费用	3.00%	3331
5	工程保险费	工程费用	0.30%	333
6	联合试运转费	工程费用	0.50%	555
7	专利费	专利转让协议		1200
8	人员培训费	项目定员 200 人	每人 2000 元	40
9	人员提前进厂费	项目定员 200 人	每人 5000 元	100
10	办公及生活家具购置费	项目定员 200 人	每人 2000 元	40
	合计			13040

（七）预备费估算

预备费包括基本预备费和涨价预备费。

1. 基本预备费估算

基本预备费是指在项目实施中可能发生，但在项目决策阶段难以预料的支出，需要事先预留的费用，又称不可预见费。一般由下列三项内容构成。

（1）在批准的设计范围内，技术设计、施工图设计及施工过程中所增加的工程费用；经批准的设计变更、工程变更、材料代用、局部地基处理等增加的费用。

（2）一般自然灾害造成的损失和预防自然灾害所采取的措施费用。

（3）竣工验收时为鉴定工程质量对隐蔽工程进行必要的挖掘和修复费用。

基本预备费以工程费用和工程建设其他费用之和为基数，按部门或行业主管部门规定的基本预备费费率估算。计算公式为：

基本预备费＝（工程费用+工程建设其他费用）×基本预备费费率

2. 涨价预备费估算

涨价预备费是对建设工期较长的项目，由于在建设期内可能发生材料、设备、人工、机械台班等价格上涨引起投资增加而需要事先预留的费用，也称价格变动不可预见费。涨价预备费以分年的工程费用为计算基数，计算公式为：

$$PC = \sum_{t=1}^{n} I_t (1+f)^t - 1$$

式中：PC——涨价预备费；

　　　I_t——第 t 年的工程费用；

　　　f——建设期价格上涨指数；

　　　n——建设期；

　　　t——年份。

建设期价格上涨指数，政府主管部门有规定的按规定执行，没有规定的合理预测。

案例分析10

生产基地一期项目涨价预备费估算

A 生物制药公司生产基地一期项目的工程费用为 111026 万元，项目建设期为 2 年，按项目进度计划，工程费用使用比例第 1 年为 40%，第 2 年为 60%；建设期价格上涨指数参照有关行业规定取 4%，该项目的涨价预备费估算如下。

第 1 年工程费用＝111026×40%＝44410.40（万元）

第 1 年涨价预备费＝44410.40×［（1+4%）－1］＝1776.42（万元）

第 2 年工程费用＝111026×60%＝66615.60（万元）

第 2 年涨价预备费＝66615.60×［（1+4%）^{2}－1］＝5435.83（万元）

该项目涨价预备费＝1776.42+5435.83＝7212.25（万元）

（八）关于建设投资中的增值税、进项税额

我国于 2009 年开始实施增值税转型改革，由生产型增值税转变为消费型增值税，允许从销项税额中抵扣部分固定资产增值税，同时该可抵扣进项税额不得计入固定资产原值。

案例分析11

生产基地一期项目建设投资估算

A 生物制药公司生产基地一期项目的建设投资估算如表 5-8 所示。

表 5-8　一期项目建设投估算表　　　　　　单位：万元

序号	工程或费用名称	建筑工程费	设备购置费	安装工程费	其他费用	合计	其中：外汇（万美元）	投资比例
1	工程费用	23134	74811	13081	0	111026		82%
1.1	主体工程	12100	64010	11627	0	87737		65%
1.1.1	生产车间	11000	63178	11345	0	85523		
	厂房建筑	11000				11000		
	工艺设备		57678	10295		67973	400	
	通风设备		2260	440		2700		
	自控设备		3240	610		3850		
1.1.2	培育室	1100	832	282		2214		
1.2	辅助工程	4400	1202	130	0	5732		
1.2.1	原料、成品库	4400				4400		
1.2.2	化验检测仪器		554	40		594		
1.2.3	维修设备		648	90		738		
1.3	公用工程	700	4299	994	0	5993		4%
1.3.1	综合动力站	200	3266	303		3769		
1.3.2	消防泵房	40	239	25		304		
1.3.3	软水池	60	70	20		150		
1.3.4	污水处理站	400	524	86		1010		
1.3.5	供水管道			210		210		
1.3.6	排水管道			300		300		
1.3.7	通信		200	50		250		
1.4	总图工程	2334	0	300	0	2634		2%
1.4.1	门卫	24				24		
1.4.2	厂区围墙和大门	60				60		
1.4.3	厂区道路	800				800		
1.4.4	厂区动力照明			300		300		
1.4.5	厂区绿化	250				250		
1.4.6	硬化场地	900				900		
1.4.7	停车场地	300				300		
1.5	办公生活项目	3600	5000	30	0	8630		6%
1.5.1	综合楼及研发中心	2000	5000	30		7030		
1.5.2	食堂等生活设施	1600				1600		
1.6	工器具		300			300		

续表

序号	工程或费用名称	建筑工程费	设备购置费	安装工程费	其他费用	合计	其中：外汇（万美元）	投资比例
2	工程建设其他费用				13040	13040		10%
2.1	征地费用				3000	3000		
2.2	建设管理费				3331	3331		
2.3	前期工作费				1110	1110		
2.4	勘察设计费				3331	3331		
2.5	工程保险费				333	333		
2.6	联合试运转费				555	555		
2.7	专利费				1200	1200		
2.8	人员培训费				40	40		
2.9	人员提前进厂费				100	100		
2.10	办公及生活家具购置费				40	40		
3	预备费				10934	10934		8%
3.1	基本预备费				3722	3722		
3.2	涨价预备费				7212	7212		
4	建设投资	23134	74811	13081	23974	135000		100%
	其中：可抵扣固定资产进项税额	1735	7481	1177	652	11045		
	投资比例	17%	55%	10%	18%	100%		

（九）建设期利息

建设期利息是债务资金在建设期内发生的并应计入固定资产原值的利息，包括借款利息及手续费、承诺费、发行费、管理费等融资费用。

1. 建设期利息估算的前提条件

进行建设期利息估算必须先完成以下各项工作。

（1）建设投资估算及其分年投资计划。

（2）确定项目资本金（注册资本）数额及其分年投入计划。

（3）确定项目债务资金的筹措方式及债务资金成本率。

2. 建设期利息的估算方法

建设期利息估算应按有效利率计息，根据还款方式选择单利计息或复利计息，通常选择复利计息方式建设期利息的计算要根据借款在建设期各年年初发生或者在各年年内均衡发生，采用不同的计算公式。

（1）借款额在建设期各年年初发生建设期利息的计算公式为：

$$Q = \sum_{t=1}^{n} \left[(P_{t-1} + A_t) \times i \right]$$

（2）借款额在建设期各年年内均衡发生建设期利息的计算公式为：

$$Q = \sum_{t=1}^{n}\left[\left(P_{t-1} + \frac{A_t}{2}\right) \times i\right]$$

式中：Q——建设期利息；

P_{t-1}——按单利计息，为建设期第 $t-1$ 年末借款累计；按复利计息，为建设期第 $t-1$ 年末借款本息累计；

A_t——建设期第 t 年借款额借款年利率；

t——年份；

i——借款年利率。

案例分析12

生产基地一期项目建设利息估算

A 生物制药公司生产基地一期项目的分年投资计划、资本金分年投入计划及各年需借款数额见表5-9。

表5-9　一期项目分年资金投入计划　　　　　　单位：万元

序号	工程或费用名称	计算期		合计
		第 1 年	第 2 年	
1	建设投资	54000	81000	135000
1.1	工程费用	44410	66616	111026
1.2	工程建设其他费用	5216	7824	13040
1.3	基本预备费	1489	2233	3722
1.4	涨价预备费	2885	4327	7212
2	用于建设投资的项目资本金	16200	24300	40500
3	建设投资借款	37800	56700	94500

该项目建设投资借款在各年年内均衡发生，并用项目资本金按期支付建设期利息年利率为 6%，每年计息一次。该项目建设期利息计算如下：

$$Q_1 = \left(P_{1-1} + \frac{A_1}{2}\right) \times i = \frac{37800}{2} \times 6\% = 1134（万元）$$

$$Q_2 = \left(P_{2-1} + \frac{A_2}{2}\right) \times i = \left(37800 + \frac{56700}{2}\right) \times 6\% = 3969（万元）$$

$$Q = Q_1 + Q_2 = 1134 + 3969 = 5103（万元）$$

经计算，建设期利息为 5103 万元。

三、项目费用计划

项目费用计划是指根据项目的总目标要求对资金费用进行合理的安排，以实现项目全周期的费用或成本最低且效益最大化。从项目参与人员的角度出发，费用计划又称为投资计划、成本计划、费用计划等（图5-43）。

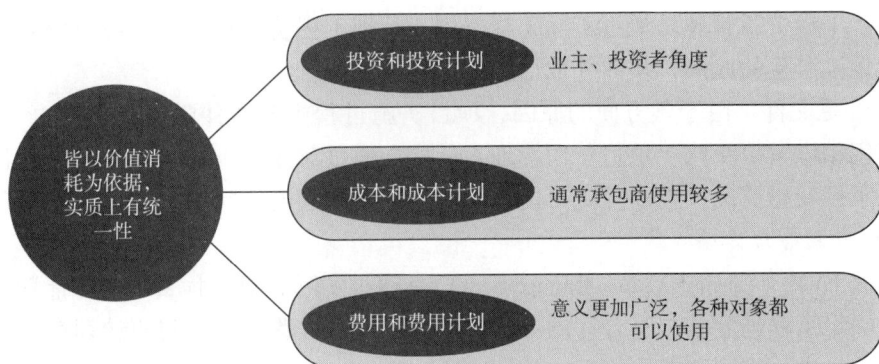

图 5-43　工程项目成本计划类型

在现代项目管理中，费用计划的主要特点体现在以下几个方面。

（1）积极的费用计划不是单纯按照已确定的技术设计、合同、工期、实施方案和环境预算工程成本，而且对不同的实施方案进行技术经济分析，从总体上考虑工期、成本、质量等之间的互相影响和平衡，以寻求最优的解决方案。

（2）费用计划不局限于建设成本，还要考虑运营成本的高低，即采用全寿命期费用计划方法。如买一套国际知名品牌的色谱检测设备，一次性投资很高，但有机溶剂损耗及能耗较低、维护修理费少，使用寿命长；而买一套低端的色谱检测设备，一次性投资较低，但运行费用费高。这就需要通过工程全寿命期经济性比较和费用优化的办法解决。

（3）全过程的费用计划管理。不仅在计划阶段进行周密的成本计划，而且在实施中参与成本控制，不断地按新的情况（如设计、环境、实施状况）调整和修改计划，预测工程结束的成本状态及工程经济效益，形成一个动态控制过程。

（4）积极的费用计划的目标是项目建设成本最小化与项目效益最大化的统一。如对海洋资源医药项目经过工期和成本的优化可以选取一个最佳的工期，以节约投资，但可能错过海洋资源收获季节；虽然压缩工期会增加建设费用，但工程提前投产，能够通过项目运营增加利润，增加利润远高于增加建设费用，整体效益也是优化的。

（5）积极的成本计划不仅按照可获得的资源量安排项目规模和进度计划，又要按照项目预定的规模和进度计划安排资金的供应，保证项目的顺利实施。

四、项目费用管理

费用管理是项目管理的核心部分，既要对项目全过程中发生费用的大量数据进行收集和监控，也要对各类费用数据进行正确分析并及时采取有效措施，将项目发生的最终费用控制在目标范围之内。

（一）费用管理的依据

（1）承包合同。费用管理应以承包合同为依据，围绕降低成本的目标，从预算收入和实际成本两个方面努力挖掘潜力，以求获得最大的经济效益。

（2）费用计划。费用计划包括预定的具体费用管理目标、实现控制目标的措施和规划，是费用管理的指导文件。

（3）进度报告。进度报告提供了每个时段实际完成工程量和工程费用实际支付情况等重要信息。工程费用管理是通过实际工程费用与计划工程费用相比较，找出两者之间的差别，分析偏差产生的原因，从而采取措施改进后续工作。

（4）变更文件。由于各方面的原因，项目实施过程中时常伴随着工程变更，工程量、工期、费用相应发生变化。项目费用管理人员应当通过对变更中的各类数据进行计算和分析，随时掌握变更情况，判断变更可能带来的费用增加额度等问题。

（二）**费用管理方法**

挣值法 EVM（Earned Value Management）是通过实际完成工程费用与原计划工程费用相比较，确定工程进度是否符合计划要求，从而确定工程费用是否与原计划存在偏差的方法，是对项目进行进度和费用管理的常用方法。

1. 挣值法的三个基本参数

（1）已完工作预算费用 BCWP（Budgeted Cost for Work Performed）。已完工作预算费用是指在某一时间已经完成的工作，以批准认可的预算为标准所需要的资金总额。由于业主正是根据这个值为承包人完成的工作量支付相应的费用，也就是承包人获得（挣得）的金额，故称挣值。

$$已完工作预算费用（BCWP）=已完成工作量×预算单价$$

（2）计划工作预算费用 BCWS（Budgeted Cost for Work Scheduled）。计划工作预算费用是根据进度计划，在某一时刻应当完成的工作，以预算为标准所需要的资金总额。

$$计划工作预算费用（BCWS）=计划工作量×预算单价$$

（3）已完工作实际费用 ACWP（Actual Cost for work Performed）。已完工作实际费用即到某一时刻为止，已完成的工作（或部分工作）所实际花费的总金额。

$$已完工作实际费用（ACWP）=已完成工作量×实际单价$$

2. 挣值法的四个评价指标

在上述三个基本参数的基础上，可以计算挣值法的四个评价指标，它们都是时间的函数。

（1）费用偏差 CV（Cost Variance）。将 BCWP（即已完成或进行中的工作的预算数）与 ACWP（即此工作的实际费用）进行比较。

$$费用偏差（CV）=已完工作预算费用（BCWP）-已完工作实际费用（ACWP）$$

负值 CV 意味着完成工作的费用多于计划。即费用偏差 CV 为负值时，表示项目运行超出预算费用。当费用偏差 CV 为正值时，表示项目运行节支，实际费用没有超出预算费用。

（2）进度偏差 SV（Schedule Variance）。将 BCWP（即已完成或进行中的工作的预算数）与 BCWS（即计划应完成的工作的预算数）进行比较。

$$进度偏差（SV）=已完工作预算费用（BCWP）-计划工作预算费用（BCWS）$$

负值 SV 意味着与计划对比，完成的工作少于计划的工作，即当进度值差 SV 为负值时，表示进度延误实际进度落后于计划进度。当进度偏差 SV 为正值时，表示进度提前，实际进度快于计划进度。

（3）费用绩效指数（Consumer Price Index，CPI）。

$$费用绩效指数（CPI）=已完工作预算费用（BCWP）/已完工作实际费用（ACWP）$$

当费用绩效指数（CPI）<1 时，表示超支，即实际费用高于预算费用。当费用绩效指

数（CPI）>1 时，表示节支，即实际费用低于预算费用。

（4）进度绩效指数（SPI）。

进度绩效指数（SPI）= 已完工作预算费用（BCWP）/计划工作预算费用（BCWS）

当进度绩效指数（SPI）<1 时，表示进度延误，即实际进度比计划进度拖后。当进度绩效指数（SPI）>1 时，表示进度提前，即实际进度比计划进度提前。

费用（进度）偏差反映的是绝对偏差，结果很直观，有助于费用管理人员了解项目费用出现偏差的绝对数额，并采取一定措施，制订或调整费用支出计划和资金筹措计划。但是，绝对偏差有其不容忽视的局限性。如同样是 10 万元的费用偏差，对于总费用 1000 万元的项目和总费用 1 亿元的项目而言，其严重性显然是不同的。因此费用（进度）偏差仅适合于对同一项目作偏差分析。费用（进度）绩效指数反映的是相对偏差，它不受项目层次的限制，也不受项目实施时间的限制，因而在同一项目和不同项目比较中均可采用。

案例分析13

生产基地一期项目费用管理分析

A 生物制药公司生产基地一期项目施工合同于 2018 年 12 月签订，约定的合同工期为 24 个月，2020 年 3 月开始正式施工，施工单位按合同工期要求编制了生产车间混凝土结构工程施工进度时标网络图如图 5-44 所示，并经专业监理工程师审核批准。

该项目的各项工作均按最早开始时间安排，且各工作每月所完成的工程量相等。作的计划工程量和实际工程量如工程量表 5-10 所示。工作 D、E、F 的实际工作持续时间与计划工作持续时间相同。

合同约定，混凝土结构工程综合价格为 1000 元/m³，按月结算。结算价在混凝土结构工程价格指数进行调整，项目实施期间各月的混凝土结构工程价格指数如价格指数表 5-11 所示。

施工期间，由于建设单位原因使工作 H 的开始时间比计划的开始时间推迟 1 个月，并由于工作 H 工程量的增加使该工作的工作持续时间延长了 1 个月（图 5-23）。

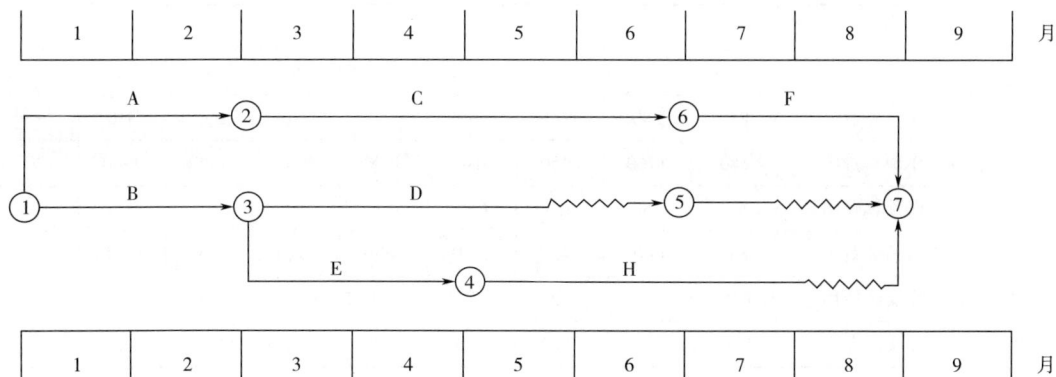

图 5-44 时标网络图

表5-10 计划工程量和实际工程量表工作

工作	A	B	C	D	E	F	G	H
计划工程量（m³）	8600	9000	5400	10000	5200	6200	1000	3600
实际工程量（m³）	8600	9000	5400	9200	5000	5800	1000	5000

表5-11 工程价格指数表时间

时间	20年3月	20年4月	20年5月	20年6月	20年7月	20年8月	20年9月	20年10月	20年11月	20年12月
价格指数（%）	100	115	105	110	115	110	110	120	110	110

试分析：

①请按施工进度计划编制资金使用计划（即计算每月和累计计划工作预算费用）并简要写出其步骤，计算结果填入表5-12。

②计算工作H各月的已完工作预算费用和已完工作实际费用。

③计算混凝土结构工程已完工作预算费用和已完工作实际费用，计算结果填入表5-12。

④列式计算第8月末的费用偏差CV和进度偏差SV。

项目分析如下：

（1）将各工作计划工程量与单价相乘后，除以该工作持续时间，得到各工作每月计划工作预算费用；再将时标网络图中各工作分别按月纵向汇总得到每月计划工作预算费用；然后逐月累加得到各月累计计划工作预算费用。

（2）H工作第6~9月每月完成工程量为：$5000 \div 4 = 1250$（m³/月）。

H工作第6~9月已完工作预算费用均为：$1250 \times 1000 = 125$（万元）。

H工作已完工作实际费用6月：$125 \times 110\% = 137.5$（万元）。

第7月：$125 \times 120\% = 150.0$（万元）。

第8月：$125 \times 110\% = 137.5$（万元）。

第9月：$125 \times 110\% = 137.5$（万元）。

（3）计算结果填入表5-12。

表5-12 计算结果

项目	投资数据								
	1	2	3	4	5	6	7	8	9
每月计划工作预算费用	880	880	690	690	550	370	530	310	—
累计计划工作预算费用	880	1760	2450	3140	3690	4060	4590	4900	—
每月已完工作预算费用	880	880	660	660	410	355	515	415	125
累计已完工作预算费用	880	1760	2420	3080	3490	3845	4360	4775	4900
每月已完工作实际费用	1012	924	726	759	451	390.5	618	456.5	135
累计已完工作实际费用	1012	1936	2662	3421	3872	4262.5	4880.5	5337	5474.5

（4）费用偏差CV＝已完工作预算费用－已完工作实际费用＝$4775 - 5337 = -562$（万

元），超支 562 万元。

进度偏差 $SV=$ 已完工作预算费用−计划工作预算费用 $=4775-4900=-125$（万元），进度拖后 125 万元。

（三）偏差原因分析与纠偏措施

1. 偏差原因分析

在实际执行过程中，最理想的状态是已完工作实际费用（ACWP）、计划工作预算费用（BCWS）、已完工作预算费用（BCWP）三条曲线靠得很近、平稳上升，表示项目按预定计划目标进行。如果三条曲线离散度不断增加，则预示可能发生关系到项目成败的重大问题。

偏差分析的一个重要目的就是要找出引起偏差的原因，从而有可能采取有针对性的措施，减少或避免相同原因的再次发生。在进行偏差原因分析时，首先应当将已经导致和可能导致偏差的各种原因逐一列举出来。导致不同工程项目产生费用偏差的原因具有一定共性。因而，可以通过对已建项目的费用偏差原因进行归纳、总结，为该项目采用预防措施提供依据。

一般来说，产生费用偏差的原因见图 5-45。

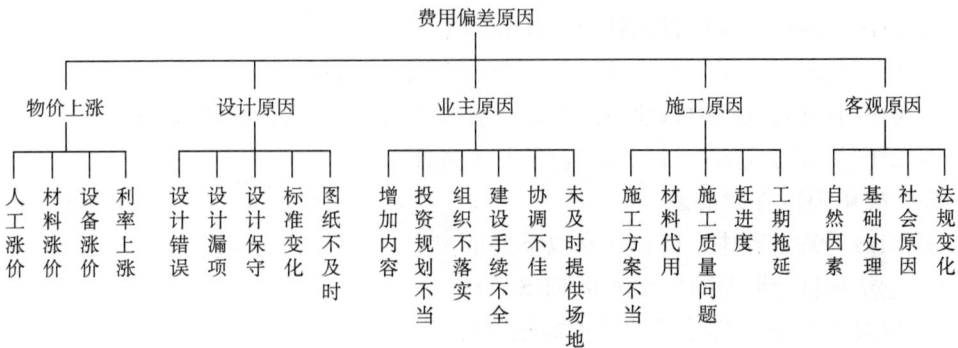

图 5-45　费用偏差原因

2. 纠偏措施

通常要压缩已经超支的费用，而不损害其他目标是十分困难的。一般只有当给出的措施比原计划已选定的措施更为有利，如使工程范围减少或生产效率提高，费用才能降低，例如寻找效率更高的设计方案、重新选择供应商、变更工程范围或索赔等。

第七节　项目的 EHS 管理

一、项目 EHS 管理概述

（一）项目 EHS 管理

EHS 是环境（environment）、健康（health）、安全（safety）管理体系的简称。环境是指与人类密切相关的、影响人类生活和生产活动的各种自然力量或作用的总和。健康是指人身体上没有疾病，在心理上保持一种完好的状态。安全是指在劳动生产过程中努力改善劳动条件、克服不安全因素，使劳动生产在保证劳动者健康、企业财产不受损失、人民生命安全的前提下进行。

我国已经制订了 EHS 管理标准体系，并被企业广泛采用。《职业健康环境管理体系》（GB/T 24000）标准体系是针对 ISO 14000 五项内容制订的国家标准，旨在为组织规定有效的环境管理要素，帮助组织实现环境目标与经济目标。其体系结构如下：《环境管理体系要求及使用指南》（GB/T 24001）、《环境管理体系要求、体系和支持技术通用指南》（GB/T 24004）。《职业健康安全管理体系》（GB/T 28000）标准体系，涵盖了 OHSAS（职业健康安全管理体系）18001 的所有技术内容。其体系结构如下：《职业健康安全管理体系要求》（GB/T 28001）、《职业健康安全管理体系实施指南》（GB/T 28002）。

推行 EHS 管理体系的目的在于项目实施过程中保护环境，改进工作场所的健康性和安全性，改善劳动条件，维护员工的合法利益。它的推行和实施，有利于增强企业凝聚力，完善内部管理，创造更好的经济效益和社会效益。

（二）EHS 管理在现代工程项目管理中的地位

项目环境、健康和安全管理是现代项目的基本要求，应与项目主体工程同时设计、同时施工和同时投产运行，即"三同时"。

（1）EHS 管理体现了项目的社会责任和历史责任。

（2）EHS 管理推动了"以人为本"方针在项目中的贯彻落实。

（3）EHS 管理是现代项目建设的要求，有利于实现项目的可持续发展。

（4）EHS 管理已成为项目承包单位的基本责任。

（三）项目 EHS 管理要求

项目 EHS 管理过程中，应该注意以下要求：

（1）应从项目全周期的角度强化 EHS 管理。

（2）应按照 EHS 管理体系的要求实施项目管理。

（3）应建立全面的 EHS 管理责任体系。

（4）EHS 管理应符合法律的要求。

（5）EHS 管理要建立良好的企业文化和管理环境。

（6）EHS 管理要理顺与传统的三大目标控制的关系。

（四）EHS 与传统的三大目标之间的辩证关系

EHS 和传统的质量目标、进度目标、费用目标三大目标体系是一个有机的整体，是"三大目标"实现保障基础，具有自身特点：

（1）EHS 管理比传统的目标管理具有更大的强制性。

（2）有利于降低项目的社会成本与环境成本。

（3）能够实现以人为本的项目管理。

（4）提升企业的品牌和形象，增强企业的竞争力。

（5）EHS 管理促进项目管理现代化。

二、项目环境管理

工程项目对环境有很大的依赖性，环境甚至可以影响项目实施的成败。工程项目和环境之间是相互制约、相互协调的关系，只有保证了环境与工程项目的协调发展，工程项目的实施才能取得真正意义上的成功。

项目环境管理是指在项目的建造、运营乃至拆除的过程中通过有效的策划和控制措施来最大限度地保护生态环境，控制项目建设运营过程中各种废气、废液、固废、以及噪声等污染因素对环境的污染和危害，并考虑能源节约避免资源浪费。

（一）项目的环境影响评价

项目的环境影响评价在我国已经被法定化，旨在为项目的布局、选址和建设规模提供决策基础和环境保护措施方面的服务，在造成环境损害之前尽可能多地提供环境信息，把不利的环境影响降到最低。

项目环境影响评价的内容有三部分，即项目分析、清洁生产评价和项目的环境影响识别与预测。

1. 项目分析

项目分析是从项目的性质、规模、工艺、原料、能源、土地利用和污染特征等方面进行全面系统的分析，以确定对环境影响的主要因素，并对其影响的过程及危害特性进行分析。项目分析是环境影响评价的基础，为环境保护设计提供了优化建议，为项目的环境管理提供了科学依据。

2. 清洁生产评价

清洁生产是通过对产品及其生产过程采用预防污染的措施来尽可能地减少污染。在环境影响评价中引入清洁生产理念，将大大提高环境影响评价的质量，减轻项目末端处理的负担，提高项目的环境可靠性。

3. 项目的环境影响识别与预测

项目环境影响识别的目的在于明确项目给环境带来的影响，包括影响的种类、时间、空间范围和程度等。环境影响的预测是在影响识别确定可能是重大环境影响后，预测工程项目对环境产生影响、导致环境质量或环境质量价值的变化量、空间变化范围、时间变化阶段等。

（二）项目的环境管理

项目的环境管理理念，贯穿于项目整个生命周期。

1. 绿色设计

绿色设计是指针对项目的全生命周期，充分考虑对资源和环境的影响，以减轻环境污染或减少原材料、自然资源的利用为目的，所使用的技术、工艺或产品的总称。绿色设计的原则是"3R"原则，即 reduce，reuse，recycle，减少环境污染、减小能源消耗，产品和零部件的回收再生循环或者重新利用。绿色设计的目的是要克服传统设计的不足，使所设计的产品满足绿色产品的要求。绿色设计的主要内容包括绿色材料选择与管理、产品的可回收性设计、产品的可拆卸性设计。"绿色设计"顺应了当今社会可持续发展的主题和发展趋势，受到众多现代企业的重视。

2. 绿色施工

施工过程是建筑全生命周期中的重要环节。绿色施工是指项目实施建设过程中，在保证质量、安全等基本要求的前提下，通过科学管理和技术进步，最大限度地节约资源，并减少对环境负面影响的施工活动，从而实现节能、节地、节水、节材和环境保护。

绿色施工是可持续发展理念在项目施工中应用的主要体现，是绿色施工技术的综合应用，涉及可持续发展的各方面，如生态与环境保护、资源与能源的利用、社会经济的发展等。绿色施工应遵循以下原则。

①尊重场地环境，减少施工干扰。施工过程会严重扰乱场地环境，如场地平整、土方开挖、施工降水、永久及临时设施建在和场地废物处理等均会对场地现场的动植物资源、地形地貌和地下水位等造成影响，还会给场地内现存的文物、地方特色资源等带来破坏，影响当地文脉的继承和发扬。施工中减少建设场地干扰、注重现场环境对于保护生态环境，维持地方文脉具有重要的意义。

②注重环境品质，减少施工造成的环境污染。施工中产生的大量灰尘噪声、有毒有害气体、废物等，不仅会对环境品质造成严重的影响，也将有损于现场工作人员、使用者以及公众的健康。应尽量减少环境污染，提高环境品质。

③结合气候、气象条件，合理安排施工计划。施工方在选择施工方法、施工机械，安排施工顺序，布置施工场地时应尽量结合项目所在地的气候特征。这不仅可以减少因为气候原因而带来施工措施、资源和能源用量的增加，还可以减少施工成本和因额外措施对施工现场及环境造成的干扰。

④关注工程项目的可持续发展，合理利用资源、能源。项目通常需要使用大量的材料和能源，而减少资源的消耗，节约能源，保护水资源，提高效益是可持续发展的基本观点。在施工过程中应尽量做到节约利用水资源、电能、减少材料损害和其他资源的节约利用。

绿色施工需要从组织、规划、实施、评价和人员安全与健康等多方面着手，进行系统性管理，确保绿色施工的效果。项目环境管理是工程领域树立和践行绿水青山就是金山银山的理念，站在人与自然和谐共生的高度谋划发展的重要举措。

三、项目职业健康管理

（一）项目职业健康管理概述

职业健康管理是指在项目生产活动中控制影响工作人员和其他相关人员健康和安全的条件及因素，保护生产者的健康和安全，并避免因使用不当或其他原因给使用者造成的健康和安全危害。

（二）职业健康管理体系的建立步骤

职业健康安全关系到每一位企业成员的身心健康，需要完善的管理体系加以落实保障。职业健康管理体系的建立步骤如下。

1. 领导决策

职业健康安全管理体系的建立，需要项目高层管理者做出遵守有关法律、法规和其他要求的承诺及实现持续改进的承诺，以便获得各方面的支持及资源保证。

2. 成立工作小组

职业健康安全管理体系的建立，首先要成立一个工作小组，从组织上给予落实和保证。工作小组的规模大小可视项目组织规模、管理水平和人员素质等因素决定，其成员来自组织内部各个部门，工作小组的成员将成为组织今后职业健康安全管理体系运行的骨干力量。

3. 人员培训

要对全体人员进行有针对性的培训，根据不同的培训对象，可能采取不同的培训方式，而培训内容和侧重点也可能会有所不同。

4. 初始评审

初始评审有助于了解组织的职业健康安全与环境的管理现状，为组织建立管理体系搜集信息并提供依据。

初始评审的主要内容包括以下几个方面。

①明确适用的有关职业健康安全与环境的法律、法规及其他要求，并对组织的遵守情况进行调查和评价。

②辨识工作场所中的环境因素和危险因素。

③评价现有措施或计划采取的措施消除危害或控制风险的有效性。

④评价现有的规定、过程和程序，分析其有效性和实用性。

⑤评价以往的事故，分析检查组织是否建立了相应的措施。

⑥评价现行组织机构、资源配备和职责分工等情况。

5. 体系策划与设计

组织实施初始状态评审之后，根据评审结果，结合组织现有的资源以及现有的技术水平，进行管理体系的整体策划和设计，主要工作包括以下几个方面。

①制订职业健康安全管理方针。

②制订职业健康安全目标、指标和管理方案。

③确定组织机构和职责。

④确定职业健康安全管理体系文件结构和各层次文件清单。

⑤为监理和实施职业健康安全管理体系准备必要的资源。

6. 管理体系文件编制

环境管理体系文件是组织实施职业健康安全与环境管理体系标准的重要基础，也是组织达到预定的目标，评价与改进体系，实现持续改进和风险控制必不可少的依据。

7. 体系试运行

一个健全的职业健康安全管理体系要在实践中检验体系的充分性、适用性和有效性，做到安全事务事事有人管、人人有专责、办事有程序、检查有标准、问题有处理。

8. 管理体系的完善

为了保持管理体系实施的有效性，应对管理体系的实施进行主动型或被动型的监视和测量，对体系的每个部门和要素进行全面系统的内部审查，持续完善管理体系。

四、项目安全管理

（一）安全管理概述

项目安全管理是使项目建设生产过程处于避免人身伤害、设备损坏及其他不可接受的损害风险的状态，是满足生产安全所进行的一系列管理活动。安全管理秉承"安全第一、预防为主"的方针，应坚持以下六项基本原则。

①坚持同时管项目和安全。安全管理是项目管理的重要组成部分，安全管理是各级项目参与人员的职责。

②坚持安全管理的目的性。对项目中人、物、环境因素状态进行管理，有效控制人的不安全行为和物的不安全状态，消除和避免事故，保护劳动者的安全和健康。

③坚持"预防为主"方针。安全管理的方针是"安全第一，预防为主"。安全管理不仅仅是处理事故，重点是根据项目的特点对生产要素采取有效措施，阻止不安全因素的发展和扩大，将可能发生的事故消灭在萌芽状态。

④坚持"四全"动态管理。安全管理与项目的所有人员有关，涉及项目的整个过程及一切生产要素，应坚持全员、全过程、全方位、全天候的"四全"动态管理。

⑤坚持安全管理重在控制。安全管理与生产因素和状态的控制与安全管理的目的直接相关，安全管理的重点是对项目中人的不安全行为和物的不安全状态的控制。

⑥坚持持续完善。安全管理是一种动态管理，管理活动应适应不断变化的条件，消除新的危险因素。安全管理还应不断地探索新的规律，总结管理的办法与经验，以指导新的变化管理，不断提升安全管理水平。

（二）安全管理内容

项目安全管理贯穿于施工的全过程，关系着项目的生产安全和施工环境安全。在进行安全管理时，针对项目的特点进行安全策划，规划安全作业目标，确定安全技术措施，最终形成安全计划文件，其主要内容如下。

项目概况：包括项目的基本情况，可能存在的主要的不安全因素、危险类别及程度等，特别是重大危险源的辨识，如易燃易爆危化品、剧毒药品等。

安全控制和管理目标：应明确安全控制和管理的总目标和子目标，且应将目标具体化。

安全控制和管理程序：主要应明确安全管理和控制的工作过程和安全事故的处理过程。

安全组织机构：包括安全组织机构形式和安全组织结构的组成。

职责权限：根据组织机构状况明确不同组织层次、各相关人员的职责和权限，进行责任分配。

规章制度：包括安全管理制度、操作规程、岗位职责等规章制度的建立应遵循的法律法规和标准等。如安全巡查制度等。

资源配置：针对项目特点，提出安全管理和控制所必需的材料设施等资源要求和具体的配置方案。如消防器材、安全冲淋等设施的配置。

安全措施：针对不安全因素确定相应的措施。

检查评价：明确检查评价方法和评价标准。

奖惩制度：明确奖惩标准和方法。

（三）安全事故及处理

项目各参与单位应建立完善的安全生产规章制度，并严格执行，将安全事故扼杀在萌芽状态。一旦出现安全生产事故，则应按照相应事故等级进行处理。

1. 生产安全事故等级

根据生产安全事故造成的人员伤亡或者直接经济损失，事故一般分为下列4个等级。

①特别重大事故：指造成30人以上死亡，或者100人以上重伤，或者1亿元以上直接经济损失的事故。

②重大事故：指造成 10 人以上 30 人以下死亡，或者 50 人以上 100 人以下重伤，或者 5000 万元以上 1 亿元以下直接经济损失的事故。

③较大事故：指造成 3 人以上 10 人以下死亡，或者 10 人以上 50 人以下重伤，或者 1000 万元以上 5000 万元以下直接经济损失的事故。

④一般事故：指造成 3 人以下死亡，或者 10 人以下重伤，或者 1000 万元以下直接经济损失的事故。

2. 安全事故的处理原则

根据国家法律法规的要求，在进行生产安全事故报告与调查处理过程中，要坚持实事求是、尊重科学的原则，既要及时、准确查明事故原因，明确事故责任，使责任人受到应有的处罚；又要总结经验教训、落实整改和防范措施，防止类似事故再次放生。因此，对生产安全事故的处理必须坚持"四不放过"原则，即事故原因不清楚不放过，事故责任者和员工没有受到教育不放过，事故责任者没有处理不放过，没有指定防范措施不放过。

3. 安全事故的处理程序

安全事故的处理程序包括事故报告、事故调查和事故处理 3 个阶段，安全事故处理的程序如图 5-46 所示。

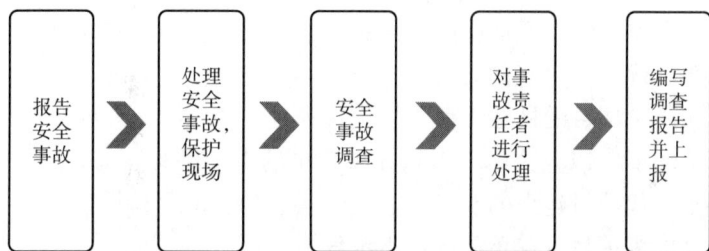

图 5-46　安全事故处理的程序

①事故报告。事故发生后，事故现场有关人员应当立即向本单位负责人报告。事故发生单位负责人接到事故报告后，应当立即启动事故应急预案，或者采取有效措施，组织抢救，防止事故扩大，减少人员伤亡和财产损失。同时，单位负责人应当于 1 小时内向事故发生地县级以上人民政府安全生产监督管理部门和负有安全生产监督管理职责的有关部门报告。情况紧急时，事故现场有关人员可以直接向事故发生地县级以上人民政府安全生产监督管理部门和负有安全生产监督管理职责的有关部门报告。事故发生地有关地方人民政府、安全生产监督管理部门和负有安全生产监督管理职责的有关部门接到事故报告后，其负责人应当立即赶赴事故现场，组织事故救援。

报告事故应当包括以下内容：事故发生单位概况；事故发生的时间、地点及事故现场情况；事故的简要经过；事故已经造成或者可能造成的伤亡人数（包括下落不明的人数）和初步估计的直接经济损失；已经采取的措施；其他应当报告的情况。

当事故报告后出现新情况时，应当及时补报。此外，事故发生后，有关单位和人员应当妥善保护事故现场及相关证据，任何单位和个人不得破坏事故现场、毁灭相关证据。

②事故调查。特别重大事故由国务院或者国务院授权有关部门组织事故调查组进行调查，重大事故、较大事故、一般事故分别由事故发生地省级人民政府、设区的市级人民政府、县级人民政府负责调查。省级人民政府、设区的市级人民政府、县级人民政府可以直接组织事故调查组进行调查，也可以授权或者委托有关部门组织事故调查组进行调查。未造成人员伤亡的一般事故，县级人民政府也可以委托事故发生单位组织事故调查组进行调查。事故调查组需做好以下工作：

查明事故发生的经过、原因、人员伤亡情况及直接经济损失。

认定事故的性质和事故责任。

提出对事故责任者的处理建议。

总结事故教训，提出防范和整改措施。

提交事故调查报告。

③事故处理。有关机关应当按照人民政府的批复，依照法律、行政法规规定的权限和程序，对事故发生单位和有关人员进行行政处罚，对负有事故责任的国家工作人员进行处分。事故发生单位应当按照负责事故调查的人民政府的批复，对本单位负有事故责任的人员进行处理。负有事故责任的人员涉嫌犯罪的，依法追究刑事责任。

五、EHS 管理在现代工程项目管理中的地位

项目环境、健康和安全管理是现代项目的基本要求，应与项目主体工程同时设计、同时施工和同时投产运行，即"三同时"。

①EHS 管理体现了项目的社会责任和历史责任。

②EHS 管理推动了"以人为本"方针在项目中的贯彻落实。

③EHS 管理是现代项目建设的要求，有利于实现项目的可持续发展。

④EHS 管理已成为项目承包单位的基本责任。

六、项目 EHS 管理要求

项目 EHS 管理过程中，应该注意以下要求。

①应从项目全寿命期的角度强化 EHS 管理。

②应按照 EHS 管理体系的要求实施项目管理。

③应建立全面的 EHS 管理责任体系。

④EHS 管理应符合法律的要求。

⑤EHS 管理要建立良好的企业文化和管理环境。

⑥EHS 管理要理顺与传统的三大目标控制的关系。

七、EHS 与传统的三大目标之间的辩证关系

EHS 和传统的质量目标（quality）、进度目标（time）、费用目标（cost）三大目标体系是一个有机的整体，是"三大目标"实现保障基础，具有自身特点：

①EHS 管理比传统的目标管理具有更大的强制性。

②有利于降低项目的社会成本与环境成本。

③能够实现以人为本的项目管理。

④提升企业的品牌和形象，增强企业的竞争力。

⑤EHS 管理促进项目管理现代化。

案例分析14

生产基地一期项目的环保管理

A 生物制药公司生产基地一期项目对环保要求高，施工单位必须解决在项目实施过程中出现的一切环境问题。

（1）环保管理计划的制订。

项目环保管理计划，是项目环保管理的指南，也是环保管理计划执行的依据。

环保管理计划的内容主要包括：环保管理政策；环境因素的认识与评估；环境目标和指标的制订。

（2）环保管理计划的实施。

环保管理计划付诸行动的动态过程伴随着工程项目实施的全过程。

①项目环保管理的组织架构。

②环保意识及能力培训。工地有关员工必须接受公司组织的环保管理培训，包括环境意识、环境管理体系、环境技术和技能等的培训。

③资讯传递。环保小组每月定期开会，讨论环保事项；内部传递环保资讯，如文件传阅、张贴报告等。

④环保管理文件及文件控制。工地应备齐有效版本的《环保政策》《环保管理手册》和《标准工作程式》等环保管理文件。作废的或过时的文件应撤走，需要保存的任何过期文件应有适当标记。

⑤环保运行控制措施。根据当地政府的相关规定和文件，编制并实施《环境管理计划表》，指派合适的检验人员进行检验和填写。

⑥应急准备与应变措施。工地要设立紧急应变小组，就紧急事故编写"环保紧急事故处理流程表"，并在工地环保会议上找出与主要环境因素有关的紧急事故。

⑦项目特别的环保工作。在本项目环境影响评估中指出了工程可能会对环境造成不良影响。项目施工期间应针对土地污染、空气质量影响、水质影响、噪声污染、废弃物影响和对生态的影响等实施相应的缓解措施，使工程所引起的不良影响减低到可接受的程度。

（3）环保管理工作的监察和审核。

①实施检查的组织形式。本项目实施过程中，对环保管理的监察和评估也是有三种组织形式，一是政府部门独立进行，二是项目管理班子独立进行，三是施工单位总部独立进行。

②检查、评估的内容。

环保检查：专门人员到工地上巡察施工情况，如发现违反环保法例等的事项发生，即发出不符合点的部位和内容的书面通知，责令工地跟进改善。

环保审核：工地定期进行内部审核，以验证各有关部门和人员是否有效地执行环保管理体系，及是否满足国际标准 ISO 20000 的要求。审核报告须定时提交，给有关机构和公司作为评定环保管理体系的依据不符合情况、纠正及预防措施：工地在审核或巡查中发现不符合情况时，审核员或检查员对每项不符合情况均应提出纠正措施要求，并由受审方制订出纠正措施计划并加以实施，以便进行跟踪检查。

③环境监察与审核。施工期间，施工单位对于土地污染、空气质量、水质、废物管理和生态情况等进行定期的环境监察与审核。基于公众对本项目的关注，为确保工程的透明度，承建商在工地内安装网路摄影机系统，以供公众人士在互联网上及时监察工地施工的情况。

（4）环保管理工作的改进。

改进工作从总结环境管理体系运行中出现的问题所得到的经验教训入手，检查和评价项目环境管理体系的持续适用性及实施的有效性，调节和改善环境管理体系，最终达到使项目的环境管理和环境绩效持续改进。

第八节　项目风险管理

在项目投资建设过程中，如不能积极进行风险管理，实际发生的风险就可能对项目造成严重影响。项目风险管理是指对项目风险从识别到分析乃至采取应对措施的一系列活动。

一、项目风险概述

（一）项目风险分类

1. 风险的定义

风险有以下两种定义：风险就是与出现损失有关的不确定性；风险就是在给定情况下和特定时间内，可能发生实际结果与预期结果之间的差异（或实际结果与预期结果之间的差异）。风险需具备三方面条件：存在性、不确定性、损失后果，否则就不能称为风险。

2. 风险分类

风险有不同的划分标准，常用风险分类如图 5-47 所示。

（二）项目风险特点

项目风险具有不同的特点。

①客观性：项目实施过程中的自然环境、政治军事、社会生活矛盾等变化因素都是客观存在的，不以人的意志为转移。

②不确定性：项目的风险时间的发生与否及后果严重程度都是不确定的。

③可变性：项目的可变性表现在风险性质的变化、后果的变化，出现新的风险或风险因素的消失等。

④相对性：项目风险主体的相对性和风险大小的相对性。

⑤阶段性：项目风险阶段性是指包括在风险发生前阶段、风险发生阶段和造成后果阶段都具有明显的时段性特点。

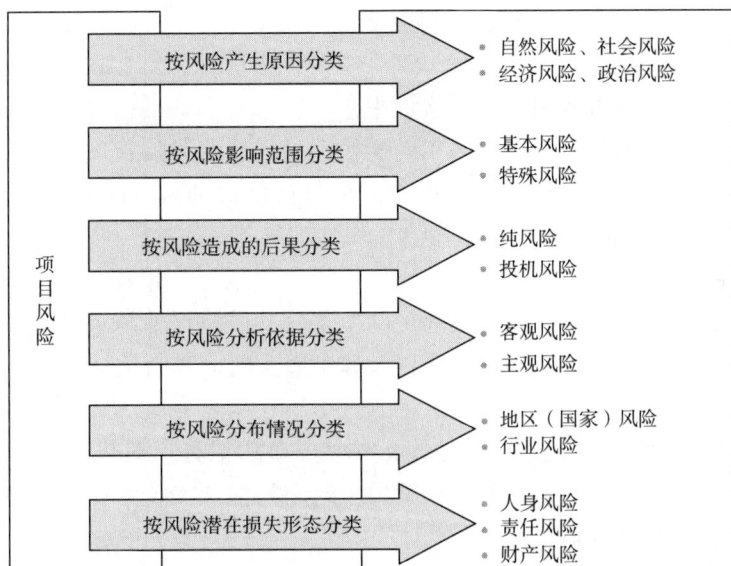

图 5-47 项目风险分类

二、项目风险管理

(一) 项目风险识别

风险管理首先必须识别和分析评价潜在的风险领域,分析风险事件发生的可能性和危害程度,若不能准确地识别项目面临的所有潜在风险,就失去了处理这些风险的最佳时机,无意识地自留风险。

风险识别包括确定风险的来源、风险产生的条件,描述其风险特征和确定哪些风险会对项目产生影响。项目风险识别并非一蹴而就,应当在项目进行中自始至终反复进行。

1. 识别风险的依据

①企业环境因素,可利用已发表的资料。

②组织过程资源,可以从类似项目的档案中获得相关信息。

③项目范围说明书,从中可以查到项目假设信息

④风险管理计划,可为风险识别提供相关信息。

⑤项目管理计划,包括进度计划、成本和质量管理计划。

2. 风险识别的方法

识别风险是一项复杂的工作,常用方法如下所示。

①项目文件审查。

②信息采集技术,包括采用头脑风暴法、德尔菲法、访谈、原因调查、优势、劣势、机会与威胁(SWOT)分析等方法。

③检查清单分析,检查清单可以根据历史资料、以往类似项目所积累的知识以及其他信息来源着手制订。

④假设分析,即从假设的错误、矛盾或不完整当中识别项目f风险。

⑤图形技术,首先建立一个工程项目的总流程图与各分流程图,展示项目实施的全部

活动。流程图可用网络图来表示，也可利用 WBS 来表示。

3. 识别风险的结果

风险识别的结果一般载入风险名单文件中。

风险识别的主要成果是进入风险名单的最初记录。随着风险管理过程的继续，风险名单还将包括其他风险管理流程的成果。风险名单包括已识别风险的清单、应对措施清单、风险原因分析、更新的风险分类。

（二）风险评估

项目风险评估包括风险估计和风险评价两个部分。风险评估是对风险发生的概率、风险后果的严重程度、风险影响范围的大小以及风险发生时间进行估计和评价。

1. 风险估计

风险估计包括对风险事件发生的概率及概率分布的估计、对风险后果严重程度的估计、对风险发生时影响范围的估计和对风险发生时间的估计 4 个方面。风险估计的方法主要有数理统计法和敏感性分析等。

2. 风险评价

风险评价是在风险识别和估计的基础上，综合考虑工程项目风险的发生概率和损失程度，并与公认的安全指标相比较，通过定量和定性分析确定是否需要采取相应措施的过程。风险评价的目的是进一步了解风险对工程项目总体的综合影响，从而为风险应对措施奠定基础。

①风险评价的步骤。

确定项目风险评价标准。项目风险评价标准是项目主体针对不同项目风险确定的可以接受的风险率。对单个项目风险要确定单个风险评价标准，对整体风险要确定整体风险评价标准。

确定项目风险水平。项目风险水平包括单个风险水平和整体风险水平。整体风险水平是在综合所有单个风险的基础上确定的。

将风险水平与评价标准相比较。将单个风险水平与单个评价标准进行比较，可知单个风险是否可接受；将整体风险水平与整体评价标准进行比较，可知整体风险是否可接受。

②风险评价的方法。常用的工程项目风险评价的方法主要有主观评分法和蒙特卡洛模拟法等。

主观评分法，又称为综合评分法，是指将项目中识别出的所有可能遇到的风险列成项目风险表，提交给有关专家，利用专家经验对风险因素的等级和重要性进行评估，从而确定出项目的主要风险因素。这是最简单、最常用的评价方法。

蒙特卡洛模拟法，又称为统计模拟法，它用概率分布来表示每个不确定因素，通过对随机变量进行统计试验和随机模拟，抽样计算足够多的次数，能直接处理所有的不确定因素中的各种情况，最后给出所有不确定因素产生风险的概率分布。

③风险评价报告。风险评价完成后应编制风险评价报告。风险评价报告的主要内容包括风险因素的名称、风险产生的原因概述、风险因素发生的可能性分析、风险发生时可能产生的后果评估和风险控制及处理措施等。

（三）风险应对

风险应对是指在风险评估的基础上，为避免风险发生、减小风险发生的概率或减小风险后果的损失程度而采取的各种措施。常见的风险应对措施有风险回避、风险转移、风险减轻和风险自留等。

1. 风险回避

风险回避是指当风险发生的概率很大，造成损失的严重程度也很大，但又没有更好的方式应对时，主动放弃项目或改变项目目标与行动方案，从而回避风险的一种策略。例如，因地缘政治风险放弃国际投资项目。

2. 风险转移

风险转移是通过合同或协议等方式，将某些风险的后果及对风险应对的权利和责任转移给他人。转移的本身并不能消除或减小风险，而是将风险管理的责任和可能从管理中所获得的利益转交给了他人。风险转移的方法有很多，常见的有合同、工程保险和工程担保。

①合同。合同转移风险是指借助合同法，通过与有关方签订连带风险在内的合同，将风险转移给对方。例如，签订发包合同可将风险转移给承包商，签订分包合同可将风险转移给分包商。

②工程保险。工程保险是对项目在建设中因自然灾害或意外事故而造成的财产损失或人身伤亡进行补偿的保险。工程保险合同包含的基本要素有投保人、被保险人、责任范围、除外责任、保险期限、保险金额、责任限额、免赔额和特别条款等。

③工程担保。工程担保是指在项目实施过程中，由担保人（银行、保险公司、担保公司和其他金融机构等）为建设单位或施工单位提供担保，当建设单位或施工单位不履行合同时代为履行并承担代偿义务。常见的工程担保有投标担保、履约担保、支付担保和预付款。

3. 风险减轻

风险减轻是指降低风险发生的可能性或减少后果的不利影响。采取风险减轻的方式时，应首先考虑减小风险发生的概率，若不能降低风险发生的概率，再采取应对措施以减轻风险的不利后果。

4. 风险自留

风险自留是指项目管理者将风险的不良后果留给自己承担的一种措施。风险自留可分为被动风险自留和主动风险自留。被动风险自留是在未能正确识别及评估风险的情况下，被迫采取自担风险损失后果的应对方式。主动风险自留是在风险识别及评估的基础上，衡量应对措施后，认为将风险留给自己最为合适时采取的处理方式。

（四）风险监控

项目风险监控包括风险监视和风险控制两个部分。当风险事件没有发生时，跟踪监视已识别的风险；当风险事件发生时，实施预定的规避措施；当风险事件得到控制时，监视残余风险。常用的风险监控方法有定期评估、风险预警、风险审计和技术绩效衡量等。

①定期评估。在项目建设的过程中，各种风险在性质和数量上都是在不断变化的，需要定期进行风险评估，防患于未然。

②风险预警。指对于项目管理过程中有可能出现的风险，采取超前或预防范的管理方式，一旦在监控过程中发现有发生风险的征兆，及时采取校正行动并发出预警信号，以最大限度地控制不利后果的发生。

③风险审计。风险审计旨在检查风险监控机制是否执行，并定期进行风险审核，在重大的阶段及节点重新识别风险并进行分析，对没有预计到的风险制订新的应对计划。

④技术绩效衡量。技术绩效衡量是比较项目执行期间的技术成果与项目计划中的技术成果两者间的偏差，如比较实际功能是否满足原来计划的功能等。

案例分析15

生产基地一期项目风险管理

A 生物制药公司生产基地一期项目为新建项目，位于 SZ 市北部郊区。项目建设规模为 6 万吨生物制剂，建设内容包括生产车间、库房、辅助生产设施、研发中心、办公生活设施等。主要生产设备有培育、发酵、纯化、干燥、包装；辅助设备包括散料处理、空气净化、配电、水/污水处理、公辅设施、IT/通讯系统等。

（1）项目风险管理流程。

项目风险管理的目的是对项目相关的风险进行系统识别、评估及管理，从而提升项目的整体效益。风险管理是对项目不断改进的一个反复过程，在不断变动的项目进展中需要建立并完善系统化的风险管理流程（图5-48）。

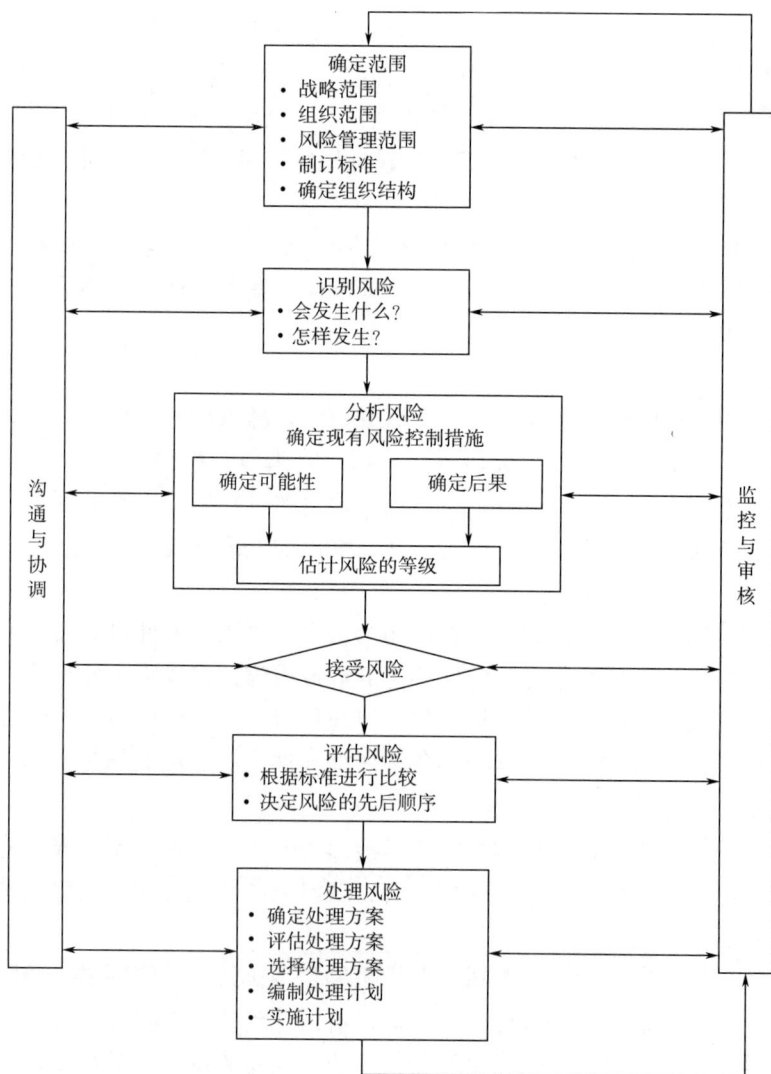

图 5-48　风险管理流程图

（2）项目风险管理表格。

利用下面的表格，可以更好地落实上述风险管理流程。

①风险识别矩阵（表5-13）。

表5-13 风险识别矩阵

风险来源	影响范围									
	资产资源基础	收入及权力	成本	人员	社区	绩效	活动时间安排	环境	无形资产	组织行为
商业法律关系										
经济环境										
人类行为										
自然事件										
政治环境										
技术事宜										
管控行为										
个人活动										

②风险后果的定性描述（表5-14）。

表5-14 风险后果的定性描述

程度	级别	判定标准
1	极轻微	没有人员伤亡，经济损失很小
2	轻微	有人需要得到帮助，有害物质排放现象在工地内得到控制，造成中等经济损失
3	中等	有人需要治疗，有害物质排放现象依靠外部协助在工地内得到控制，造成大量经济损失
4	严重	多人受伤，有害物质外泄未造成不良影响，生产能力受损，造成严重经济损失
5	灾难性	有人死亡，有害物质外泄并造成严重后果，经济损失巨大

③风险概率的定性描述（表5-15）。

表5-15 概率描述

程度	级别	判定标准
A	几乎必然	预计在大多数情况下发生
B	很有可能	在大多数情况下可能发生
C	可能	有时候可能发生
D	不太可能	偶尔发生
E	几乎不可能	只有在特殊情况下才会发生

④风险分析定性矩阵——风险程度（表5-16）。

表5-16 风险分析矩阵——风险程度

概率	后果				
	极轻微	轻微	中等	严重	极严重
几乎必然	H	H	E	E	E
很有可能	M	H	H	E	E
可能	L	M	H	E	E
不太可能	L	L	M	H	H
几乎不可能	L	L	M	H	H

注：E：极高风险，需要立即采取行动。H：高风险，须引起高管人员重视。M：中等风险，必须明确管理责任。L：低风险，可通过日常程序进行管理。

（3）项目风险分析。

项目风险分析贯穿于项目的整个生命周期，对不同阶段的主要工作都应建立相关的风险管理程序。例如，在实施阶段中的招投标、现场准备、公用设施、人员设备等各因素进行风险识别，掌握风险发生的可能性和严重程度，并进行风险等级评价。本项目采用博尔达（Borda）评分方法，按照风险影响和概率的评估标准，将风险程度从大到小评价，并列出风险矩阵中比当前情况更严重的一系列风险。例如，博尔达等级中0（零级）表示最大风险，1表示风险程度较高，评分制为0~N的整数。

首先计算博尔达值：（2×总风险数）－（影响等级+可能性等级）。博尔达值数值越小，风险程度越高，以此类推（表5-17）。

表5-17 博尔达等级的图标模式

编号	风险	后果	可能性	等级
13	若未能如期获得环境许可，则现场土方工程将比预期延后	严重	很有可能	0
16	若贷款协议的谈判比预期困难，则融资安排将延期	中等	很有可能	1
3	若项目周边的干道未通车，则项目进度将延期	轻微	几乎必然	2
15	若市政污水处理设施未完工，则项目进度将延期	轻微	几乎必然	2
4	若项目因新冠疫情导致进口核心设备交付延期，项目的进度将会延期	严重	可能	4
1	若项目周边居民安置比当地政府承诺需时更长，则现场准备工作不能按时开始	轻微	很有可能	5
14	若投标价格或质量未达到预期结果，则重新安排招标	中等	不太可能	6
5	若第三方取得环境许可需时比当地政府承诺更长，则项目会缺乏相应基建设施而延迟	轻微	可能	7
7	若第三方承包商未雇佣到足够工人或配备足够的重型机械，则则现场准备和土方工程将会延迟	极轻微	很有可能	8
11	若税务结构及策略出现失误，则项目不能实现预期目标	极轻微	很有可能	8

续表

编号	风险	后果	可能性	等级
2	若水电供应设施未铺设，则现场安装和基建工程将会延误。	轻微	不太可能	10
6	若预计的降雨量超预期，则现场准备、土方工程、设备安装工程将会延误	轻微	不太可能	10
8	若人力资源不足，则工厂将不能顺利运营	轻微	不太可能	10
12	若外籍专家未如期取得签证和工作许可，则进口设备安装调式工作将会受阻	极轻微	可能	13
9	若工艺流程未如预期理想，则将会对生产过程产生影响	极轻微	不太可能	14
10	若市政污水处理设施的运营未如期理想，则项目开工延误	极轻微	几乎不可能	15

（4）项目风险应对。

项目风险常用应对措施有回避、转移、减轻、自留方式。考虑本项目特点，本项目主要采用"合并保险方案"的工程投保措施进行风险转移，投保对象包括项目业主、所有承包商和分包商。与以往的各方只购买自己的保险不同，本项目由项目业主负责购买所有项目参与方的保险。

项目实施是将材料、设备、资金等生产要素转变为实体并实现预期目标的过程，涉及招投标、采购、进度、质量、费用、EHS、风险等管理内容，每项内容参与人员的能动性对项目预期目标的达成度起到关键性、决定性作用。项目每个参与人员的职责得到明确，权力得到落实，利益得到保障，才能够最大限度地创造价值，推动项目顺利落成。项目的实施是为了发挥社会经济效益，只有人民分享到发展的红利，项目才能得到可持续性发展，集约性发展。一个项目如此，一个企业如此，一个国家也是如此。

❓ 思考与拓展

①项目实施管理体系的组成由哪些？
②项目实施管理三大目标如何取得平衡？
③项目 EHS 管理的重要性体现在哪些方面？
④项目实施管理在未来职业中有哪些借鉴意义？

拓展阅读

思政案例

第六章
项目实施收尾管理

项目收尾管理是项目实施过程的最后环节，是从项目所涉及的质量、进度、费用、EHS等全部要素进行衡量，判断项目是否达到预期目标，为项目投产运营做好准备。项目后评价是在项目运营后对整个项目投资建设过程进行回顾总结，为工程项目管理积累丰富经验。通过项目收尾管理章节学习，使学生增强学生对项目组织管理目标实现效果的认识，建立"善始善终"的项目全过程管理理念。

本章主要介绍了项目收尾管理概述、项目验收、项目验收结算和决算、项目后评价等内容。

第一节　项目收尾管理概述

收尾阶段是项目生命周期的最后阶段，也是保证项目正式投入使用的重要阶段。项目收尾工作的结束，标志着项目参与方完成在本项目中承担的责任和任务，并从项目中获得相应利益。

一、项目收尾管理的主要内容

科技研发项目的收尾管理主要围绕项目验收组织、验收材料归档、项目余留经费处理等内容开展的计划、组织、协调、控制等活动。

工程建设项目收尾管理主要围绕项目的竣工、试运行、竣工验收、竣工结算、竣工决算、后评价等开展的计划、组织、协调、控制等活动。工程建设项目收尾管理的主要工作内容如图6-1所示。

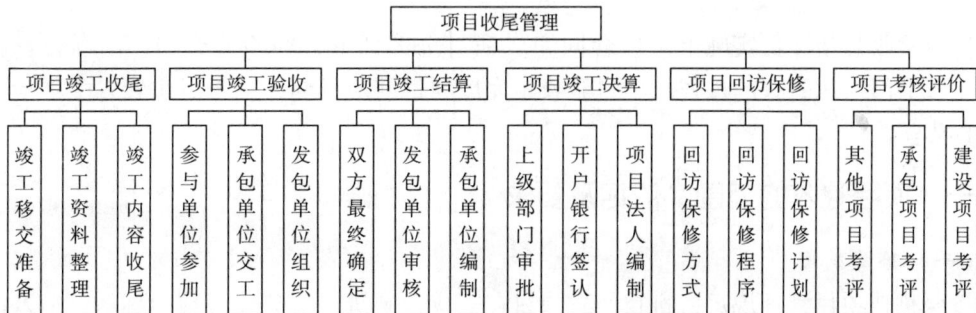

图6-1　工程建设项目收尾管理

二、项目收尾管理的要求

为了提高项目收尾管理的质量，需要制订详细的收尾管理工作计划和具体要求，并纳入管理体系进行运行控制。收尾阶段各项管理工作应符合下列要求：

1. 项目验收收尾

在项目验收前，项目实施单位成员应根据合同任务指标检查各项工作的完成情况，并形成文件；项目总合同和分合同之间还有哪些工作需要交接收尾；项目核心工作和配套工作还有哪些工作需要沟通协调，以保证验收收尾顺利完成。

2. 项目验收

项目收尾工作按计划完成检查评定后，项目承担单位应及时向主管部门递交项目验收申请报告。按照项目管理规定，项目承担单位会同主管部门、项目参与各方，组织进行项目验收。

3. 项目验收结算

项目验收条件具备后，项目任务的各实施单位应合同约定，及时编制项目验收结算文件，按有关规定办理验收结算。

4. 项目验收决算

项目验收决算是由项目承担单位编制的项目从策划到验收全过程的所有实际支出费用的经济文件，是反应项目实施成果和财务情况，是验收报告的重要组成部分。按照国家相关规定，项目验收决算应聘请第三方审计机构进行审计。

5. 项目后评价

项目后评价是指工程建设项目建成并投入生产运营的一段时间后，运用科学、系统、规范的方法，对项目的前期策划、立项决策、设计施工、生产运营等全过程的投资活动进行总结评价，通过对项目实际取得的经济效益、社会效益和环境影响进行综合评价，判断项目预期目标实现程度的评价方法。通过项目后评价，全面总结工程建设项目决策、实施和运营状况，将本项目实施过程的经验教训，反馈到未来项目中，为新的项目建设提供宏观导向、政策和管理程序反馈信息。项目后评价作为项目管理的反馈控制活动，是工程建设项目管理的一项重要内容，是项目收尾管理程序中的重要环节。

第二节　项目验收

项目验收是指项目实施单位按合同完成项目全部任务，经检验合格，由项目承担单位、主管部门组织验收的过程。项目验收是完成项目预期目标，项目成果转入生产应用的重要标志。

一、项目验收的范围、依据及要求

（一）验收范围

按照科技项目管理规定，科技研发项目在完成合同研究任务、考核指标后，应及时组织验收。

凡新建、扩建、改建、技术改造的工程建设项目，按批准的设计文件所规定的内容建成，并符合验收标准的，必须及时组织验收，办理固定资产移交手续。基本符合验收标准且不影响正常生产的工程建设项目也应办理验收手续，对剩余工作应按设计留足投资，限期完成。对不合格的工程建设项目不予验收。

（二）项目验收的依据

项目验收的主要依据包括以下几个方面。

①上级主管部门对该项目批准的各种文件，如科技研发项目的立项批示文件，工程建设项目的可研、初设、规划、环评等批复文件。

②国家颁布的各种现行标准和规范，包括项目施工质量验收规范、施工技术标准等。

③项目签订的各类合同协议文件，包括项目实施过程中的变更通知等。

④项目策划、决策、实施过程中形成的重要文件，如科技研发项目的实施组织方案，工程建设项目的可行性研究报告、初步设计等。

二、项目验收程序

科技研发项目的验收程序包括验收文件整理、验收申请、组织项目验收、验收文件归档等工作。

工程建设项目验收工作通常按图6-2所示程序进行。

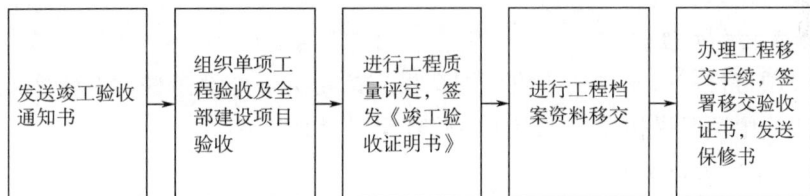

图6-2 项目竣工验收程序

（一）发送验收通知书

项目实施结束后，项目实施单位应在检查评定合格的基础上，向项目承担单位发出预约竣工验收的通知书，并提交竣工报告，说明项目的整体施工情况，商定有关验收事宜。

（二）组织单项验收及整体项目验收

单项验收阶段：单项验收阶段指项目中一个单项，按设计图纸的内容和要求完成建成，并能满足生产或使用要求、达到竣工验收标准时，可单独整理有关施工技术资料等，进行工程质量评定，组织验收和办理固定资产转移手续。

整体验收阶段：全部验收阶段指整个建设项目按设计要求全部建成，并符合竣工验收标准时，组织验收，办理工程档案移交及工程保修等移交手续。在全部验收时，对已验收的单项工程不再办理验收手续。

（三）进行项目工程质量评定，签发《竣工验收证明书》

根据设计图纸和设计文件的要求，以及国家规定的工程质量检验标准，验收工作组或验收委员会提出验收意见，在确认工程符合竣工标准和合同条款规定之后，应向实施单位签发《竣工验收证明书》。

（四）进行档案资料移交

项目档案资料是项目施工情况的重要记录。项目验收后，应立即将全部档案资料按单项工程分类立卷，装订成册，然后列出工程档案资料移交清单，注明资料编号、专业、档案资料内容、页数及附注。双方按清单上所列资料点清移交，双方在移交清单上签字盖章。移交清单一式两份，双方各自保存一份，以备查对。

（五）办理移交手续

项目验收完毕，项目承担单位要向项目生产使用单位逐项办理工程和固定资产移交手续，并签署交接验收证书和工程保修证书。

三、项目验收中遗留问题的处理

工程建设项目在竣工验收时总不可避免地存在一些问题。根据国家相关规定，对于验收时发现的施工遗留问题，实施单位应提出具体解决措施，并在限期内落实完成。

（一）遗留的收尾工程

（1）承包合同范围内遗留的收尾工程，要求实施单位在限定期限内完成。

（2）各承包合同之外的少量收尾工程，可以一次或分期划给生产单位实施。

（3）分期建设和分期投产的工程项目，前一期工程验收时遗留的少量收尾工程可在后一期工程建设时组织实施。

（二）协作配套工程

工程建设项目投产后原材料或协作配套供应的物资等外部条件没有落实或发生变化，验收交付使用后由项目承担单位和有关主管部门抓紧时间解决。

（三）"三废"治理工程

根据我国工程项目管理规定，"三废"治理工程必须与主体工程同时设计、同时施工、同时交付使用。对于不符合要求的工程，验收委员会应联合地方环保部门给出整改建议，待环保设施整改符合标准后才能投产。否则要追究法律责任。

（四）劳保安全措施

根据我国工程项目管理规定，劳保安全措施与主体工程同时设计、同时施工、同时交付使用。对竣工时遗留的及试车中发现的必须新增的安全及卫生保护措施，要安排投资和材料，限期完成整改，组织验收合格后方可投产。

第三节　项目验收结算和决算

一、项目验收结算

项目验收结算是指项目实施单位完成合同内容后，根据合同约定、进度、变更等情况编制的项目经费结算书，是对完成工作价格进行计算的过程。结算价是结算工作部分的实际价格，是结算工作量经费款项的凭据。

（一）验收结算的依据

①项目实施相关合同、协议，变更通知记录等文件。

②项目实施相关项目的取费标准及其他价款规定。

③项目实施的工作的计量标准及工作量额度计算。

④项目实施图纸、相关技术资料文件。

（二）验收结算的程序

①编制验收结算书时，应对合同内规定的施工内容进行检查与核对，包括工程量、单价取费及计算结果等。

②核查合同的执行情况，对不符合合同规定的漏算、错算等情况进行调整。

③将编制的项目验收结算书送交有关部门审查。

④项目验收结算书经确认后，工程项目可办理结算拨款手续。

二、项目验收决算

验收决算是指整个工程项目全部完成后，项目承担单位通过编制决算书来计算从立项到竣工验收及交付使用的全过程中实际支付的全部费用，是整个工程项目最终实际费用。对于工程建设项目，验收决算书由决算报表和决算编制说明书两大部分组成。决算报表一般包括工程概况表、财务决算表、交付使用财产表和交付使用财产明细表等。

决算编制说明书是对决算报表进行分析和补充说明的文件，一般包括以下几个方面。

①项目概况。

②资金来源和使用情况。

③对概算、预算和决算进行对比分析，说明资金使用的执行情况。

④各项技术经济指标的完成情况。

⑤结余设备、材料和资金的处理意见。

⑥财务管理工作的经验、存在的主要问题和解决措施等。

（一）验收决算的依据

①可行性研究报告及其投资估算。

②初步设计或扩大初步设计及其概算或修正概算。

③施工图设计及其施工图预算。

④招投标的标底、承包合同及工程结算资料。

⑤施工记录或施工签单，以及其他施工中发生的费用记录，如索赔报告与记录、停工报告等。

⑥竣工图及竣工验收资料。

⑦同类项目基建资料、历年财务决算及批复文件。

⑧设备、材料调价文件和调价记录。

（二）验收决算的程序

①收集、整理并分析原始资料。从工程项目立项开始就按编制依据的要求，收集、整理有关资料，如工程建设项目的设计文件、施工记录、上级批文、预算文件等。

②对照核实项目工作变动情况，重新核实单项工程造价。将竣工资料与原设计图纸进行查对、核实，必要时可实地测量，确认实际变更情况，按照有关规定对原概算进行增减调整，重新核定工程造价。

③编制验收决算报表和财务决算说明书。

④做好工程造价对比分析。

⑤按国家规定进行审计、上报、审批、存档。

第四节　项目后评价

工程建设项目在收尾阶段需要开展后评价工作。项目后评价是指在项目生产运营一段时间后，对项目的立项、设计、施工、竣工投产、生产运营等全过程进行客观分析和总结，评断项目的规划合理性、预期目标实现程度、主要效益。通过项目后评价找出项目实施成功或失败的原因，总结经验教训，为未来新项目的决策提供依据，从而提高新项目的投资效益。

一、项目后评价的作用

项目后评价的目的在于提高项目决策科学化水平，促进工程活动规范化，改进项目管理和提高项目综合效益等。项目后评价的主要作用体现在以下几个方面。

①总结项目管理的经验教训，提高项目前期策划决策的工作质量。

②为政府制订和调整经济政策提供依据。

③为金融机构防控风险起到提示作用。

④对提升项目管理团队的管理水平起到借鉴作用。

⑤对工程建设项目实施起到督促作用。

⑥加强项目出资人的投资监管作用。

二、项目后评价的内容

工程建设项目后评价的回顾和总结，一般分为项目目标评价、项目实施过程评价、项目效益评价、项目影响评价和项目持续性评价等5个方面。

（一）项目目标评价

项目目标评价是将项目实际运作所产生的某些经济、技术指标与项目立项审批决策时所确定的目标进行比较分析，检查项目达到预期目标的程度，分析实际产生偏差的原因。

项目目标包括宏观目标和直接目标两个层次。宏观层次目标指项目间接对社会、经济和环境等方面的影响。直接目标是项目产生的直接作用和效果。无论是项目宏观目标还是直接目标，一般都采用定量指标来表述，确实难以定量的，也可采用定性指标来描述。

（二）项目实施过程评价

项目实施过程评价通常采用合理性、效率、效益、可持续性四个方面进行评价，评价过程包括项目前期决策、项目建设准备、项目建设实施和项目投产运营四个阶段。项目实施过程评价一般包括以下几个方面。

①项目的策划和决策。

②项目建设内容和规模。

③项目实施进度和实施情况。

④项目配套设施和服务条件。

⑤项目的管理和机制。

⑥项目生产运营情况。

⑦项目财务执行情况。

（三）项目效益评价

项目效益评价是对项目实施的最终效果和效益进行分析评价，即对项目的工程技术效果、财务效益、经济效益、环境效益、社会效益和管理效果等方面与项目可行性研究和决策时的主要指标进行全面对照、分析和评价，找出变化和偏差，分析原因。

（四）项目影响评价

项目影响评价一般包括经济影响评价、社会影响评价和环境影响评价3个方面。

经济影响评价主要分析评价项目的实施对所在地区及国家、所属行业所产生的经济方面的影响。要注意区别经济影响评价和项目效益评价中的经济影响评价，避免重复评估。经济影响评价主要包括以下几个方面。

①项目效益在各个利益相关者之间的分配比例是否合理。

②项目对技术进步的影响分析。

③项目实施的效果对所在地区及国家的生产力布局、结构调整和产业结构合理化的影响分析。

社会影响评价是从促进社会发展的角度，对项目所在地区及国家产生的有形和无形社会效益的一种评判，重点评价项目对所在地区和社区的影响，如就业、居民生活条件和生活质量、基础设施建设和未来发展规划等方面的影响。

环境影响评价是根据项目论证时批准的环境影响报告书，重新审查项目环境影响的实际结果，主要从污染的控制、地区环境质量的控制、自然资源的利用和保护、区域生态平衡的管理等方面来评估项目环境管理的决策、制度及规范等的可靠性和实际效果。

（五）项目持续性评价

项目持续性的影响因素一般包括国家政策、管理组织、财务、技术、经济、社会文化和生态环境等。项目持续性评价是指在项目建设完成并投入运行之后，对以下几个方面进行的评价，是对项目未来发展趋势进行科学的分析和预测。

①项目的预期目标是否按期实现。

②项目是否可以持续地发展。

③项目使用单位是否愿意继续实现预期目标。

④是否可在未来以同样的方式建设同类项目。

三、项目后评价的方法

项目后评价最常用的方法有逻辑框架法、对比分析法、调查法和专家打分法等，各评价方法之间不是排他和相抵触的，可在同一项目后评价工作中综合选择应用。

（一）逻辑框架法

逻辑框架法是用一张简单的框图来清晰地分析一个复杂项目的内涵和关系，是将几个内容相关、必须同步考虑的动态因素组合起来，通过分析其间的关系进行评价，如表6-1所示。

表6-1 逻辑框架法

垂直逻辑	水平逻辑			
	预期指标	验证实现指标	验证方法	外部条件
宏观目标	目标与影响	目标指标	检测和监督手段和方法	实现目标的主要条件

续表

垂直逻辑	水平逻辑			
	预期指标	验证实现指标	验证方法	外部条件
具体目的	目标与作用	目标指标	检测和监督手段和方法	实现目标的主要条件
产出	产出与结果	产出物	检测和监督手段和方法	实现产出的主要条件
投入	投入与措施	投入物定量指标	检测和监督手段和方法	落实投入的主要条件

项目后评价可通过应用逻辑框架法来分析项目原定的预期目标、各种目标的层次、目标实现的程度及原因，验证实现指标一般应反映出项目实际完成情况及其与原预测指标的变化或差别，用于评价项目的效果、作用和影响。

应用逻辑框架法进行项目后评价时，必须清晰定义描述项目最初确定的以下内容。

①清晰并可度量的预期目标。

②不同层次、不同阶段的目标和最终目标之间的联系。

③项目成功与否的考核指标。

④项目实施的主要内容。

⑤策划决策和设计时的主要假设条件。

⑥检查项目进度的标准方法。

⑦项目实施中要求投入的资源。

（二）对比分析法

对比分析法是项目后评价最常用的方法，包括前后对比法、有无对比法和横向对比法。

前后对比法是指将项目实施前与项目完成后的情况加以对比，以确定项目效益和影响的一种方法。采用前后对比法一定要注意数据口径一致才具有可比性和可信性。

有无对比法是指将项目实际发生的情况与没有该项目时可能发生的情况进行对比，以判断项目的真实效益、影响和作用。很多项目实施后的效果不仅有本身的效果和作用，还有外部多种因素的影响，简单的前后对比不能得出真正的项目效果结论，必须采用有无对比的方法才能判定项目的真实效果。有无对比同样要求项目投入的代价与产出的效果数据口径一致。

横向对比法是将项目实施后的效果与同行业内的类似项目相关指标进行对比，分析项目实施对调整产业结构和行业发展的作用。

（三）调查法

调查法是后评价常用的方法，也是最实用、最有效的后评价方法。调查法可分为资料查阅调查法、问卷调查法、专家研讨法、访谈调查法和现场调研法等。

（1）资料查阅调查法。

资料查阅法是通过查阅有关文献资料获取项目信息，一般和其他调查法配合使用，以求达到相互佐证的目的。

（2）问卷调查法。

问卷调查法是一种以书面问卷的方式获取项目信息的方法。问卷应说明调查的目的和对被调查者的要求、问卷填写的方式，问卷中的问题可以采取开放、封闭或半开放半封闭的形式。问卷调查法所获得的信息易于定量、便于对比和分析整理。

（3）专家研讨法。

项目后评价是对项目实施全过程、多方面的评价，涉及技术、经济与管理等各方面的专业知识。专家研讨法就是邀请相关行业领域的专家参加项目主要问题的研讨，形成综合性的评价意见。

（4）访谈调查法。

访谈调查法是通过调查人员与被调查者之间以口头交谈的方式了解项目信息的方法。访谈法可分为个别访谈法和集体访谈法。个别访谈调查法是对项目参与人员、利益群体及一些重要信息提供者的个别访谈，有助于了解项目的深层次问题以及项目利益群体的观点、态度、看法等。集体访谈调查法就是召集被调查者开会讨论和交流，收集相关信息，是一种更省时、更高效的访谈法。

（5）现场调研法。

现场调研法是调查者深入现场获取所需信息的方法，是信息调查的一种基本方法。现场调研法具有直观性和可靠性强的优点，缺点是带有偶然性和表面性，并受时空等条件的限制。

（四）专家打分法

项目后评价时，为了将定性的结论定量化，可以通过设计评价指标体系，由专家对项目在各评价指标的表现打分，进行综合评定。

专家打分法首先应以适当的评价指标体系编制打分表格。根据项目特点选定若干评价要素，确定适当的权重，制订评价标准，划分评价等级。其次，聘请若干专家凭借自己的专业经验，按照评价标准给出各要素的评价分值。最后，将专家打分表格依照前期确定的汇集规则进行汇集，得到对项目的定量评价。

专家打分法的优点在于依靠专家在专业领域的能力，能够在缺乏足够统计数据和原始资料的情况下作出定量估计。缺点是其准确程度取决于专家的阅历、经验以及知识的广度和深度，也取决于专家对项目的了解和认知深度。

四、项目后评价的程序

工程建设项目后评价分为内部项目后评价和独立项目后评价。

内部项目后评价通常采用会议的方式对项目执行的绩效进行评价和总结，查找并解决问题，总结经验。

独立项目后评价的程序过程比较规范，其评价的程序一般包括以下内容。

（一）确定后评价项目

通常需要开展后评价项目主要以下五个类型。

①为国家宏观战略、规划原则、财政预算提供信息的投资活动的项目。

②为企业发展战略、投资规划具有代表性的项目。

③投资规模较大、实施过程复杂或待实验性技术的项目。

④迫切需要了解项目作用和影响的项目。

⑤其他认为有必要进行后评价的项目。

（二）制订后评价计划

在明确后评价项目后，应制订后评价工作计划，高效组织，有序开展。后评价计划主要包括后评价的组织机构、时间进度、范围、评价方法、预算等内容。

（三）确定后评价的范围

由于项目后评价的范围很广，为有效开展后评价工作，应更具项目特点明确评价的范围和深度。后评价委托合同一般包括以下内容。

①项目后评价的目的和范围。

②提出评价过程中所采用的方法。

③提出所评价项目的主要对比分析指标。

④确定完成评价的质量、进度和经费。

（四）后评价专家选择

通常将项目后评价委托给一个独立的评价咨询机构来实施。咨询机构会成立后评价工作组，任命项目负责人，由负责人聘请并组织项目评价专家组去实施后评价。专家的选择应根据项目的特点、后评价的要求，以及专家的经验和特长来进行。专家组分为内部专家和外部专家：

内部专家：咨询机构内部的专家，其优点是熟悉项目后评价过程和报告程序，了解后评价的目的和任务，可以顺利实施项目后评价。

外部专家：咨询机构以外的行业独立专家，其优点是与项目无利害关系，可以客观公正地实施项目后评价。

（五）执行项目后评价

①收集信息资料。基本信息资料主要包括项目本身各类资料、项目所在地区资料、后评价有关规定和指导原则等。

②现场调查。专家组根据后评价任务编制调查内容提纲，通过现场了解项目的基本情况，查找问题并分析原因。

③形成专家组意见。专家组根据所掌握信息资料分析讨论，形成专家组意见，在讨论过程中允许保留和记录不同的意见，但对重大问题应达成共识。

④编写项目后评价报告。项目后评价报告在调查结果和专家组意见基础上，按照规定格式和要求编制，主要包括摘要、项目概况、评价内容、主要变化和问题、原因分析经验教训、结论和建议、评价方法说明等内容。

⑤报告和反馈。编写完后评价报告后应在规定期限内及时提交，并根据报告信息反馈的需要修改完善。正式报告尽快提交给各个有关单位和主管部门。

项目后评价是对项目整个建设过程进行的全面总结，有助于提升项目管理水平，为接下来的新建项目提供借鉴和指导。人们的学习工作过程也需要后评价，对一年、三年、五年或十年的学习工作状态成果进行回顾，当初目标实现多少，有哪些经验或失误。只有不断进行后评价，才能够不断提升自我。

案例分析

某生物制药国家重点研发计划项目验收流程

B 生物制药公司承担了一项国家重点研发计划项目"新型 mRNA 疫苗体系研究"，项目下设 4 个研发课题，4 个课题共设 18 个研究任务。项目研究团队包括生物制药企业、大学、科研机构、仪器厂商 15 家单位。经过 5 年研究，项目进入验收阶段，项目主持单位根据国家重点研发计划管理制度，拟定了项目验收流程。

国家重点研发计划项目验收分为两个层次，即课题验收和项目验收，每个层次又包含技术和财务两个方面。

1. 课题验收流程

（1）技术方面。

①课题下设任务研究团队编制任务实施工作报告、技术研究报告，并提供包括实验图片数据、检测报告、专利、文章、专家评审意见等证明材料。

②课题根据任务提供资料编制课题实施工作报告、技术研究报告，并提供相关证明材料。

（2）财务方面。

①由项目主持单位聘请第三方审计机构，统一对财务材料进行审计。

②任务团队根据审计机构要求，提供任务经费结算表、经费使用说明，并按经费科目分别提供相应发票、合同、出入库单据等资料。经审计后，审计机构出具任务审计报告。

③根据课题下设各个任务审计报告，审计机构出具课题审计报告。

（3）课题验收。

①根据国家重点研发计划要求，课题验收会议由项目主持单位来组织召开，并聘请行业内专家、财务专家组成课题验收专家组。

②课题验收会议时间、地点、流程由项目主持单位确定后通知各课题单位和成员。

③验收会议参与人员报告项目主持单位领导、验收专家组、项目负责人、项目管理人员、课题负责人、任务负责人、任务研究核心人员。

④任务研究团队汇报任务研究情况，专家评议，形成任务验收意见。

⑤课题研究团队汇报课题研究情况，专家评议，形成课题验收意见。

⑥课题管理团队整理验收材料，形成正式的课题验收材料，并上交项目管理团队。

2. 项目验收流程

（1）技术方面。

①课题管理团队编制课题实施工作报告、技术研究报告，并提供包括实验图片数据、检测报告、专利、文章、专家评审意见等证明材料。

②项目根据课题提供资料编制项目实施工作报告、技术研究报告，并提供相关证明材料。

（2）财务方面。

①由项目主持单位聘请第三方审计机构，统一对财务材料进行审计。

②根据项目下设各个课题审计报告，审计机构出具项目审计报告。

（3）项目验收。

①根据国家重点研发计划要求，项目验收会议由主管专业机构来组织召开，并聘请行业内专家、财务专家组成项目验收专家组。

②项目验收会议时间、地点、流程由专业机构确定后通知项目主持单位。

③验收会议参与人员报告项目主管部门领导、专业机构、验收专家组、项目负责人、

课题负责人、任务负责人。

④项目负责人汇报项目研究情况，专家评议，形成项目验收意见。

⑤项目管理团队整理验收材料，形成正式的项目验收材料，并提交专业机构。

❓ 思考与拓展

①项目收尾管理的主要内容包括什么？

②项目收尾管理有哪些要求？

③项目竣工验收程序是什么？

④项目后评价的其作用是什么？对今后工作学习有哪些帮助？

拓展阅读　　　　　　　　思政案例

第七章
项目经济评价

项目管理的目的是增加项目的综合效益，项目经济评价则是评断项目经济效益的重要技术手段，也是项目立项决策和项目后评价的基本依据。通过项目经济评价学习，学生掌握项目经济评价基本方法，加深对项目内部和外部经济影响因素的认识，提升对项目全生命周期经济效益的关注。

本章主要介绍项目财务评价，包含财务现金流的估算、财务盈利能力分析、偿债能力分析和不确定分析以及项目对国民经济的影响分析等内容。

第一节　项目财务评价

项目财务评价是项目经济评价的重要内容，是根据国家现行的财税制度和价格体系，以项目预期的直接费用和直接效益为依据，通过各种财务指标的计算分析，判断项目的财务可接受程度，明确项目的经济效益贡献，为项目决策和后评价提供依据。

生物制药企业中，有的项目适合做项目分析，如新药生产线建设项目，既有药物产品的直接销售收益，又有建设和运营的直接投入，能够方便计算财务指标。但有些项目如新药研发项目或研发平台建设项目，虽然有研发费用或建设费用投入，但其收益难以界定量化，一般不适宜做独立财务评价。但有时会将新药研发项目或研发平台建设项目的部分费用纳入新药生产线建设项目的成本费用，以便更好地评估新药生产项目的实际收益情况。

一、财务现金流的估算

现金流是财务上的一个基本概念，是指企业在一定会计期间按照收付实现制，通过投资、经营、筹资等经济活动产生的现金流入、现金流出及现金总量情况的总称，是项目财务效益和费用的现金体现形式。项目财务效益与费用是指项目建设运营期内所获得的收入和所付的支出的情况，主要包括营业收入和建设投资、营业成本、有关税费等，共同构成了项目财务现金流。

项目财务效益与费用的估算涉及到项目计算期概念。项目计算期指对项目进行经济评价所适用的年限，是财务分析的重要参数，包括建设期和运营期。评价用建设期指从项目资金正式投入起到项目建成投产止所需要的时间。建设期应结合项目的建设规模、建设性质、复杂程度、建设条件、管理水平与人员素质等因素来确定，并与项目进度计划中的建设工期相协调。评价用运营期是指项目投产运营起到评价指定期限止，运营期不等同于项目使用寿命，其取值应结合项目行业特点、主要装置（或设备）的使用寿命等因素来确定。

项目建设期所发生的投资费用是项目财务现金流的重要组成部分，其估算方法在第五章中费用管理部分做过介绍，在此不再赘述。本节重点介绍运营期的营业收入、补贴收入、流动资金、成本费用和税费估算等现金流估算。

（一）营业收入估算与补贴收入估算

营业收入是指项目通过销售产品或提供服务所取得的收入，是项目财务效益的主要部分。对于生产销售产品的项目，营业收入即为销售收入。在营业收入估算时，一般应同时进行营业税、增值税、消费税以及营业税金附加等相关流转税金的估算。

在项目财务分析中，营业收入的估算通常假设当年的产品当年全部销售，具体要求如下。

1. 合理确定生产负荷

营业收入估算时，首先要合理假设生产负荷（又称产能利用率、开工率）。生产负荷是指项目运营期间实际生产能力达到设计生产能力的百分数，它的高低与项目复杂程度、产品生命周期、技术成熟度、市场竞争程度、原材料供应、配套条件、管理水平等着密切关系，其关键因素一般取决于市场。生产负荷的确定一般有两种方式：一是经验设定法，根据以往同类项目的经验，结合该项目的实际情况，预估各年的生产负荷。二是营销计划法，制订详细的分年营销计划，确定各种产出每年的生产量，每年的生产负荷根据计划有所不同。

2. 合理确定产品的价格

为提高项目营业收入估算的准确性，需要进行大量调研，遵循稳妥原则，合理确定产品的价格。

3. 多种产品分别估算或合理折算

对于生产多种产品的项目，应分别估算每种产品的营业收入。不便于按详细的品种分类计算营业收入时，可采取折算为标准产品的方法来估算。

4. 编制营业收入估算表

营业收入估算表的编制格式可根据行业和项目特点来确定，既可单独编制营业收入估算表，也可同时列出各种应纳营业税金及附加以及增值税。

案例分析1

生产负荷恒定项目营业收入估算

A 生物制药公司生产基地一期项目，建设期 2 年，运营期 6 年。根据市场需求和同类项目生产情况，计划投产当年生产负荷达到 70%、投产后第二年及以后各年均为 100%。该项目拟生产 4 种产品，产品价格采用预测的投产期初价格（不含增值税销项税额，以下简称不含税价格），营业收入估算详见表 7-1。

表 7-1　某生物制药项目营业收入估算表　　　　单位：万元

序号	项目	年销量（吨）	单价（元/吨）	运营期					
				3	4	5	6	7	8
	运营负荷			70%	100%	100%	100%	100%	100%

续表

序号	项目	年销量（吨）	单价（元/吨）	运营期					
				3	4	5	6	7	8
1	营业收入			98120	140171	140171	140171	140171	140171
1.1	药物 A	30000	21368	44872	64103	64103	64103	64103	64103
1.2	药物 B	20000	27350	38291	54701	54701	54701	54701	54701
1.3	药物 C	5000	32479	11368	16239	16239	16239	16239	16239
1.4	药物 D	4000	12821	3590	5128	5128	5128	5128	5128

注：1. 本表药物价格采用不含税价格，即营业收入以不含税价格表示。

2. 表中数字加和尾数可能不对应，系计算机自动圆整所致。以下表格可能存在此问题，不再重复说明。

案例分析2

生产负荷变化项目营业收入估算

Z 生物医药公司欲投资生产一种药物新产品，设计生产能力是每年10000万盒。该项目拟 2020 年建设，2021 年投产。由于是新产品，需要大量的营销活动拓展市场。根据市场预测及产品营销计划安排，投产当年（计算期第 2 年）生产负荷可以达到 30%，投产后第二年达到 60%，第三年和第四年达到 90%。预计第五年开始出现竞争对手或替代产品，生产负荷开始下降，第八年寿命周期结束。价格研究预测结果表明，该产品价格（只考虑相对价格变动因素）将先高后低。各年的生产负荷、价格、营业收入估算见表 7-2。

表 7-2　某项目营业收入估算表

年份	1	2	3	4	5	6	7	8
生产负荷	0	30%	60%	90%	90%	70%	50%	10%
设计生产能力（万盒）	10000	10000	10000	10000	10000	10000	10000	10000
预测销售量（万盒）	0	3000	6000	9000	9000	7000	5000	1000
产品售价（元/盒）	50	39	36	35	35	26	20	18
营业收入（万元）	0	117000	216000	315000	315000	182000	100000	18000

注：预测销售量是生产负荷与设计生产能力的乘积，营业收入是预测销售量与产品售价的乘积。

5. 补贴收入估算

按照我国现行企业会计制度，"企业按规定实际收到的补贴收入或按销量或工量等和国家规定的补助定额计算并按期给予的定额补贴，以及属于国家财政扶持的给予的其他形式补助"应计入补贴收入科目。

（二）流动资金估算

流动资金是指项目运营期内长期占用并周转使用的资金，不包括运营中临时性资金。根据行业要求或项目所处阶段特点，流动资金估算常采用扩大指标估算法或分项详细估算法。

1. 扩大指标估算法

扩大指标估算法简便易行，但准确度不如分项详细估算法，一般适用于项目建议书、预可行性研究报告阶段。扩大指标估算法是参照同类项目流动资金占营业收入的比例、流动资金占经营成本的比例、单位产量占用流动资金的数额来进行流动资金估算。计算公式分别为：

$$流动资金＝年营业收入×流动资金占比$$

或：

$$流动资金＝年经营成本×流动资金占比$$

或：

$$流动资金＝年产量×单位产量占用流动资金额$$

2. 分项详细估算法

分项详细估算法是项目决策评价和后评价常用的流动资金估算法，其特点是准确度较高，但工作量较大。分项详细估算法是对流动资产和流动负债主要构成要素，包括存货、现金、应收账款、预付账款、应付账款、预收账款等项内容分别估算，最后得出项目所需的流动资金。计算公式为：

$$流动资金＝流动资产－流动负债$$

$$流动资产＝应收账款＋预付账款＋存货＋现金$$

$$流动负债＝应付账款＋预收账款$$

$$流动资金本年增加额＝本年流动资金－上年流动资金$$

分项详细估算法的具体步骤是首先确定各分项的最低周转天数，计算出各分项的年周转次数，然后分项计算占用资金额，汇总得到流动资金。

（1）最低周转天数的确定。

采用分项详细估算法时，各项流动资产和流动负债的最低周转天数取值的合理性决定了流动资金的准确度。最低周转天数的确定需要根据项目的实际情况，并考虑一定的保险系数。如存货中的外购原材料、燃料的最低周转天数应根据来源地远近、供应方式等因素；在产品的最低周转天数应根据产品生产的实际情况确定。

（2）年周转次数计算。

$$年周转次数＝年生产天数/最低周转天数$$

项目年生产天数根据行业和项目特点来确定，通常取 330 天或 300 天，需留出生产设备检查维护时间。

（3）流动资产估算。

流动资产指在 1 年或者超过 1 年的一个营业周期内变现或耗用的资产，包括现金、短期投资应收及预付款项、存货、待摊费用等。为简化计算，项目评价中仅考虑存货、应收账款和现金三项。

①存货估算。存货指项目在生产经营过程中储存以备出售，或者仍然处在生产过程，或者在生产过程中将要消耗的材料或物料等，包括各类材料、商品、在产品、半成品、产成品等。在项目评价中仅考虑外购原材料、外购燃料、在产品和产成品，计算公式为：

$$存货＝外购原材料＋外购燃料＋其他材料＋在产品＋产成品$$

$$外购原材料＝\frac{年外购原材料费用}{外购原材料年周转次数}$$

$$外购燃料 = \frac{年外购燃料费用}{外购燃料年周转次数}$$

$$其他材料 = \frac{年外购其他材料费用}{外购其他材料年周转次数}$$

$$在产品 = \frac{年外购原材料、燃料、动力费 + 年工资福利费 + 年修理费 + 年其他制造费用}{在产品年周转次数}$$

$$产成品 = \frac{年经营成本 - 年其他营业费用}{产成品年周转次数}$$

②应收账款估算。应收账款的计算公式为：

$$应收账款 = \frac{年经营成本}{应收账款周转次数}$$

③现金估算。现金是维持日常生产运营所必须预留的货币资金，包括库存现金和银行存款。现金的计算公式为：

$$现金 = \frac{年工资及福利费 + 年其他费用}{现金周转次数}$$

其他费用＝制造费用+管理费用+营业费用－（以上三项费用中所含的工资及福利费、
　　折旧费、摊销费、修理费）

或：　　　其他费用＝其他制造费用+其他营业费用+其他管理费用+
　　技术转让费研究与开发费+土地使用税

④预付账款估算。预付账款指项目为购买各类原材料、燃料或服务所预先支付的款项。预付账款的公式为：

$$预付账款 = \frac{预付的各类原材料、燃料或服务年费用}{预付账款年周转次数}$$

（4）流动负债估算。

流动负债指将在 1 年或超过 1 年的营业周期内偿还的债务，包括短期借款、应付账款、预收账款、应付工资、应付福利费、应交税金、应付股利预提费用等。通常，项目评价中仅考虑应付账款和预收账款。

①应付账款估算。应付账款指购买材料、商品等过程中由于付款和收货时间不一致而发生的欠债，在采购活动中采购方于全部支付货款前提前获取物资而产生的负债。项目评价中，应付账款的计算公式为：

$$应付账款 = \frac{年外购原材料、燃料、动力费用和其他材料费用}{应付账款年周转次数}$$

②预收账款估算。与应付账款相对，预收账款是在销售商品过程中由于收款和发货时间不一致而发生的欠债，在销售过程中销售方预先收取货款后物质没有全部发货而产生的负债。项目评价中，预收账款的计算公式为：

$$预收账款 = \frac{预收的营业收入年金额}{预收账款年周转次数}$$

案例分析3

项目项目流动资金估算

A 生物制药公司生产基地一期项目依据市场开拓计划，确定计算第 3 年（即投产第 1 年）生产负荷为 70%，计算期第 4 年起生产负荷为 100%。该项目经营成本数据见表 7-3。根据该项目生产、销售的实际情况确定其各项流动资产和流动负债的最低周转天数为：应收账款、应付账款均为 30 天；存货中各项原材料、燃料动力平均为 30 天，在产品为 3 天，产成品为 30 天；现金为 30 天。

表 7-3　生产基地一期项目的经营成本数据　　　　　单位：万元

序号	项目	第 3 年	第 4 年	第 5 年	第 6 年	第 7 年	第 8 年
1	经营成本	56429	78290	78290	78290	78290	78290
1.1	外购原材料	49658	70940	70940	70940	70940	70940
1.2	外购动力	370	528	528	528	528	528
1.3	工资及福利费	2800	2800	2800	2800	2800	2800
1.4	修理费	610	610	610	610	610	610
1.5	其他费用	2991	3412	3412	3412	3412	3412

根据上述条件估算的该项目流动资金数额见表 7-4。

表 7-4　生产基地一期项目流动资金估算表　　　　　单位：万元

序号	项目	最低周转天数	周转次数	运营期					
				3	4	5	6	7	8
1	流动资产								
1.1	应收账款	30	12	5410	7534	7534	7534	7534	7534
1.2	存货			10720	15106	15106	15106	15106	15106
1.2.1	原辅材料	0	0	4842	6917	6917	6917	6917	6917
	原料 1	30	12	1633	2333	2333	2333	2333	2333
	原料 2	30	12	2217	3167	3167	3167	3167	3167
	原料 3	30	12	700	1000	1000	1000	1000	1000
	辅料	30	12	292	417	417	417	417	417
1.2.2	燃料			29	42	42	42	42	42
	蒸汽	30	12	29	42	42	42	42	42
1.2.3	在产品	3	120	521	730	730	730	730	730
1.2.4	产成品	30	12	5328	7418	7418	7418	7418	7418
1.3	现金	30	12	483	518	518	518	518	518

续表

序号	项目	最低周转天数	周转次数	运营期					
				3	4	5	6	7	8
	预付账款								
	小计			16612	23158	23158	23158	23158	23158
2	流动负债			4876	6966	6966	6966	6966	6966
2.1	应付账款	30	12	4876	6966	6966	6966	6966	6966
	预收账款								
3	流动资金			11736	16192	16192	16192	16192	16192
4	流动资金当期增加额			11128	4456	0	0	0	0
5	流动资金借款额			8215	11334	11334	11334	11334	0
6	流动资金借款利息			493	680	680	680	680	680
7	自有流动资金			3521	4858	4858	4858	4858	16192

（三）成本费用估算

费用是指项目在日常活动中发生的、会导致所有者权益减少的现金流出。成本费用估算的行业性很强，在估算时应根据项目实际情况增减构成科目或改变名称，避免重复计算或低估漏算，反映行业特点。

1. 总成本费用构成

总成本费用是指在一定时期（一般指一年）为生产和销售产品而发生的全部费用。财务分析中总成本费用的构成和计算通常采用以下两种公式：

（1）生产成本加期间费用法。

$$总成本费用 = 生产成本 + 期间费用$$

其中：生产成本 = 直接材料费 + 直接燃料和动力费 + 直接工资或薪酬 + 其他直接支出 + 制造费用。

$$期间费用 = 管理费用 + 财务费用 + 营业费用$$

项目评价中财务费用一般只考虑利息支出，即：

$$期间费用 = 管理费用 + 利息支出 + 营业费用$$

（2）生产要素估算法。

$$总成本费用 = 外购原材料、燃料及动力费 + 工资或薪酬 + 折旧费 + 摊销费 +$$
$$修理费 + 利息支出 + 其他费用$$

采用生产要素估算法时，需要注意以下估算要点：

（1）外购原材料、燃料及动力费。估算时需要以下基础数据：项目所需外购原材料和燃料动力年用量。选定价格体系下的预测价格，应按入库价格计算，即到厂价格考虑包含运输及库存过程中损耗量对应价格，或按到厂价格计算，年耗用量应考虑包含运输及库存过程中损耗量。适用的增值税税率，以便估算进项税额。

（2）工资或薪酬。指项目为获得职工提供的劳务服务而给予各种形式的报酬以及福利费，通常包括工资、奖金、津贴和补贴以及福利费等。在项目评价中，"工资或薪酬"是指项目中全部定员的职工薪酬，包含项目管理高层人员。

（3）固定资产原值和折旧费。

①固定资产与固定资产原值。固定资产指项目为生产产品提供劳务、出租或经营管理而持有的，且使用寿命超过一个会计年度的设施设备等有形资产。固定资产原值是指项目投产时按规定由投资形成固定资产的价值，包括：设备购置费、安装工程费、建筑工程费用和工程建设中应计入固定资产原值其他费用。按相关规定预备费和建设期利息应计入固定资产原值。

特别注意，2009年增值税转型改革后，允许抵扣部分固定资产进项税额，该部分抵扣进项税额不得计入固定资产原值。

②固定资产折旧。固定资产折旧是指固定资产在使用过程中的价值损耗，通过提取折旧费的方式补偿财务分析中，折旧费通常按年计列。在按生产要素法估算总成本费用时，折旧费可直接列支于总成本费用。

在税法允许的范围内固定资产的折旧方法可自行确定，一般采用直线法，包括年限平均法和工作量法；我国税法允许采用的加速折旧方法有双倍余额递减法和年数总和法。

固定资产折旧年限、预计净残值率的取值可在税法允许的范围内可自行确定，或按行业规定。上述各种方法的计算公式如下：

年限平均法：

$$年折旧率 = \frac{1 - 预计净残值}{折旧年限} \times 100\%$$

$$年折旧额 = 固定资产原值 \times 年折旧率$$

工作量法：工作量法又分两种，一是按照行驶里程计算折旧，二是按照工作小时计算折旧，计算公式如下：

按照行驶里程计算折旧的公式：

$$单位里程折旧额 = \frac{固定资产原值 \times (1 - 预计净残值率)}{总行驶里程}$$

$$年折旧额 = 单位里程折旧额 \times 年行驶里程$$

按照工作小时计算折旧的公式：

$$每工作小时折旧额 = \frac{固定资产原值 \times (1 - 预计净残值率)}{总工作小时}$$

$$年折旧额 = 每工作小时折旧额 \times 年工作小时$$

双倍余额递减法：

$$年折旧率 = \frac{2}{折旧年限} \times 100\%$$

$$年折旧额 = 年初固定资产净值 \times 年折旧率$$

$$年初固定资产净值 = 固定资产原值 - 以前各年累计折旧$$

实行双倍余额递减法的，应在折旧年限到期前两年内，将固定资产净值扣除净残值后的净额平均摊销。

年数总和法：

$$年折旧率 = \frac{折旧年限 - 已使用年数}{折旧年限 \times (折旧年限 + 1) \div 2} \times 100\%$$

年折旧额=（固定资产原值-预计净残值）×年折旧率

案例分析4

项目固定资产折旧

B生物制药公司研发平台新购仪器原值为1000万元，综合折旧年限为5年，净残值率为5%，按年限平均法、双倍余额递减法和年数总和法计算折旧如下：

（1）按年限平均法。

$$年折旧率 = \frac{1-5\%}{5} \times 100\% = 19\%$$

$$各年折旧额 = 1000 \times 19\% = 190 （万元）$$

（2）按双倍余额递减法。

$$年折旧率 = \frac{2}{5} \times 100\% = 40\%$$

$$第1年折旧额 = 1000 \times 40\% = 400 （万元）$$

$$第2年折旧额 = （1000-400）\times 40\% = 240 （万元）$$

第4、第5年折旧额 $= [（1000-400-240-144）-（1000\times5\%）] \div 2 = 83 （万元）$

$$第3年折旧额 = （1000-400-240）\times 40\% = 144 （万元）$$

（3）按年数总和法。

$$第1年折旧率 = \frac{5-0}{5 \times (5+1) \div 2} \times 100\% = 33.33\%$$

$$年折旧额 = （1000-1000\times5\%）\times 33.33\% = 316.64 （万元）$$

$$第2年年折旧率 = \frac{5-1}{5 \times (5+1) \div 2} \times 100\% = 26.67\%$$

$$年折旧额 = （1000-1000\times5\%）\times 26.67\% = 253.37 （万元）$$

$$第3年年折旧率 = \frac{5-2}{5 \times (5+1) \div 2} \times 100\% = 20\%$$

$$年折旧额 = （1000-1000\times5\%）\times 20\% = 190 （万元）$$

$$第4年年折旧率 = \frac{5-3}{5 \times (5+1) \div 2} \times 100\% = 13.33\%$$

$$年折旧额 = （1000-1000\times5\%）\times 13.33\% = 126.64 （万元）$$

$$第5年年折旧率 = \frac{5-4}{5 \times (5+1) \div 2} \times 100\% = 6.67\%$$

$$年折旧额 = （1000-1000\times5\%）\times 6.67\% = 63.37 （万元）$$

由于折旧计算方法不同，故以上三种方法计算出的每年折旧费用不同；但是5年折旧费总额仍然为950万元。

（4）固定资产修理费。

固定资产修理费是指项目为保持固定资产的正常运转和使用，充分发挥其使用效能，在运营期内对其进行必要修理所发生的费用。按修理范围的大小和时间间隔长短分为大修理和中小修理。根据行业和项目特点，修理费可按扣除建设期利息后的固定资产原值乘以一定百分率估算。

（5）无形资产摊销费。

无形资产指项目拥有的没有实物形态的可辨认的非货币性资产，包括专利权、非专利技术、商标权、著作权、土地使用权和特许权等。上述相关费用直接转入无形资产原值，无形资产的摊销一般采用年限平均法，不计残值。

（6）其他资产摊销费。

其他资产指除固定资产、无形资产和流动资产之外的其他资产。项目评价中可将生产准备费、办公和生活家具购置费等性质的费用直接转入其他资产，其他资产的摊销也采用年限平均法，不计残值。

（7）其他费用。

其他费用包括其他制造费用、其他管理费用和其他营业费用三项费用。

①其他制造费用。制造费用指为生产产品和提供劳务而发生的各项间接费用，但不包括行政管理部门为组织和管理生产经营活动而发生的管理费用。其他制造费用指由制造费用中扣除工资或薪酬、折旧费、修理费后的其余部分。

②其他管理费用，管理费用指行政管理部门为组织和管理企业生产经营活动所发生的费用。其他管理费用指由管理费用中扣除工资或薪酬、折旧费、摊销费、修理费以后的其余部分。

③其他营业费用。营业费用指在销售商品过程中发生的各项费用以及专设销售机构的各项经费，还包括委托其他单位代销产品时所支付的委托代销手续费。其他营业费用是指由营业费用中扣除工资或薪酬、折旧费和修理费后的其余部分。

（8）利息支出。

按我国现行财税规定，可以列支于总成本费用的是财务费用，指为筹集所需资金等而发生的费用，包括利息支出（减利息收入）、汇兑损失（减汇兑收益）以及相关的手续费等。在项目评价中，一般只考虑利息支出。利息支出估算包括长期借款利息（即建设投资借款利息）、用于流动资金的借款利息和短期借款利息三部分。

①建设投资借款利息，指建设投资借款在还款起始年年初的余额（含未支付的建设期利息）应在运营期支付的利息，一般是长期借款。

②流动资金借款利息，财务分析中流动资金借款往往设定年终偿还，下年初再借的方式，并按一年期利率计息。流动资金借款利息一般按当年年初流动资金借款余额乘以相应的借款年利率计算。

③短期借款利息，指项目运营期间为了满足资金的临时需要而发生的短期借款。短期借款的偿还按照随借随还的原则处理，短期借款利息所采用的利率般可为一年期借款利率。

2. 经营成本

经营成本是项目经济评价的现金流量分析中所采用的一个特定的概念，作为运营期内的主要现金流出。在完成建设投资和营业收入估算后，就可以估算经营成本，经营成本的计算公式为：

经营成本＝外购原材料费＋外购燃料及动力费＋工资或薪酬＋修理费＋其他费用

经营成本与总成本费用的关系如下：

$$经营成本 = 总成本费用 - 折旧费 - 摊销费 - 利息支出$$

3. 固定成本与可变成本

根据成本费用与产量的关系，总成本费用可分为可变成本、固定成本和半可变（或半固定）成本。固定成本指不随产品产量变化的各项成本费用。可变成本指随产品产量增减而成正比例变化的各项成本费用。半可变（或半固定）成本指介于固定成本和可变成本之间，随产量增长不成正比例变化的成本，如不能熄灭的工业炉的燃料费用，工资薪酬、营业费用和流动资金利息等。根据需要半可变（或半固定）成本可以进一步分解为可变成本和固定成本。

4. 维持运营的投资费用

维持运营的投资费用指在运营期内发生的固定资产更新费用、矿产资源开发项目的开拓延伸费用等，并在现金流量表中将其作为现金流出。

5. 成本与费用估算的有关表格

在估算上述各科目成本费用时，应编制相应的成本费用估算表，包括总成本费用估算表和配套分项成本费用估算表，如外购原材料费估算表、外购燃料和动力费估算表、固定资产折旧费估算表、无形资产和其他资产摊销费估算表、长期借款利息估算表等。这些表格的编制应符合有关规定，并体现行业特点。

案例分析5

项目总成本费用估算

A 生物制药公司生产基地一期项目建设期 2 年，运营期 6 年，总成本费用、经营成本、可变成本和固定成本的估算结果如表 7-5 所示。

表 7-5　总成本费用估算表　　　　　　　单位：万元

序号	项目	合计	运营期					
			3	4	5	6	7	8
	运营负荷		70%	100%	100%	100%	100%	100%
1	外购原材料费	404359	49658	70940	70940	70940	70940	70940
2	外购燃料及动力费	3011	370	528	528	528	528	528
3	工资及福利费	16800	2800	2800	2800	2800	2800	2800
4	修理费	3659	610	610	610	610	610	610
5	其他费用	20049	2991	3412	3412	3412	3412	3412
6	经营成本	447877	56429	78290	78290	78290	78290	78290
7	折旧费	62922	10487	10487	10487	10487	10487	10487
8	摊销费	10640	2108	2108	2108	2108	2108	100
9	利息支出	26067	6814	5753	4853	3899	2888	1816

序号	项目	合计	运营期					
			3	4	5	6	7	8
	运营负荷		70%	100%	100%	100%	100%	100%
	其中：流动资金借款利息	3936	493	680	680	680	680	680
	长期借款利息	21732	5922	5073	4173	3219	2208	1136
	短期借款利息	399	399	0	0	0	0	0
10	不予抵扣或退税的税额	0	0	0	0	0	0	0
11	总成本费用	547507	75838	96638	95738	94784	93773	90693
	其中：可变成本	407370	50028	71468	71468	71468	71468	71468
	固定成本	140137	25810	25170	24270	23316	22305	19225

注：1. 固定成本包括工资及福利费、修理费、其他费用、折旧费、摊销费、利息支出项。

2. 表中利息包括应计入总成本费用的全部利息。

3. 表中折旧费中房屋、建筑物折旧年限为25年，机器设备折旧年限为10年，残值均为5年。摊销费中场地使用权摊销年限为30年，其他资产摊销年限为5年。

4. 表中相关数据采用不含税价格计算。

（四）税费估算

财务分析中涉及的税费主要包括增值税、营业税、资源税、所得税、关税、城市维护建设税和教育费附加等。财务分析时应说明税种、征税方式、计税依据、税率等，如有减免税优惠，应说明减免依据及减免方式。

1. 增值税

对适用增值税的项目，财务分析应按税法规定计算增值税。

《中华人民共和国增值税暂行条例》规定："在中华人民共和国境内销售货物或者提供加工、修理修配劳务以及进口货物的单位和个人，为增值税的纳税人，应当依照本条例缴纳增值税。纳税人销售货物或者提供应税劳务（以下简称销售货物或者应税劳务），应纳税额为当期销项税额抵扣当期进项税额后的余额。应纳税额计算公式：

$$应纳税额 = 当期销项税额 - 当期进项税额$$

当期销项税额小于当期进项税额不足抵扣时，其不足部分可以结转下期继续抵扣。

$$销项税额 = 销售额 × 税率$$

销售额为纳税人销售货物或者应税劳务向购买方收取的全部价款和价外费用，但是不包括收取的销项税额。"

2. 营业税

我国从2016年5月1日起全面实施"营改增"后，营业税将逐渐退出。

3. 消费税

我国对部分货物征收消费税。项目评价中涉及适用消费税的产品或进口货物时，应按税法规定计算消费税。

4. 土地增值税

土地增值税是按转让房地产（包括转让国有土地使用权、地上的建筑物及其附着物）取得的增值额征收的税种。

5. 资源税

资源税是国家对开采特定矿产品或者生产盐的单位和个人征收的税种。

6. 企业所得税

企业所得税是针对企业应纳税所得额征收的税种。项目评价中计算应纳税所得额应注意按有关税法对所得税前扣除项目的要求，并采用适宜的税率和正确使用有关的所得税优惠政策。

7. 城市维护建设税、教育费附加和地方教育附加

（1）城市维护建设税，以纳税人实际缴纳的增值税、营业税和消费税税额为计税依据，分别与增值税、营业税和消费税同时缴纳。根据纳税人所在地而不同，在市区，县城或镇，或不在市区、县城或镇的，城市维护建设税税率分别为7%、5%或1%。

（2）教育费附加，以纳税人实际缴纳的增值税、营业税和消费税税额为计征依据，分别与增值税、营业税、消费税同时缴纳，教育费附加费率为3%。

（3）地方教育附加。地方教育附加征收标准统一为中国境内单位和个人实际缴纳的增值税、营业税和消费税税额的2%。

8. 关税

关税是以进出口应税货物为纳税对象的税种。项目评价中涉及应税货物的进出口时，应按规定正确计算关税。引进设备的关税体现在投资估算中，而进口原辅材料的关税体现在成本中。

案例分析6

项目营业税金、附加和增值税估算

A生物制药公司生产基地一期项目没有消费税应税产品。根据项目具体情况，城市维护建设税7%、教育费附加3%，投入和产出的增值税率为17%（除水为11%）。该项目的营业税金及附加和增值税如下：

（1）首先计算应纳增值税。

（产出）销项税额=营业收入（销售收入）×增值税税率（增值税税率不同时，应分项计算）

（运营投入）进项税额=（外购原材料费+外购辅助材料费+外购燃料费+外购动力费）× 增值税税率（增值税税率不同时，应分项计算）

应纳增值税=（产出）销项税额−（运营投入）进项税额−可抵扣固定资产进项税额

根据国家消费型增值税的相关政策，对符合要求的固定资产增值税进项税额，可以凭增值税扣税凭证从销项税额中抵扣。由于本项目为新建项目，建设期内并无销项税额可供抵扣，因此延迟至项目投产后，由销项税额逐年抵扣。

（2）营业税金及附加的计算。

城市维护建设税=应纳增值税×城市维护建设税税率

教育费附加=应纳增值税×教育费附加费率

地方教育附加=应纳增值税×地方教育附加费率

营业税金及附加=营业税+城市维护建设税+教育费附加+地方教育附加

各年应纳增值税和营业税金及附加计算如表7-6所示。

表7-6 应纳增值税和营业税金及附加估算表　　　　单位：万元

序号	项目	运营期					
		3	4	5	6	7	8
	生产负荷	70%	100%	100%	100%	100%	100%
1	营业税金及附加	819	1171	1171	1171	1171	1171
1.1	营业税						
1.2	消费税						
1.3	城市维护建设税	574	819	819	819	819	819
1.4	教育费附加	246	351	351	351	351	351
2	增值税	8195	11707	11707	11707	11707	11707
2.1	产出销项税额	16680	23829	23829	23829	23829	23829
	药物A	7628	10897	10897	10897	10897	10897
	药物B	6509	9299	9299	9299	9299	9299
	药物C	1932	2761	2761	2761	2761	2761
	药物D	610	872	872	872	872	872
2.2	运营投入进项税额	8486	12122	12122	12122	12122	12122
	外购原辅材料	8442	12060	12060	12060	12060	12060
	外购燃料动力	44	63	63	63	63	63
2.3	抵扣固定资产进项税额	4418	6627				
2.4	应纳增值税	0	8856	11707	11707	11707	11707

计算说明：

（1）计算期第3年应纳增值税＝当年销项税额－当年进项税额－以前年度待抵扣进项税余额（可抵扣固定资产进项税额）＝16680－8486－11045＝－2850（万元）<0。因此应纳增值税按0计算。

（2）计算期第4年应纳增值税＝23829－12122－2850＝8856（万元）>0。

二、财务盈利能力分析

项目财务盈利能力分析是财务分析的重要内容，常采用现金流量分析方法。在项目计算期内，以相关效益费用数据为现金流量，编制现金流量表，计算净现值、内部收益率等指标，用以分析考察项目投资盈利能力。

现金流量分析分为项目投资现金流量分析、项目资本金现金流量分析和投资各方现金流量分析三个层次。项目投资现金流量分析是融资前分析，项目资本金现金流量分析和投资各方现金流量分析是融资后分析。

从是否在融资方案的基础上进行分析的角度，财务盈利能力分析又可分为融资前分析和融资后分析。融资前分析是在融资方案前就进行的财务分析，即不考虑债务融资条件下进行的财务分析。融资前分析只进行盈利能力分析，并以投资现金流量分析为主要手段，计算项目投资内部收益率和净现值指标，也可计算投资回收期指标（静态）。融资后分析是在设定融资方案的基础上，对项目资本金折现现金流量和投资各方折现现金流量进行分析，是融资决策和投资者最终决定出资的依据。融资后分析包括盈利能力分析、偿债能力分析和财务生存能力分析等内容。

从是否考虑资金时间价值的角度，财务盈利能力分析分为动态指标分析与静态指标分析。静态指标分析不考虑资金时间价值，直接用未经折现的现金流数据进行计算分析。动态指标分析考虑资金时间价值，利用经过折现后的现金流数据进行计算分析。

（一）动态指标分析

项目投资财务净现值（Financial Net Present Value，FNPV）、项目投资财务内部收益率（Financial Internal Rate of Return，FIRR）被认为是财务盈利能力的主要指标，可通过项目投资现金流量表进行计算。根据我国财务分析方法要求，通过项目资本金现金流量表和项目投资各方现金流量表可以分别计算项目资本金内部收益率和投资各方内部收益率指标，计算方法类似。

1. 项目投资财务净现值

项目投资财务净现值是指按设定的折现率 i_c 计算的项目计算期内各年净现金流量的现值之和。计算公式为：

$$\text{FNPV} = \sum_{t=1}^{n} (CI - CO)_t (1 + i_c)^{-t}$$

式中：CI——现金流入量；

　　　CO——现金流出量；

$(CI-CO)_t$——第 t 年的净现金流量

　　　n——计算期年数；

　　　i_c——设定的折现率，通常可选用财务内部收益率的基准值（又称最低可接受收益率等）。

项目投资财务净现值是考察项目盈利能力的绝对量指标，它反映项目在满足设定折现率要求的盈利之外所能获得的超额盈利的现值。项目投资财务净现值大于或等于零，表明项目的盈利能力达到或超过了设定折现所求的盈利水平，该项目财务效益可以被接受。

2. 项目投资财务内部收益率

项目投资财务内部收益率指能使项目在整个计算期内各年净现金流量现值累计之和等于零时的折现率，它是考察项目盈利能力的相对量指标。其表达式为：

$$\sum_{t=1}^{n} (CI - CO)_t (1 + \text{FIRR})^{-t} = 0$$

式中：FIRR——待取的项目投资内部收益率。

项目投资财务内部收益率一般通过计算机软件中配置的财务函数计算，亦可通过手工计算，只是步骤稍微烦琐。将求得的项目投资财务内部收益率与设定的基准参数（i_c）进行比较，当 FIRR $\geq i_c$ 时，即认为项目的盈利性能够满足投资要求，该项目财务效益可以被接受。

动态指标可分为所得税前指标和所得税后指标，两者存在一定区别。所得税前指标是按项目投资所得税前的净现金流量计算的相关指标，它是投资盈利能力的完整体现，不受融资方案和所得税政策变化的影响，仅仅体现项目方案本身所决定的财务盈利能力。所得税后分析是所采用的表格同所得税前分析，只是在现金流量中增加了调整所得税，根据所得税后的净现金流量来计算相关指标。所得税后分析是所得税前分析的延伸，有助于判断在不考虑融资方案的条件下项目投资对企业效益的贡献。

案例分析7

项目净现值和内部收益率计算

A 生物制药公司生产基地一期项目的投资现金流量表见表7-7，基准收益率按12%取值。

表7-7　项目投资现金流量表　　　　　　　　单位：万元

序号	项目	合计	1	2	3	4	5	6	7	8
1	现金流入	876300	0	0	98120	140171	140171	140171	140171	217497
1.1	营业收入	798974	0	0	98120	140171	140171	140171	140171	140171
1.2	补贴收入	0	0	0	0	0	0	0	0	0
1.3	回收固定资产余值	61134			0	0	0	0	0	61134
1.4	回收流动资金	16192			0	0	0	0	0	16192
2	现金流出	605742	54405	81202	68376	83917	79460	79460	79460	79460
2.1	建设投资	135000	54000	81000	0	0	0	0	0	0
2.2	流动资金	16192	405	202	11128	4456	0	0	0	0
2.3	经营成本	447877	0	0	56429	78290	78290	78290	78290	78290
2.4	营业税金及附加	6673	0	0	819	1171	1171	1171	1171	1171
2.5	维持运营投资	0								
3	所得税前净现金流量（1-2）	270558	−54405	−81202	29743	56254	60711	60711	60711	138036
4	所得税前累计净现金流量		−54405	−135607	−105864	−49610	11101	71811	132522	270558
5	调整所得税	68240	0	0	7156	12116	12116	12116	12116	12618
6	所得税后现金流量（3-5）	202319	−54405	−81202	22587	44138	48594	48594	48594	125418
7	所得税后累计净现金流量		−54405	−135607	−113021	−68883	−20288	28306	76900	202319

表中各项指标计算依据如下：

现金流入＝营业收入＋补贴收入＋回收固定资产余值＋回收流动资金

现金流出＝建设投资＋流动资金＋经营成本＋营业税金及附加＋维持运营投资

所得税前净现金流量＝现金流入−现金流出

$$所得税前累计净现金流量 = \sum_{t=1}^{n} (所得税前净现金流量)_t$$

$$所得税后净现金流量 = 所得税前净现金流量 - 调整所得税$$

$$所得税后累计净现金流量 = \sum_{t=1}^{n} (所得税后净现金流量)_t$$

根据项目投资现金流量表计算相关指标：

所得税前 $FNPV$ 计算：

$$\begin{aligned}
FNPV\ (i=12\%) &= -54405 \times (1.12)^{-1} - 81202 \times (1.12)^{-2} + 29743 \times (1.12)^{-3} + \\
&\quad 56254 \times (1.12)^{-4} + 60711 \times (1.12)^{-5} + 60711 \times (1.12)^{-6} + \\
&\quad 60711 \times (1.12)^{-7} + 138036 \times (1.12)^{-8} \\
&= -54405 \times 0.8929 - 81202 \times 0.7972 + 29743 \times 0.7118 + 56254 \times 0.6355 + \\
&\quad 60711 \times 0.5674 + 60711 \times 0.5066 + 60711 \times 0.4523 + 138036 \times 0.4039 \\
&= 92031\ (万元)
\end{aligned}$$

所得税前 FIRR 计算：

采用人工试算法，经计算 FNPV $(i=29\%) = 1580$，FNPV $(i=30\%) = -1139$，FIRR 必在 29%~30%，插值计算的所得税前 FIRR 如下：

$$FIRR = 29\% + \frac{1580}{1580 + 1139} \times (30\% - 29\%) = 29.57\%$$

所得税前财务内部收益率大于设定的基准收益率 12%，所得税前财务净现值 $(i=12\%)$ 大于零，项目财务效益是可以接受的。

所得税后 FNPV 计算：

$$\begin{aligned}
FNPV\ (i=12\%) &= -54405 \times (1.12)^{-1} - 81202 \times (1.12)^{-2} + 22587 \times (1.12)^{-3} + 44138 \times (1.12)^{-4} + \\
&\quad 48594 \times (1.12)^{-5} + 48594 \times (1.12)^{-6} + 48594 \times (1.12)^{-7} + 125418 \times (1.12)^{-8} \\
&= -54405 \times 0.8929 - 81202 \times 0.7972 + 22587 \times 0.7118 + 44138 \times 0.6355 + 48594 \times \\
&\quad 0.5674 + 48594 \times 0.5066 + 48594 \times 0.4523 + 125418 \times 0.4039 \\
&= 55646\ (万元)
\end{aligned}$$

所得税后 FIRR 计算：

采用人工试算法，经计算 FNPV $(i=23\%) = 159$，FNPV $(i=24\%) = -3008$，FIRR 必在 23%~24%，插值计算的所得税后 FIRR 如下：

$$FIRR = 23\% + \frac{159}{159 + 3008} \times (24\% - 23\%) = 23.05\%$$

所得税后财务内部收益率大于设定的财务基准收益率 12%，所得税后财务净现值 $(i=12\%)$ 大于零，项目财务效益是可以接受的。

（二）静态指标分析

在项目财务盈利能力分析中，静态指标分析为融资后分析，主要计算总投资收益率、项目资本金利用率和静态回收期等指标。

1. 项目投资回收期 (P_t)

项目投资回收期指以项目的净收益回收项目投资所需要的时间，一般以年为单位，并从项目建设开始时算起。其表达式为：

$$\sum_{i=1}^{P_t} (CI - CO)_t = 0$$

项目投资回收期可借助项目投资现金流量表，依据未经折现的净现金流量和累计净现金流量计算。项目现金流量表中累计净现金流量由负值变为零时的时点，即为项目投资回收期。其计算公式为：

P_t = 累计净现金流量开始出现正值的年份数-1

+上年累计净现金流量的绝对值/当年净现金流量

投资回收期越短，表明投资回收越快，抗风险能力越强。当投资回收期小于或等于设定的基准投资回收期时，表明投资回收速度符合投资回报要求。基准投资回收期的取值可根据行业水平或投资者的要求确定。

案例分析8

投资回收期不同项目选择

C 生物制药公司有两个项目可供选择，两者计算期相同，其净现金流量见表7-8。

表7-8　C公司投资项目净现金流量　　　　　　单位：万元

年份	1	2	3	4
项目 M 净现金流量	−12000	8000	6000	4000
项目 N 净现金流量	−10000	6000	4500	3000

该公司要求项目投入资金必须在3年内回收，项目方案必选如下所示。

项目 M 的累计净现金流量计算见表7-9。

表7-9　投资项目M累计净现金流量计算　　　　　　单位：万元

年份	1	2	3	4
净现金流量	−12000	8000	6000	4000
累计净现金流量	−12000	−4000	2000	6000

按投资回收期计算式，项目 M 投资回收期=3−1+4000/6000=2.67（年）。

项目 N 的累计净现金流量计算见表7-10。

表7-10　投资项目N累计净现金流量计算　　　　　　单位：万元

年份	1	2	3	4
净现金流量	−10000	6000	4500	3000
累计净现金流量	−10000	−4000	500	3500

按投资回收期计算式，项目 N 投资回收期=3−1+4000/4500=2.89（年）。

项目 M 投资回收期为 2.67 年，而项目 N 投资回收期为 2.89 年，两个项目都符合投资回收期小于 3 年要求。由于投资回收期项目 M 小于项目 N，因此优先选择项目 M。

2. 总投资收益率

总投资收益率指项目达到设计能力后正常年份的年息税前利润（Earnings Before Interest and Taxes，EBIT）或运营期内年平均息税前利润与项目总投资的比率，表示总投资的盈利水平。其计算式为：

$$总投资收益率 = \frac{年息税前利润}{项目总投资} \times 100\%$$

$$息税前利润 = 利润总额 + 支付的全部利息$$

或：

$$息税前利润 = 营业收入 - 营业税金及附加 - 经营成本 - 折旧和摊销$$

总投资收益率高于同行业的收益率参考值，表示项目的盈利能力满足要求。

3. 项目资本金净利润率

项目资本金净利润率表示项目资本金的盈利水平，是指项目达到设计能力后正常年份的年净利润或运营期内年平均净利润与项目资本金的比率。其计算式为：

$$项目资本金净利润率 = \frac{年净利润}{项目资本金} \times 100\%$$

项目资本金净利润率高于同行业的净利润率，表示项目的盈利能力满足要求。

三、偿债能力分析

根据借款还本付息计划表数据与利润表以及总成本费用表的有关数据可以计算利息备付率、偿债备付率指标。考察项目债务状况的指标主要有资产负债率、流动比率、速动比率等指标。

1. 利息备付率

利息备付率指在借款偿还期内的息税前利润与当年应付利息的比值，它从付息资金来源的充裕性角度反映支付债务利息的能力。计算公式如下：

$$利息备付率 = \frac{息税前利润}{应付利息额}$$

式中，息税前利润等于利润总额和当年应付利息之和；应付利息是指当年计入总成本费用的全部利息。

利息备付率应分年计算，分别计算在债务偿还期内各年的利息备付率。利息备付率表示利息支付的保证倍率，对于正常经营的项目，利息备付率至少应当大于 1，一般不宜低于 2，并结合债权人的要求确定。利息备付率高，说明利息支付的保证度大，偿债风险小；利息备付率低于 1，表示没有足够资金支付利息，偿债风险很大。

2. 偿债备付率

偿债备付率是从偿债资金来源的充裕性角度反映偿付债务本息的能力，是指在债务偿还期内，可用于计算还本付息的资金与当年应还本付息额的比值。计算公式如下：

$$偿债备付率 = \frac{息税折旧摊销前利润 - 所得税}{应还本付息额}$$

式中，息税折旧摊销前利润（EBITDA）为息税前利润加上折旧和摊销。

偿债备付率应分年计算，分别计算在债务偿还期内各年的偿债备付率。偿债备付率表示偿付债务本息的保证倍率，至少应大于1，一般不宜低于1.3，并结合债权人的要求确定。偿债备付率低，说明偿付债务本息的资金不充足，偿债风险大。当指标小于1时，表示可用于计算还本付息的资金不足以偿付当年债务。

案例分析9

项目备付率计算

A生物制药公司生产基地一期项目与备付率指标有关的数据见表7-11，项目利息备付率和偿债备付率计算如下。

表7-11　项目与备付率指标有关的数据　　　　　　　　单位：万元

序号	项目	运营期					
		3	4	5	6	7	8
1	应还本付息额	20073	20073	20073	20073	20073	20073
1.1	还本	14150	14999	15899	16853	17864	18936
1.2	付息	5922	5073	4173	3219	2208	1136
2	应付利息额	5922	5073	4173	3219	2208	1136
3	息税前利润	28276	48115	48115	48115	48115	50123
4	折旧	10487	10487	10487	10487	10487	10487
5	摊销	2108	2108	2108	2108	2108	100
6	所得税	5455	10591	10816	11054	11307	12077

根据表7-11的数据计算的备付率指标见表7-12。

表7-12　项目利息备付率与偿债备付率指标

序号	项目	运营期					
		3	4	5	6	7	8
计算指标	利息备付率	4.41	8.36	9.91	12.34	16.66	27.60
	偿债备付率	1.30	2.42	2.40	2.39	2.38	2.34

计算结果分析：由于投产后第1年负荷低，同时利息负担大，所以利息备付率相对较低，但这种状况从投产后第2年起就得到了改善。

3. 资产负债率

资产负债率是指项目某个时点负债总额同资产总额的比率，其计算公式为：

$$资产负债率＝（负债总额/资产总额）×100\%$$

资产负债率表示项目总资产中有多少资产是通过负债得来的，是评价项目负债水平的综合指标。适度的资产负债率一方面表明项目投资人、债权人的风险较小；另一方面表明项目经营安全、稳健、有效，具有较强的融资能力。

4. 流动比率

流动比率是项目某个时点流动资产同流动负债的比率，其计算公式为：

$$流动比率=流动资产/流动负债$$

流动比率衡量项目资产流动性的大小，考察流动资产规模与流动负债规模之间的关系，判断项目短期债务到期前，可以转化为现金用于偿还流动负债的能力。该指标越高，说明偿还流动负债的能力越强。国际公认的标准比率是2.0。

5. 速动比率

速动比率是项目某个时点的速动资产同流动负债的比率，其计算公式为：

$$速动比率=速动资产/流动负债$$

$$速动资产=流动资产-存货$$

速动比率也是衡量项目资产流动性的指标，是将流动比率指标计算公式的分子剔除了流动资产中的存货后，计算企业的短期债务偿还能力，较流动比率更为准确地反映偿还流动负债的能力。该指标越高，说明偿还流动负债的能力越强。国际公认的标准比率为1.0。

案例分析10

项目财务负债分析

A生物制药公司生产基地一期项目正常年（第4年）资产负债相关数据如表7-13所示，财务负债比率指标计算如下。

表7-13　项目资产负债相关数据　　　　　　　　单位：万元

序号	项目	第4年	2020年
1	资产	172769	18865
1.1	流动资产总额	58756	8265
	其中：存货	15106	3040
1.2	在建工程	0	0
1.3	固定资产净值	105189	9550
1.4	无形及其他资产净值	8824	1050
2	负债及所有者权益	172786	18865
2.1	流动负债总额	6966	2915
2.2	中长期借款	80888	5915
	负债小计	87854	8830
2.3	所有者权益	84932	10035

资产负债率 =（负债总额/资产总额）×100% =（87854/172769）×100%=50.85%

流动比率=流动资产/流动负债=58756/6966=8.43

速动比率 =（流动资产-存货）/流动负债 =（58756-15106）/6966=6.27

四、不确定性分析

（一）敏感性分析

敏感性分析用以考察项目涉及的各种不确定因素对项目方案财务评价指标的影响，找出敏感因素，估计项目效益对它们的敏感程度。

敏感性分析通过改变一种或多种不确定因素的数值，计算其对项目效益指标的影响，通过计算敏感度系数和临界点，估计项目效益指标对它们的敏感程度，进而确定关键的敏感因素。

通常将敏感性分析的结果汇总于敏感性分析表或绘制敏感性分析图，显示各种因素的敏感程度并求得临界点，最后对敏感性分析的结果进行分析，并提出减轻不确定因素影响的措施。敏感性分析适用于项目财务分析和经济分析。

对 A 生物制药公司生产基地一期项目的建设投资、原材料、销售价格、负荷等进行降低 5%、10%、15% 和提高 5%、10%、15% 的单因素变化，计算其对项目税前的内部收益率、财务净现值和投资回收期等造成影响所进行的抗风险能力的分析，如表 7-14 和图 7-1 所示。

表 7-14　A 生物制药公司生产基地一期项目敏感性分析表

序号	敏感因素	变化幅度	项目财务分析指标		
			FIRR	FNPV	P_t
		基本方案	29.57%	92031	4.82
1	建设投资	15%	25.73%	81098	5.16
		10%	26.91%	84745	5.05
		5%	28.19%	88389	4.93
		−5%	31.08%	95670	4.70
		−10%	32.73%	99307	4.59
		−15%	34.55%	102940	4.48
2	产出价格	15%	40.02%	154705	4.18
		10%	36.65%	133814	4.36
		5%	33.17%	112922	4.56
		−5%	25.85%	71139	5.14
		−10%	21.99%	50248	5.55
		−15%	17.96%	29357	6.10
3	原材料价格	15%	23.55%	59115	5.39
		10%	25.59%	70087	5.17
		5%	27.59%	81059	4.98
		−5%	31.52%	103003	4.67
		−10%	33.45%	113974	4.53
		−15%	35.35%	124946	4.41

续表

序号	敏感因素	变化幅度	项目财务分析指标		
			FIRR	FNPV	P_t
		基本方案	29.57%	92031	4.82
4	汇率	15%	29.57%	92031	4.82
		10%	29.57%	92031	4.82
		5%	29.57%	92031	4.82
		−5%	29.57%	92031	4.82
		−10%	29.57%	92031	4.82
		−15%	29.57%	92031	4.82
5	负荷	15%	34.49%	121790	4.50
		10%	32.89%	111870	4.59
		5%	31.25%	101950	4.70
		−5%	27.86%	82111	4.95
		−10%	26.12%	72192	5.10
		−15%	24.33%	62272	5.26

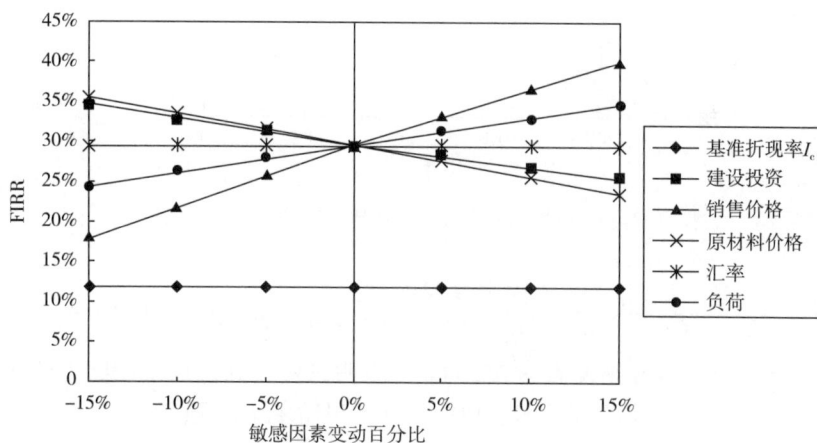

图 7-1 A 生物制药公司生产基地一期项目敏感分析图

从图表可以看出各因素的变化都不同程度地影响内部收益率、财务净现值和投资回收期，其中原料和产品价格的提高或降低较为明显。因此，以后在经营过程中，决策者要对价格的变化予以适当的重视。

（二）盈亏平衡分析

盈亏平衡分析是在一定市场和经营管理条件下，根据达到设计生产能力时的成本费用与收入数据，求取盈亏平衡点，研究分析成本费用与收入平衡关系的一种方法。随着相关因素的变化，项目的盈利与亏损会有个转折点，称为盈亏平衡点（Break-Even Point，BEP）。在这一点上，营业收入扣除销售税金与附加后等于总成本费用，处于盈亏平衡。

通过盈亏平衡分析可以找出盈亏平衡点，考察项目对市场导致的产出量变化的适应能力和抗风险能力。盈亏平衡点可以用产量、产品售价、单位可变成本和年总固定成本等绝对量表示，也可以用某些相对值表示。项目评价中最常用的是生产能力利用率或产品售价表示的盈亏平衡点。用生产能力利用率表示的盈亏平衡点越低，表明项目适应市场需求变化的能力越大，抗风险能力越强。用产品售价表示的盈亏平衡点越低，表明企业适应市场价格下降的能力大，抗风险能力强。盈亏平衡分析只适宜在财务分析中应用。

A 生物制药公司生产基地一期项目以生产能力利用率表示的盈亏平衡点，通过绘制总成本、扣税后销售收入以及固定成本与生产能力的关系图，分析生产能力利用率的适应能力和抗风险能力。项目盈亏平衡图如图 7-2 所示。

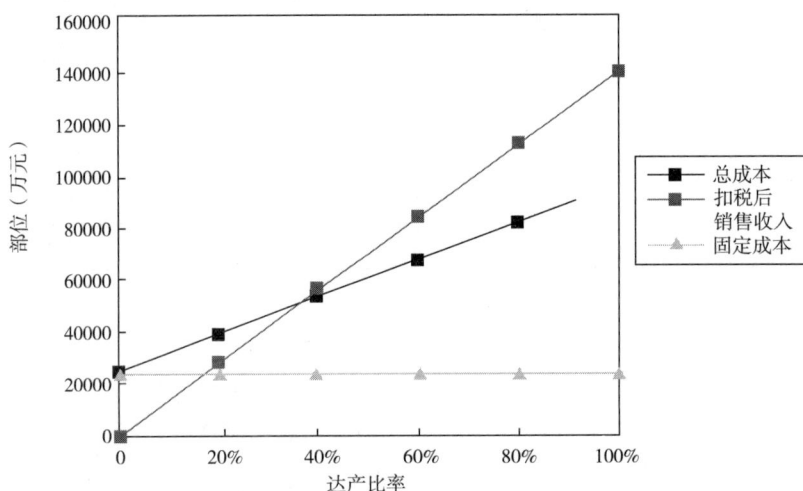

图 7-2　A 生物制药公司生产基地一期项目盈亏平衡图

$$BEP = \frac{年固定总成本}{年经营收入 - 年可变总成本 - 年销售税金及附加} \times 100\% = 35.94\%$$

经计算，该项目的盈亏平衡点为 35.94%，表明只要达到设计生产能力的 35.94%，就可以处于盈亏平衡，项目的盈亏平衡点越低，其抗风险能力较强。

第二节　项目国民经济评价和社会评价

一、国民经济评价概述

国民经济评价（也称经济评价）是从国家经济整体利益的角度出发，在合理配置社会资源的前提下计算项目对国民经济的贡献和资源耗用，分析项目的经济效益和对社会的影响，在宏观经济层面判断项目的合理性。

（一）国民经济评价与财务评价的异同点

在市场经济条件下，大部分项目只需要财务评价结论就可以满足投资决策的要求。但有些重大项目，如三峡大坝、京沪高铁、新冠疫苗等项目，需要从国民经济角度论证其必要性和可行性。

国民经济评价与财务评价的相同点包括：都属于经济评价，通过寻求以最小的投入获得最大的产出。都用货币作为衡量尺度，都考虑货币的时间价值。都采用现金流量分析方法，通过编制基本报表计算净现值、内部效益率等指标。都在确定产品需求预测、实施技术方案、投资估算和资金筹措等基础上进行。

国民经济评价与财务评价的差异点包括以下四个方面。

①评价角度不同。财务评价是财务角度来考察现金流量、盈利能力及借款偿还能力，以确定投资的财务可行性。国民经济评价从国家整体的角度来考察项目的资源耗用和对国民经济的贡献，以确定投资的宏观可行性。

②费用与效益的含义及范围不同。财务评价是根据项目的现金流量情况确定项目的直接效益和费用。国民经济评价是根据项目给国家带来的效益和资源耗用计算项目的效益和费用，除了要计算项目的直接效益和直接费用外，还要计算项目引起的间接效益和间接费用。

③评价采用的价格不同。财务评价对投入物和产出物采用现行价格。国民经济评价采用的是根据机会成本的供求关系确定的影子价格。

④主要参数不同。财务评价采用不同行业的基准收益率作为折现率。国民经济评价采用国家统一公布的影子汇率和社会折现率。

（二）国民经济评价的主要指标

国民经济评价的主要指标有经济净现值、经济内部收益率、经济外汇净现值等。

1. **经济净现值**

经济净现值（Economic Net Present Value，ENPV）是反映项目对国民经济所作贡献的绝对量指标，是按社会折现率 i_s 计算的项目计算期内各年的净效益流量累计之和。

其计算公式为：

$$\text{ENPV} = \sum_{t=1}^{n} (B-C)_t (1+i_s)^{-t}$$

式中：ENPV——经济净现值；

　　　i_s——社会折现率。

当 ENPV$\geq$0 时，表示项目的对国民经济的贡献达到或超过了设定社会折现率所求的效益水平，该项目经济效益可以被接受。

2. **经济内部收益率**

经济内部收益率（Economic Internal Rate of Return，EIRR）是反映项目对国民经济贡献的相对量指标，是项目在计算期内的经济净效益流量的现值累计之和等于零时的折现率，其计算公式为：

$$\sum_{t=1}^{n} (B-C)_t (1+EIRR)^{-t} = 0$$

式中：EIRR——经济内部收益率；

　　　B——国民经济效益流量；

　　　C——国民经济费用流量；

　　$(B-C)_t$——第 t 年的国民经济净效益流量；

n——计算期。

当经济内部收益率 $EIRR \geqslant$ 社会折现率 i_s 时表明项目对国民经济贡献达到或超过要求，项目的经济效益是可以接受的。

（三）经济效益与费用识别的基本要求

（1）对经济效益与费用进行全面识别。

项目对社会经济所做的所有效益贡献，均计为项目的经济效益，包括项目的直接效益和间接效益。社会经济为项目所付出的资源耗用成本均计为项目的经济费用，包括直接费用和间接费用。全面识别项目效益和费用才能准确进行项目国民经济评价。

（2）遵循有无对比的原则。

正确识别项目的经济效益和费用，要从有无对比的角度对项目实施前后的情况进行对比，确定某项效益或费用的真实存在。

（3）遵循效益和费用识别和计算口径对应一致的原则。

经济分析中既包括直接效益和直接费用，也包括间接效益和间接费用，效益和费用识别和计算口径对应一致是正确估算项目净效益的基础。

（4）合理确定经济效益与费用识别的时间跨度。

经济效益与费用识别的时间跨度包含项目所产生的全部重要效益和费用，不完全受财务分析计算期的限制。不仅要分析项目的近期影响，还要分析中期、远期影响。

（5）正确处理"转移支付"。

正确处理"转移支付"是经济效益与费用识别的关键。项目对社会成员之间发生的经济收入与支出，应从是否新增加社会资源和是否增加社会资源消耗的角度出发加以识别。对于政府补贴、缴纳所得税等不增加社会资源财富的财务收入或不增加社会资源消耗的财务支出不能作为经济分析中的效益和费用。

（6）遵循以本国社会成员作为分析对象的原则。

对于跨越国界项目，经济效益与费用的识别应以本国社会成员作为经济效益的对象重点分析。

二、社会评价

社会评价是指项目实施过程中产生的社会影响和社会效益，分析项目所在地区涉及的各种社会因素，评价项目的社会可接受性，并采取措施促进项目与当地社会相互适应、相互协调发展。社会评价遵循以人为本的原则，内容包括项目的社会影响分析、项目与所在地的互适性分析和社会风险分析等方面。

（一）社会影响分析

社会影响分析指分析预测项目可能产生的正面影响和负面影响，包括对居民就业、收入、生活质量水平，不同利益群体、弱势群体、文化、教育、卫生、风俗习惯及宗教等方面的影响。

（二）互适性分析

互适性分析指分析预测项目是否能被当地的人文环境所接纳，以及当地政府、居民支持项目存在与发展的程度，考察的是项目与当地的社会环境之间适应关系。

（三）社会风险分析

社会风险分析指对影响项目的各种社会因素进行识别和评估，选择影响面大、持续时间长，并容易导致较大矛盾的社会因素进行分析，并制订相应防范措施。

项目经济评价是决定一个项目是否实施的重要决策因素，能够盈利创造财富的项目总是受人欢迎的，但是经济效益可行绝不能成为项目上马的唯一标准，项目的社会效益也是评判项目可行的重要标准。我国当前正处于提质增效、转型升级、高质量发展的关键时期，对于高污染、高耗能、高排放的建设项目严格控制，对落后产能不断淘汰。同时，对于关系国家安全与社会稳定的农业项目、公共卫生项目，国防项目、基础研究项目、自主核心技术项目等，即便是经济效益亏损，但社会效益巨大，国家也是不遗余力地支持，才有了当今各行各业欣欣向荣的局面。

？ 思考与拓展

①项目财务现金流估算的内容和作用是什么？
②项目财务盈利能力分析中动态指标和静态指标的区别是什么？
③项目不确定分析的主要内容和作用是什么？
④经济评价对于从事科技研发项目有什么借鉴意义？

拓展阅读

思政案例

第八章
项目信息管理

信息是贯穿项目整个生命周期的组织管理要素，是项目策划、决策、实施、竣工、运营、终止的重要依据。通过项目信息管理学习，使学生了解信息管理的基本过程，培养学生信息资料归档意识，便于项目全过程跟踪管理。

本章主要介绍项目信息管理的概念、信息管理过程、文档资料管理、项目报告系统等相关内容。

第一节　项目信息管理概述

为保证项目顺利实施、达到预期设定目标，参与项目的不同单位、成员之间需要进行沟通协调，从而产生众多决策、指令、规章等信息，这些信息是项目组织协调工作任务开展的重要依据。

一、项目信息分类和信息流

（一）项目信息概述

项目信息是指项目从前期策划、准备、实施到收尾全过程中经过加工处理的各种具体工作活动相关的资料，包括各种数据、表格、图纸、文字、音像等资料。

项目实施过程中的基本信息分类包括：

①公共信息。包括与项目相关的各种法律法规、规章制度、市场信息、自然条件等外部信息。

②项目信息。包括项目概况、实施记录、技术资料、进度计划、资源计划、成本、质量检验、安全环保、行政管理、合同协议、结题验收等内部信息。

项目信息管理指在项目生命周期中对各种信息的收集、整理、处理、储存、传递与应用等一系列工作的总称，旨在通过有组织的信息流通，使决策者能及时、准确地获得相应的信息。

项目信息管理在项目组织实施过程中具有重要作用。据国际工程项目资料统计，工程建设项目实施过程中存在的诸多问题，其中2/3与信息交流沟通的问题有关。项目11%～33%的费用增加与信息交流存在的问题有关。在大型项目中，信息交流的问题导致变更和实施的错误占工程总成本的3%～5%。

（二）项目信息分类

项目实施过程中信息有多种形式，其中最主要的四种信息流动分别为工作流、物流、资金流、信息流。

项目中四种信息流动过程之间相互联系、相互依赖、相互影响，共同构成了项目实施和管理的总过程。其中，信息流是项目的神经中枢，将项目的工作流、物流、资金流，将各个管理职能、项目组织，将项目与环境有机结合在一起。

项目信息流按交换方式可分为内部信息交换和外部信息交换，如图 8-1 所示。

（三）项目信息的处理方法

项目实施过程中常用的信息处理的主要方法如图 8-2 所示。

①通过电子邮件、信件收集信息和发布信息。

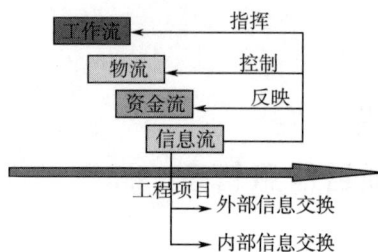

图 8-1　项目中的信息流

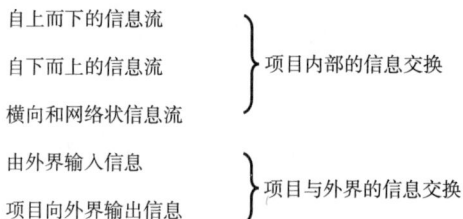

图 8-2　项目信息流交换方式

②通过专用网站实现项目参与各方之间信息交流、协同工作和文档管理。

③召开现场会议或网络会议。

④基于互联网的远程教育与培训等。

二、项目信息管理的原则

项目管理过程中会产生大量的信息，数据巨大，种类繁多。为了便于信息的收集、处理、存储、传递、利用和管理，在项目信息管理时应遵循以下基本原则。

①标准化原则。项目管理过程中应对有关的信息进行统一分类，规范流程，并力求做到格式化和标准化。

②有效性原则。针对不同层次管理要求，提供不同的信息。

③定量化原则。项目数据应经过信息管理人员的整理，进行定性或定量处理，便于比较分析。

④时效性原则。项目信息能够第一时间传递到接收者手中。

⑤高效处理原则。采用高性能的信息处理工具，尽量缩短延迟。

⑥可预见原则。历史数据可以用于预测未来的情况。

第二节　项目信息管理过程

项目信息管理的过程包括信息的收集、加工整理、存储、检索和传递等工作。

一、项目信息的收集

项目信息收集指从项目策划、准备、实施到收尾全过程中的原始资料的收集整理，这些资料收集信息的详略程度决定了项目信息管理工作的优劣。建立一套完善的信息采集制度，确保原始数据的全面可靠是非常必要的。

①项目前期策划阶段。为了项目的策划和决策，会进行大量的调查、构思，形成各种前期策划决策信息。需要收集的信息包括但不限于：项目相关的法律法规、技术规范、实施环境等基础资料；收集项目建议书、可行性研究报告、资金申请报告等决策性文件；和项目决策立项相关的公示批复文件等。

②项目准备阶段。为了顺利实施项目，达到预期目标，需要开展大量准备性工作，从而形成各种准备阶段信息。需要收集的信息包括但不限于：项目招标投标信息；项目中标函、签订的任务合同协议；项目承担单位、人员基本信息；项目具体实施方案等。

③项目实施阶段。项目实施阶段是参与人员最多、工作任务最重，产生信息最多的阶段，各类信息都可能直接影响到项目预期目标的实现。需要收集的信息包括但不限于：项目实施单位、成员的施工记录；项目实施过程中材料、设备、仪器的供货安装调试记录；项目实施阶段性会议记录；项目实施过程中的变更记录。

④项目收尾验收阶段。项目收尾验收过程主要是对项目全生命周期的总结和评价。需要收集的信息包括但不限于：项目阶段性工作成果接收、评价文件；项目竣工结算、决算文件；项目竣工、结题、验收文件。

二、项目信息的加工整理和存储

项目信息收集后，需要对相关信息进行加工整理，便于及时发现项目策划、决策、实施过程中出现的问题，并加以处理，提升项目执行效率。项目信息处理要求及时、准确、适用、经济，所采用的方法有收集、加工、输入、传输、存储、计算、检索、输出等。

项目信息存储就是将加工整理后的信息保存起来以备将来使用，对于有价值的信息要长期积累形成数据库。

三、项目信息的检索和传递

无论是存入档案库还是存入计算机存储器的信息、资料，为了查找的方便，在入库前都要拟定一套科学的查找方法和手段，做好检索分类工作。健全的检索系统可以使报表、文件、资料、人事和技术档案既保存完好，又查找方便。

信息传递是指信息借助于纸张、磁盘或网络等载体，在各部门和各单位之间的传递。随着科学技术的不断发展，项目管理日益完善，所产生的信息量越来越多。计算机网络技术的应用使得项目信息管理效率大幅提升，有利于项目信息的检索和传递质量的提升。

第三节　项目文档资料管理

一、项目文档概念与特征

项目文档指项目在策划、准备、实施、收尾全过程工作活动中形成的具有归档保存价值的审批文件、合同协议、实施文件、评价文件和验收文件等资料的统称。项目实施过程中的文档类型多种多样，包括各类文件、项目信件、图纸、合同书、会议纪要，各种报告、通知、记录、鉴定、单据、证明、书函等文字、数据、图表、图片及音像资料。

项目文档资料具有以下特征：分散性和复杂性、继承性和时效性、全面性和真实性、随机性、专业性和综合性等。

二、文档资料质量要求

项目文档质量具有一定要求，主要包括以下几个方面。

①项目档案资料必须使用原件，如有特殊原因不能使用原件的，应在复印件或抄件上加盖公章并注明原件存放处。

②真实地反映项目实际情况，具有永久和长期保存价值的文件材料必须完整、准确、系统，责任者的签章手续必须齐全。

③项目档案资料必须按照规定格式要求签署。

④项目图纸资料按技术规范绘制，必须图面整洁，文字材料字迹工整、清楚。

⑤项目档案资料的缩微制品，必须按国家缩微标准进行制作。

⑥项目档案资料的照片（含底片）及音像档案，要求图像清晰，声音清楚，文字说明或内容准确。

⑦项目归档电子版本应与纸质版本保持一致。

三、项目档案资料核验与移交

在项目管理团队向档案管理部门移交前，需要对档案资料进行核验，主要内容包括以下几方面。

①档案资料齐全、系统且完整，全面反映项目实施活动和项目实际状况。

②档案资料已整理立卷，立卷符合相关规范的规定。

③图纸的绘制方法、图式及规格等符合专业技术要求，图面整洁，盖有竣工图章。

④文件的形成、来源符合实际，要求单位或个人签章的文件，手续完备。

⑤文件的材质、幅面、书写、绘图、装订等符合要求。

⑥电子档案格式、载体等符合要求。

⑦音像档案内容、质量、格式符合要求。

属于向政府主管部门报送项目档案资料的，还应会同相关部门共同核验。项目验收通过后 3 个月内，项目承担单位将全部档案资料移交政府主管部门。

第四节　项目报告系统

一、项目报告的分类及作用

项目报告是不同层级项目参与人员进行信息沟通的主要方式，其报告种类很多。项目报告按时间可分为日报、周报、月报、季报、年报等；按项目结构可分为子项报告、整体报告等；按专项内容可分为质量报告、进度报告、费用报告等；按情况特殊性可分为风险分析报告、总结报告、特别事件报告等。

项目报告在项目实施过程中的作用有以下几方面。

①作为决策的依据。

②用来评价项目，评价过去的工作以及阶段成果。

③总结经验，分析项目实施中的问题。

④提出问题，解决问题，安排后期的计划。

⑤预测未来情况，提供预警信息。

⑥作为证据和项目档案资料。

⑦了解项目的进展及成就，激励项目参加者。

二、项目报告系统及要求

（一）项目报告系统

项目报告系统是项目管理系统的重要组成部分，其底层信息来源与项目活动，如进度、质量、费用、人力、资源等的记录以及各项变更、监理、验收记录等。上层报告应在下层报告的基础上形成，按照项目结构和组织机构进行归纳、分析和比较，最终形成报告系统，如图8-3所示。

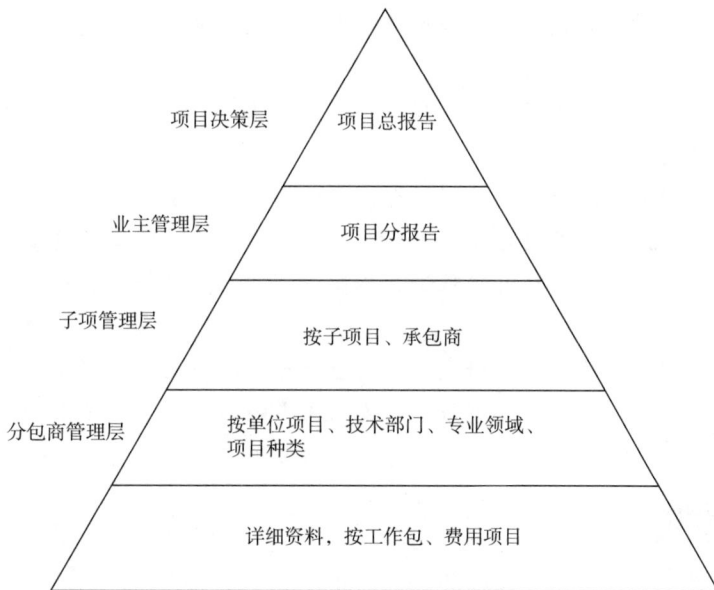

图8-3 项目报告层级划分

（二）项目报告系统的要求

①与项目目标一致。项目报告内容和描述必须与项目目标一致，并说明项目目标的完成程度及在实施过程中存在的问题。

②符合特定的要求。符合每个层次的管理人员对项目信息的决策要求，满足各参与人员专业技术工作及管理工作的需要。

③规范化、系统化。在管理信息系统中应完整地定义报告系统结构和内容，对报告的格式、数据结构进行标准化，各参与人员采用统一形式的报告格式。

④真实有效。项目报告应体现出真实性、有效性和完整性。

⑤清晰明确。项目报告应确保内容完整清晰，各参与人员应能正确接收并理解，避免造成理解和传输过程中的错误。

⑥报告的侧重点要求。项目报告通常包括概况说明、重大的差异说明、主要的活动和事件的说明，要求简洁可靠、便于交流。

案例分析

某新型糖类药物研发项目信息管理

为预防和治疗阿尔茨海默症 B 生物制药公司开展了甘露寡糖二酸新药研发项目。为保证项目实验过程的可追溯性，项目管理组制订了一套完整的信息管理制度，并委派一名专职人员进行文档资料的收集整理工作。部分信息文档管理要求如下。

①合同协议：承担项目任务的研究团队、外包单位应签订相关合同协议，明确研究内容、费用、研究期限等内容，双方负责人签字后，提交项目管理组一份合同协议原件存档。

②实验记录：项目实验记录采用专用记录本，记录本使用完毕需回收。实验图片应电子存档。

③进度报告：项目实施进度包括月度报告、季度报告、年度报告，相关报告在次月10日前提交项目管理组。

④会议记录：研究团队所开展的研讨会、交流会，应形成会议记录，载明会议时间地点、会议内容、研讨问题、解决方案等内容，纸质版会议记录提交项目管理组归档。

⑤检测报告：研究团队委托外单位进行检测分析时，应当提供其检测资质和正式检测报告原件归档。

⑥专利文章：研究团队的所有研发成果，包括专利、论文等，应经过项目管理组审核后，才能对外申请、发表，并将专利证书、发表文章一份原件提交项目管理组归档。

思考与拓展

①项目信息管理的主要任务是什么？

②项目文档资料有哪些质量要求？

③日常工作学习中，如何做好阶段性报告？

拓展阅读

思政案例

参考文献

[1] 英鹏程，姚天宇．工程项目管理［M］．上海：上海交通大学出版社，2016.

[2] 全国咨询工程师（投资）职业资格考试参考教材编写委员会．工程项目组织与管理（2022版）［M］．北京：中国计划出版社，2022.

[3] 全国咨询工程师（投资）职业资格考试参考教材编写委员会．项目决策分析与评价（2022版）［M］．北京：中国计划出版社，2022.

[4] 全国咨询工程师（投资）职业资格考试参考教材编写委员会．现代咨询方法与实务（2022版）［M］．北京：中国计划出版社，2022.

[5] 何清华，陈建国．项目管理案例［M］．北京：中国建筑工业出版社，2008.

[6] 国务院办公厅关于改革完善中央财政科研经费管理的若干意见（国办发〔2021〕32号）．

[7] 财政部 科技部关于印发《国家重点研发计划资金管理办法》的通知（财教〔2021〕178号）．

[8] 国家发展改革委，建设部发布．建设项目经济评价方法与参数（第三版）［M］．北京：中国计划出版社，2006.

[9] 中国国际工程咨询公司．投资项目可行性研究指南［M］．北京：中国电力出版社，2002.

[10] 王雪青．建设工程经济（2016版）［M］．北京：中国建筑工业出版社，2016.

[11] 中华人民共和国环境影响评价法（2018年12月29日修正）．

[12] 建筑工程质量管理条理（2019年4月23日修订）．

[13] 李建平，王书平，宋娟，等．现代项目进度管理［M］．北京：机械工业出版社，2008.

[14] GB/T 50326—2017 建设工程项目管理规范［S］．北京：中国建筑工业出版社，2017.

[15] 刘国冬，王雪青，等．工程项目组织管理（2012版）［M］．北京中国计划出版社，2011.

[16] 中国工程咨询协会．工程项目管理指南［M］．天津：天津大学出版社，2010.

[17] 董良峰，张瑞敏．工程项目管理［M］．北京：北京大学出版社，2015.

[18] 蔺石柱，闫文周．工程项目管理(第2版)［M］．北京：机械工业出版社，2011.